NADINE PUNGS
MEINE REISE INS ÜBERMORGENLAND

NADINE PUNGS
MEINE REISE INS ÜBERMORGENLAND

Allein unterwegs von Jordanien bis Oman

Mit 30 farbigen Abbildungen
und einer Karte

MALIK

Mehr über unsere Autorinnen, Autoren und Bücher:
www.malik.de

Wenn Ihnen dieses Buch gefallen hat, schreiben Sie uns unter Nennung des Titels »Meine Reise ins Übermorgenland« an *empfehlungen@piper.de*, und wir empfehlen Ihnen gerne vergleichbare Bücher.

Verse auf S. 8 aus: Gharima Zaid al-Harb, *Das Juwel des Lebens*, in: Annemarie Schimmel, *Ein Buch namens Freude. Gedichte von Frauen aus der islamischen Welt*, © C. H. Beck Verlag, München 2004

Inhalte fremder Webseiten, auf die in diesem Buch (etwa durch Links) hingewiesen wird, macht sich der Verlag nicht zu eigen. Eine Haftung dafür übernimmt der Verlag nicht. Wir behalten uns eine Nutzung des Werks für Text und Data Mining im Sinne von § 44 b UrhG vor.

ISBN 978-3-89029-524-4
4. Auflage 2024
© Piper Verlag GmbH, München 2020
Redaktion: Fabian Bergmann
Bildteilfotos: Nadine Pungs
Satz: Satz für Satz, Wangen im Allgäu
Litho: Lorenz & Zeller, Inning am Ammersee
Druck und Bindung: CPI books GmbH, Leck
Printed in the EU

INHALT

Der neununddreißigste Tag **11**

Jordanien **13**

Kuwait **68**

Bahrain **96**

Vereinigte Arabische Emirate **117**

Oman **152**

Katar **198**

Glossar **237**

Anmerkungen **245**

Literatur **249**

Dankwort **253**

Für das Mädchen, das mir einen Nasenkuss gab
Für die junge Frau, die ins Licht treten wollte

*Zwischen meinen Rippen schläft
ein zarter kleiner Vogel.
Weckt ihn nicht auf!
Vielleicht erschreckt ihn
die Wirklichkeit.*
     Ghanima Zaid al-Harb

DER NEUNUNDDREISSIGSTE TAG

Angefangen hat alles vor 96 Stunden. In Abu Dhabi. Seitdem sitzt das Fieber hinter meiner Stirn. Die Haut glüht, meine Augäpfel schmerzen. Trotzdem ist der Ausblick schön, denn was ich von hier aus sehen kann, ist der Oman.

Der Motor tuckert noch, obwohl der Busfahrer ausgestiegen ist und sich mit einem Soldaten unterhält. Auch ich stehe draußen, zusammen mit den anderen Reisenden. Die meisten von ihnen kommen aus Indien oder Bangladesch. Sie sind hier, um am Golf ihr Glück zu suchen. Finden werden sie es selten. Die Sonne knallt auf unsere Köpfe, und ich schwitze und friere und lasse die Schultern hängen.

Ein Grenzer sagt etwas auf Arabisch. Wir hieven unsere Taschen und Koffer aus dem Busbauch und stellen das Gepäck in einer langen Reihe auf, mein Rucksack ist der vorletzte. Jetzt der Schäferhund. Er hechelt und drängt und will von der Leine gelassen werden, will schnüffeln und Kokain aufstöbern oder Marihuana. Vor dreizehn Tagen habe ich das letzte Mal Hasch geraucht. Nicht einen Krümel packte ich in den Ranzen, dennoch schlägt mein Herz bis unter die Schädeldecke, denn an der Grenze wird scharf kontrolliert. Im Internet kursieren düstere Legenden über Ausländer, die im Knast landeten, nur weil ein Stäubchen Gras an ihrer Krawatte pappte. Ich las von der Terahertz-Spektroskopie, mit der man mikroskopisch kleine Mengen verbotener Substanzen auf der Kleidung ermitteln kann. Ein Brite hatte damit Pech. Er wurde in Dubai verhaftet, weil die Flughafenpolizei 0,003 Gramm Cannabis unter seiner Schuhsohle entdeckte, winziger als ein Körnchen Zucker. Vier Jahre Zuchthaus, entschied der Richter.

Der Schäferhund prescht los, wedelt mit dem Schwanz, schnuppert kurz am ersten Koffer, läuft zum nächsten. Ein tiefer Schnaufer, weiter. Die beiden Mädchen neben mir kichern, die Hundenase streift den dritten Koffer, dann zum vierten. Jemand hustet, Frauen tuscheln. Fieber. Vorbei an drei Trolleys, schnüffeln an einer Handtasche, weiter. Zwei Rucksäcke, eine Plastiktüte, zwei Sporttaschen. Der Busfahrer schaut auf die Uhr, ein Mütterchen seufzt. Fieber. Das fünfzehnte Gepäckstück, das sechzehnte. Nasse Hände. Zwanzig, dreiundzwanzig. Ein Kind plärrt. Fünfundzwanzig, siebenundzwanzig. Ein Mann rückt den Turban zurecht, ein Handy bimmelt. Achtundzwanzig, dreißig. Weiter. Mein Rucksack. Schnauben, einatmen, schnauben. Schnauze in die Seitentaschen stecken. Schnauben. Bleiben.

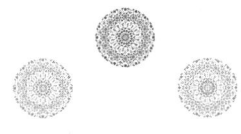

JORDANIEN
الأردن

DIE ERSTE NACHT

»Es war einmal, oder es war nicht.« Mit diesen Worten beginnen die Märchen Arabiens. Vielleicht ist es die Wahrheit, vielleicht nicht. Es war einmal Petra, die rosa Felsenstadt der Nabatäer, in der die Lebenden mit den Toten tanzten und in der drei Könige Rast machten auf dem Weg zu einem Baby mit Superkräften. Es war einmal Dilmun, der verlorene Garten Eden, in dem die Götter ruhten und die Datteln ihnen geradewegs in den Mund wuchsen. Es war einmal Iram, die Säulenreiche, der nichts gleich erschaffen ward, von Allah zerstört, vom Erdboden verschluckt, weil ihre Einwohner zu verludert gewesen seien. So steht es geschrieben, so ist es geschehen. Oder nicht?

Es ist November. Unter mir liegt Jordanien, eine Handvoll Lichter sind ins Schwarz gesprenkelt. Das Flugzeug rauscht durch die Düsternis, nur wenige Europäer sitzen in der Maschine. Heute werden in Zeitungen und Nachrichten bloß schauerliche Geschichten über Arabien erzählt. Die tausend Nächte, die Schahrasad um ihr Leben plapperte, sind Vergangenheit. Aladdins Wunderlampe vollbringt keine Wunder mehr. Alles vorbei. In diesen Tagen bestimmen Terror und Tod die Narrative.

Es war einmal Mossul, die blühende Metropole am Ufer des Tigris, wo nun Autobomben explodieren. Es war einmal Sanaa, die Hauptstadt des Jemen, einst in Obstgärten gebettet, jetzt verhungert die Bevölkerung. Es war einmal das Kalifat des Islamischen

Staates, auf Leichen gebaut und ein dunkles Paradies für all diejenigen, die an das Höllenfeuer glaubten. Was bleibt, sind zerstörte Häuser und zerbrochene Seelen.

Anflug auf Amman. Zweiundzwanzig Länder zählt die Arabische Liga, von Mauretanien über Dschibuti bis zu den Komoren, von Palästina über Kuwait bis nach Bahrain. Zum ersten Mal tauchte der Begriff *Arabi* in assyrischen Texten auf, und das vor rund 2800 Jahren. Gemeint war ein Landstrich oder ein Volk im Norden der Arabischen Halbinsel. Herodot sowie zahlreiche weitere griechische und römische Schriftsteller definierten Arabien später als die gesamte Arabische Halbinsel und als Araber all ihre Bewohner, einschließlich der Nomaden in der ostägyptischen Wüste.

Das Flugzeug landet. Ankunft in Jordanien. »*Ahlan wa sahlan*« – herzlich willkommen – sagt der junge Grenzbeamte, lächelt, und der Stempel fegt in meinen Pass. Ich bin im Orient. Endlich.

Jede Reise beginnt mit einer Erwartung, welche die Ferne umhängt. Der Orient ist meine Blaue Blume, ein aufgeklapptes Märchenbuch. Ach, der Orient. Bevölkert von Flaschengeistern, umringt von Frauen mit schwarzen Wimpern und Männern, deren Gesichter Landkarten sind. Was lockt, ist das Unergründliche. Die Erinnerung an eine Welt, die längst dahingesunken scheint. Meine Erinnerung an jene Fremde nährt sich aus Gemälden, die im Louvre hängen, aus Geschichtsbüchern und aus den Erzählungen literarischer Reisender. Meine Erinnerung nährt sich aus Klischees. Denn am Ende ist dieses Wunderland wunderlich, ist der sogenannte Orient doch nicht mehr als eine Fata Morgana, nur eine Vorstellung, von Europa erschaffen. Eine kolonialistische Konstruktion des Anderen, entstanden irgendwann zwischen dem 18. und 20. Jahrhundert. Er ist unser Gegenüber. Oder nicht?

Ein Taxi fährt mich hinein in die Stadt, es ist drei Uhr morgens, noch sind die Straßen leer. Gestern war der Geburtstag des Propheten Mohammed, heute ist Weltfernsehtag. Auf Glaube folgt Glotze.

Ich glotze auch, stiere aus dem Fenster, sammle Lichtbilder ein. Minarette stechen wie gespitzte Bleistifte in den Nachthimmel. Reklameschilder blinken, der Orient phosphoresziert grün, auf einem Plakat steht »Mecca fried chicken«. Daneben das Gesicht eines grinsenden Huhns.

Das Wort »Orient« leitet sich vom lateinischen Ausdruck *sol oriens* ab, was »aufgehende Sonne« bedeutet, daher die schöne Metapher »Morgenland«, eine Benennung, die durch Martin Luther ins Deutsche eingeführt wurde. Der Terminus ist jedoch unpräzise in all seiner geografischen, kulturellen, sprachlichen und religiösen Vielfalt. Ursprünglich diente der Orient als Richtungsangabe, wobei die Blickachse vom Standort des Sprechers abhing. So lag das Morgenland irgendwo zwischen dem Balkan und Japan, ein zusammenhängendes Reich hat es nie gegeben. Im deutschen Sprachgebrauch bezeichnet der Begriff heutzutage den Nahen und Mittleren Osten einschließlich der Türkei, Nordafrika, Iran und Afghanistan. Alles Orte, die früher nach Verheißung klangen. In denen Abenteurer, Sommerfrischler und Hippies staunten. Und jetzt? Die Beziehung zwischen Okzident und Orient lässt sich auf vier Wörter herunterbrechen: Faszination und Furcht, Anziehung und Abneigung. Im 21. Jahrhundert überwiegt die Furcht. Gewiss, auch ich schlage mich mit Vorurteilen herum. Wer von sich behauptet, wertfrei durchs Leben zu gehen, ist ein selbstgerechter Idiot. Deshalb reise ich. Um die eigene Meinung herauszufordern. Aufklärung statt Aufregung.

Fest steht aber auch, wer ein Buch über Nahost schreibt, muss scheitern. Zu vertrackt ist die politische Situation, zu viele Krisenherde lodern. Ich will es dennoch versuchen, will mich herantasten. Eine Analyse des Nahostkonflikts kann ich allerdings nicht liefern. Ich bin keine Nahostexpertin und keine Islamwissenschaftlerin. Ich habe auch keinen Fixer vor Ort, der übersetzt und mir Interviewpartner vermittelt. Ich notiere bloß Dinge, die ich sehe und erlebe. Dieses Buch soll ein Mosaik aus Erzählungen werden, aus Schicksalen und Heimlichkeiten, aus Nebengeräuschen und Rätseln. Eine kleine Arabeske sozusagen. Ein Stück Alltag. Und vielleicht lässt sich aus den Nahaufnahmen eine Ahnung formen von jener Weltgegend, die uns immer noch so fremdartig erscheint.

Die Arabische Halbinsel ist das Herz, die Heimat der allerersten Araber und die Geburtsstätte des Islam. Hier pflücke ich meine Geschichten, auch wenn ich nicht jedes Land bereisen darf. Irak ist nicht möglich, denn die Gebiete, die ich durchqueren müsste, gelten als fragil. Saudi-Arabien vergibt zu diesem Zeitpunkt keine Touristenvisa, und im Jemen tobt ein Krieg. Bleiben noch sechs Staaten übrig, die ich erkunden kann. Den Startpunkt markiert Jordanien, quasi als Tor zur Arabischen Halbinsel, dann weiter nach Kuwait, Bahrain, die Vereinigten Arabischen Emirate, Oman und Katar. Für drei Monate reicht das Geld.

Der Rezeptionist wischt sich den Schlaf aus den Augen, der Röhrenfernseher in der Lobby läuft lautlos, und die Kameraeinstellung zeigt die *Kaaba* in Mekka aus der Vogelperspektive. Tausende Pilger kreisen wie Ameisen um den schwarzen Quader herum, ein oszillierendes Gewimmel, das Heiligtum als Lebensmittel. Das Wort ergibt Sinn.

Über die zig Millionen Menschen, die auf der Halbinsel wohnen, tanzen, lachen, weinen und lieben, wissen wir fast nichts. Aktuelle Reiseberichte finde ich kaum. Die Passion der Europäer für die leuchtenden Länder ist versiegt. Wen interessiert noch, dass sich die größte Sandwüste der Welt über die Arabische Halbinsel erstreckt? Dass manche ihrer Dünen doppelt so hoch sind wie die Freiheitsstatue? Wer weiß denn, dass Bahrain aus 33 Inseln besteht? Oder wie die Häuser in Kuwait aussehen?

Die Zeiten eines Lawrence von Arabien oder eines Wilfred Thesiger sind vorbei, keine Rede mehr von Brunnen und Beduinen. Im 21. Jahrhundert will man lieber nichts zu tun haben mit »Muselmännern« und bibbert vor »Kopftuchmädchen«. Heute wird nicht mehr aus *Tausendundeine Nacht* zitiert, sondern aus dem Koran. Und das sehr einseitig. Morgenland ist Sorgenland. Der Orient ist jetzt der gefährliche Nahe Osten, das Reich der Finsternis, das nicht über unsere Grenzen schwappen darf. Dafür sorgt Frontex. Dabei ist die Diffamierung des »bösen Mohammedaners« nicht neu. Die Stigmatisierung stammt aus dem Mittelalter. Das Christentum fühlte sich von der religiösen Konkurrenz und ihren expansiven Bestrebungen bedroht, und durch die Abwertung des Islam konnte es sich selbst als besonders friedfertig darstellen. Ironischerweise auch während der Kreuzzüge.

Im 18. Jahrhundert galt das Morgenland dann als der letzte Schrei. Mode und Musik waren von ihm beeinflusst, jeder trank Mokka, und Mozart komponierte seine *Entführung aus dem Serail*. Anfang des 19. Jahrhunderts brach schließlich eine regelrechte Orient-Manie aus, freilich durchsetzt mit Schwärmereien und beeinflusst durch die Romantik. Doch ab Mitte des 19. Jahrhunderts bis ins frühe 20. Jahrhundert hinein wütete der Kolonialismus mit all seinen Demütigungen und Grausamkeiten. Karl May schrieb seine Bestseller über Kara Ben Nemsi und verzapfte damit nicht nur oft historischen Nonsens, sondern pflegte obendrein eisenharten Eurozentrismus mit rassistischen Tendenzen. Bis heute impfen seine Bücher den Lesern ein desaströs falsches Orientbild ein.

Spätestens ab dem 19. Jahrhundert reisten aber auch die europamüden Morgenlandfahrer gen Osten. Sie sehnten sich nach vermeintlicher Einfachheit und wollten sich von der Fremde verzaubern lassen. »Die Wüste atmet Freiheit«, notierte 1893 die britische Reiseschriftstellerin Isabel Burton. Für sie und für viele andere Frauen avancierte der sogenannte Orient damals zu einem weiblichen Utopia. Eine Reise nach Damaskus oder Teheran bedeutete noch vor hundert Jahren Autonomie und erlöste die Europäerinnen von ihrem Korsett aus Pflichten und Abhängigkeiten. Sie erlangten Anerkennung als Forscherinnen, so wie Freya Stark. Oder sie ordneten gleich den gesamten Nahen Osten politisch neu, so wie Gertrude Bell.

Mein Zimmer ist schlicht. Unter dem weißblauen Licht der Neonröhre brummt ein Kühlschrank, auf dem Tisch zerfällt ein Spitzendeckchen, den Polsterstuhl camouflieren Kaffeeflecken, vor Monaten getrocknet, aber das Bettlaken ist sauber. Ich breite meine Bücher darauf aus, Wilfred Thesiger, Gräfin Ida von Hahn-Hahn, Reiseberichte aus alter Zeit, ein Wörterbüchlein, dazu ein Lyrikbändchen arabischer Dichterinnen. Ich lese Namen wie Wadi Rum oder Rub al-Khali, und ich rieche den Weihrauch zwischen den Zeilen. »Wir sahen all das Längstbekannte: den farbigen Orient, das Nieganz-zu-Erfahrende«, notierte Annemarie Schwarzenbach.

Ich räume die historischen Bücher zur Seite und blättere in dem Wörterbuch, das auf die alltäglichen Probleme des Reisenden zugeschnitten sein soll und nützliche Übersetzungen bieten möchte. Ich lese Sätze wie »Die Bremse funktioniert nicht« oder »Bitte rufen Sie schnell die Feuerwehr«. Wichtige Fragen werden geklärt: »Machen Sie Lymphdrainagen?«, und »Tut das weh?«. Der Autor gibt zudem Hinweise im Umgang mit Taxifahrern: »Bitte schalten Sie den Taxameter auf null«, oder »Ich glaube, hier stimmt etwas nicht«. Das Kapitel über Behörden beunruhigt mich allerdings, ich präge mir ein: »Ich möchte sofort mit meinem Konsulat sprechen«, und »Ich bin unschuldig«, dann lösche ich das Licht.

ALLAH ANFANG

»Ich bezeuge, dass Mohammed der Gesandte Allahs ist! Kommt zum Gebet!«, scheppert es aus den Lautsprechern. Ich öffne die Augen. Es ist fünf Uhr morgens, der Muezzin ruft. »Kommt zum Heil!« Ich schließe die Augen. »Das Gebet ist besser als der Schlaf!« Ich öffne die Augen, Morpheus ist abgerauscht. Ein Gott flieht vor dem anderen.

Ich schäle mich aus der Bettdecke, gehe duschen, trage Parfum auf. Zwei Stunden später überfällt mich eine Panikattacke. Der Puls rast, das Herz zerspringt, die Kehle schnürt sich mir zu, ich muss mich setzen. Sorgen hämmern im Schädel. Ängste. Reicht das Geld? Komme ich durch? Werde ich scheitern? Ich brauche zwanzig Minuten, um mich zu beruhigen. Mit Bauchatmung und Tee.

Der Rezeptionist lächelt, als er mich sieht. Auch das hilft. Auf dem Fernsehbildschirm ziehen die Pilger noch immer ihre Kreise. Jetzt raus, den Gedanken entfliehen und hinein in eine Landschaft, die alttestamentlich daherkommt. Jordanien liegt im Nordwesten der Arabischen Halbinsel, wie eine Pforte zur Vergangenheit. Sodom und Gomorrha gingen hier unter, Lots Gattin erstarrte zur Salzsäule, Salome tanzte ihren Schleiertanz, Mose erblickte das gelobte Land, Jesus ließ sich taufen, Indiana Jones suchte den Heiligen Gral. Viele Wunder sind hier geschehen – oder nicht geschehen.

Geografisch betrachtet, hat das kleine Land allerdings den Schwarzen Peter gezogen, denn es ist umgeben von Diktaturen und Brandherden. Im Westen befeinden sich Palästina und Israel, im Norden leidet Syrien an den Kriegswunden, im Osten siecht der Irak dahin, und im Süden poltert Saudi-Arabien herum wie ein neureicher Gutsherr.

Dass Jordanien als »Insel des Friedens« bezeichnet werden kann, ist tatsächlich ein Wunder – finanziert durch den Westen und die Golfstaaten. Aber die Beständigkeit ist relativ. Das Wirtschaftswachstum liegt bei unter zwei Prozent, die Arbeitslosenquote offiziell bei knapp zwanzig Prozent. Finanzspritzen aus Europa, USA, Saudi-Arabien und den Vereinigten Arabischen Emiraten halten das Königreich stabil, denn das Land verfügt weder über Öl noch Gas. Jordanien hängt am Tropf. Innenpolitisch kriselt es. Vor ein paar Monaten, im Mai 2018, protestierten Tausende Menschen gegen höhere Einkommensteuern. Der Premierminister musste gehen, geändert hat sich dennoch wenig. König Abdullah II. bin al-Hussein ist zwar Reformen nicht abgeneigt, doch Arbeitslosigkeit und Staatsverschuldung sorgen für Unmut in der Bevölkerung. Und auch unter dem im Westen gern gesehenen Monarchen und seiner schönen Königin Rania ist die Pressefreiheit eingeschränkt. Zwar ist in Jordanien die Berichterstattung im arabischen Vergleich eher liberal, aber zahlreiche Journalisten sind dennoch zu Staatsdienern mutiert und zensieren sich selbst. Öffentliche Kritik am König ist verboten, am Staat wird sie nur bis zu einem gewissen

Grad gebilligt. Hinzu kommen die ausufernde Bürokratie und die Korruption. Überdies sind Frauen gesetzlich oftmals schlechter gestellt als Männer. Es gibt viel zu tun.

Ich wohne downtown, im alten Amman, das sich so zeigt wie etliche nahöstliche Metropolen. Laut, fiebrig. Ich streune umher, durch eine Innenstadt, die aus allen Nähten platzt und trotzdem vorwärts wuchert. Die Autos fließen zäh wie Sirup, Menschen wimmeln vorbei an Shisha-Läden, in denen Kohle und Tabak verkauft werden. Der Bürgersteig bäumt sich auf, als wäre darunter noch eine Stadt vergraben. Klimaanlagen hängen an Balkonen, die Fassaden beigegrau wie Schleifpapier. Ein Jüngling im Weihnachtsmannkostüm verteilt Flyer für eine Kebab-Bude. Im nächsten Shop betten sich Schrotflinten in der Auslage, im benachbarten Laden dampfen wieder Shishas.

Die Griechen nannten Amman vor 3000 Jahren »Philadelphia«, das bedeutet »Bruderliebe«. Ein paar Hundert Kilometer weiter in Syrien massakrieren sich die Menschen. Ein Barbier wetzt sein Messer. Wintermäntel schaukeln neben *Abayas*, Ohrringe neben Handyhüllen. In den Obstläden hängen Bananen an Haken, ein Straßenhändler vertickt Unterhosen für Männer. Auf einer Packung steht »Magic Style« gedruckt. Ein Bursche mit einem Turbanberg auf dem Kopf lässt seine Gebetskette durch die Finger gleiten. Hinter ihm baumeln Taschen aus Plüsch, »Louis Vuitton« ist aufgenäht. Nähmaschinen stehen im Schaufenster, in drei Geschäften nebeneinander. Autos hupen und brettern über Rot. Ein Polizist bläst in seine Trillerpfeife und ruft mir zu: »Passen Sie auf, die fahren wie die Verrückten!« Ich nicke. Eine Katze streift mein Bein, es riecht nach gegrilltem Hähnchen und Benzin. Ich liebe Amman, hier sprudelt das Leben, hier ist alles saftig. »Staunt euch die Augen aus dem Kopf«, forderte der Schriftsteller Ray Bradbury. Im Nahen Osten ist das nicht schwer.

SAYONARA

Ich suche das Römische Theater und spreche einen Greis an, der einen Gebetsteppich unter seine Achselhöhle geklemmt hat. »Wo kommen Sie her?«, fragt er in gebrochenem Englisch. »Aus Deutschland«, antworte ich in gebrochenem Arabisch. »Ah, Angeleea Merkele?! Gute Frau!« Er reckt den Daumen und freut sich. Ich bedanke mich, als wäre die Kanzlerin meine Tochter. Ich erzähle ihm besser nicht, dass sie vor ein paar Wochen ihren Rückzug angekündigt hat und im Bundestag nun eine blau-braune Partei sitzt, die Hass auf Muslime schürt.

Im Theater spazieren nur wenige Touristen. Rund 1900 Jahre hat das Bauwerk auf dem Buckel. Hier ist es ruhig, die Kapitale bleibt draußen. Amman erstreckte sich einst wie Rom über sieben Hügel. Heute sind es neunzehn. Alexander der Große ritt hier vorbei, die Römer bauten Bauten, aus Innerarabien fielen später Araber ein und eroberten die Stadt. Im Mittelalter war Amman weitestgehend verfallen. Im frühen 20. Jahrhundert lebten gerade einmal 2000 Menschen hier. Jetzt zählt Amman über vier Millionen Einwohner.

Ich setze mich auf eine Stufe und mustere die Touristen. Ein Paar schlendert an mir vorüber. Die Frau trägt die schwarze Abaya, ein Überkleid, das die weiblichen Kurven kaschiert. Über der *Sheila*, dem Kopftuch, dann der *Niqab*, jener Gesichtsschleier mit Sehschlitz, der aus mehreren locker fallenden Tüchern besteht, befestigt an einem Stirnband, verknotet am Hinterkopf. Brauen, Nase und Mund sind verborgen, das Gesicht ist verhüllt bis zum Unterlied.

In Deutschland wird der Niqab zumeist mit der *Burka* verwechselt, dabei ist die Burka eine goldene oder rote oder schwarze Maske, die von Golfküstenbewohnerinnen und Beduinenfrauen getragen wird. Die afghanische Burka wiederum ist ein großes blaues, weißes, schwarzes oder gelbes Stofftuch, an dem oben eine flache Kappe vernäht ist. Der Blick ist hinter einem Gitternetz gefangen.

Ich beobachte das Pärchen. Die Frau lächelt. Das kann ich nicht sehen, aber wissen. Denn ihre Augen strahlen jedes Mal, wenn sie ihren Ehemann anschaut. Sie halten Händchen.

Zwei Engländer klimmen die Treppen empor. »Stell dir vor«, sagt der Blonde zum Lockigen, »dieser Ort muss vor tausend Jahren ein anderer Planet gewesen sein.«

Ich stehe auf, gehe ein paar Schritte dem verliebten Pärchen entgegen, die Frau spricht mich an und bittet mich, ein Foto zu schießen. Elem und Nasser kommen aus Saudi-Arabien und verbringen ein paar Tage in Jordanien. Elem reicht mir ihr iPhone. Dann postieren sich beide vor der antiken Kulisse, formen mit Daumen und Zeigefingern ein Herz und grinsen in die Linse.

Als ich wieder unten bin, blicke ich in das Zuschauerrund hinein mit den steil ansteigenden Stufenreihen, stelle mir Schauspieler in Tuniken, Barden und ausverkaufte Ränge vor.

Eine junge Frau drückt mir ihr Handy in die Hand. Nihal ist alleine unterwegs, auf Fotos will sie dennoch nicht verzichten. »Mein Mann trifft sich mit Kollegen«, erklärt sie, »wir sind nur geschäftlich in Amman und reisen übermorgen zurück nach Kairo.«

Seit einem Jahrzehnt sind sie verheiratet. Sie lernten sich an der Universität kennen, als Nihal zwanzig Jahre alt war, und Hamid musste zwölf Monate auf sie warten, weil ihr Vater sie nicht gehen lassen wollte. »Wir sind immer noch verliebt wie am ersten Tag«, schwärmt sie.

Nihal trägt ein rosa Kopftuch mit Blümchen und eine goldene Sonnenbrille von Dior, zumindest steht der Markenname auf dem Bügel. Die Brille ist komplett verspiegelt. Wenn ich Nihal in die Augen schaue, sehe ich nur mein Spiegelbild, und weil mich das irritiert, starre ich Nihal auf die Nase.

»Du bist nicht verheiratet? Wie kann das sein?« Sie schürzt die Lippen, und da sie glaubt, ich sei schwer vermittelbar, beschließt sie, ein wenig Frohsinn in mein unbemanntes Leben zu bringen. »Sollen wir shoppen gehen?«, fragt sie, aber es klingt nach einem Befehl, und ich widerspreche nicht.

Raus aus dem Theater, rein in die Innenstadt. Nihal möchte eine Abaya kaufen, in Pink oder Lila, bestickt und bordürt. »In Ägypten sind die Abayas längst nicht so schön wie in Jordanien«, konstatiert sie und sprintet voran.

Wir betreten einen Shop. Inhaber Hussein drückt seine Zigarette aus. Zwei Packungen raucht er am Tag, gesteht er und lacht dabei wie ein Gewitter. Er reicht mir eine winzige Tasse und schenkt mir Kaffee ein, während Nihal eine kirschrote Abaya mit Goldfransen überstreift. Sie dreht eine Pirouette vor dem Spiegel. »Hübsch«, sage ich, doch Nihal schürzt die Lippen und zieht stattdessen eine fliederblaue Abaya vom Bügel. Dann eine grasgrüne, eine nachtschwarze und eine lilienweiße. Der Kleiderberg auf der Theke wächst.

Hussein kennt das – nicht nur beruflich. Zwei Ehefrauen hat er daheim. »Ist das nicht stressig?«, frage ich ihn und nippe an der vierten Tasse Kaffee.

»Nein, nur teuer«, antwortet Hussein und lacht sein Gewitterlachen. »Sag mal, willst du nicht meine dritte Ehefrau werden? Ich hab noch Platz im Haus.« Er zeigt auf sich und mich und zwinkert. Ich gebe mich unentschlossen. »Wenn du mich heiratest, dann bekommt Nihal eine Abaya geschenkt«, schlägt er vor, legt die Hände wie zum Gebet aneinander und schluchzt theatralisch gen Himmel. »Los, heirate ihn!«, ruft Nihal in einer Drehung, und jetzt lachen wir alle.

Yasin betritt den Laden. Er begrüßt Hussein mit drei Wangenküsschen, hält mir seine Hand unter die Nase, öffnet sie, und ich weiche vor Schreck einen Schritt zurück. In der Hand sitzt eine Kakerlake. »Cool, oder?«, kichert er. Die Schabe ist aus Gummi. Er feixt und fischt aus seiner Jeanstasche einen Tausendfüßler und einen Skorpion. »Der Skorpion ist am schönsten. Ich liebe Skorpione!« Die Gummiviecher hat er heute Morgen einem Händler abgekauft. Letzten Monat ließ er sich sogar eins dieser Spinnentiere auf das Schulterblatt tätowieren. »Manchmal fahre ich in die Wüste, um Skorpione zu fangen«, erzählt er. »Und was machst du damit?«, frage ich. »Betrachten«, antwortet er, und seine Augen glänzen.

Er verabschiedet sich auf Japanisch: »O saki ni shitsurei shimasu. Sayonara.« – »Sayonara«, erwidere ich, und er verbeugt sich. Wunderliche Erdbewohner.

Nihal hat sich zwischenzeitlich in den ersten Stock verkrümelt, um Gott anzurufen. Offenbar brachte das Gespräch mit ihm Klarheit, denn zehn Minuten später kauft sie die kirschrote Abaya mit den Goldfransen.

FÜR DAMEN UNGEEIGNET

Satt fällt der Regen auf Amman, Wolken türmen sich zu einem Gebirge auf. Der Raum ist dunkel, nur die Lämpchen auf den Tischen leuchten, es riecht nach Papier und Geschichte, an den Wänden hängen Schwarz-Weiß-Fotos von Ausgrabungsstätten, in einer Vitrine stehen zusammengeflickte Vasen. Die Bibliothek des American Center of Oriental Research gehört zu den führenden Forschungsbibliotheken in der Region. Mehr als 100 000 Abbildungen von Ruinen und Fundstücken sind hier archiviert, 40 000 Zeitschriften zum Thema Archäologie in Nahost lassen sich einsehen und über 1500 Karten zur Topografie Jordaniens warten darauf, aus dem Regal gezogen zu werden.

Ich stöbere durch die Gänge und fühle mich in meine Studententage zurückversetzt. Damals verbrachte ich viele Stunden in der Bücherei und verlor mich zwischen den Jahrhunderten.

Ich greife nach einem Buch, *Death and Burial in the Near East* steht auf dem Cover, ich blättere und fahre mit dem Finger über byzantinische Kirchen und libanesische Friedhöfe, stoße auf die 2000 Jahre alten Grabtürme in der Oasenstadt Palmyra. Der Islamische Staat hat mittlerweile einige gesprengt.

Das nächste Buch trägt den Titel *Dancing Fear and Desire*. Auf dem Umschlag ein Bauchnabel, von dem eine Linie schwarzen Flaums abwärts führt. Wer hier einen schlüpfrigen Groschenroman vermutet, liegt falsch. Tatsächlich behandelt das Werk die eurozentrische Sicht auf den Tanz im Orient – sowohl den weiblichen als auch den männlichen –, und wie die westliche Kolonialpolitik samt ihrer verklemmten Kolonialherren nicht nur den »Bauchtanz«, sondern gleichermaßen die Sexualität beeinflusst hat. Ebenso die Homosexualität. Homoerotische Inhalte waren schließlich über Jahrhunderte hinweg normaler Bestandteil der arabischen, persischen und osmanischen Literatur. Obwohl muslimische Rechtsgelehrte den Analverkehr zwischen zwei Männern verurteilten und Strafen forderten, waren gleichgeschlechtliche Beziehungen weit verbreitet. Sie gehörten zum gewöhnlichen Stadtleben. Sogar Imame und Muftis verfassten homoerotische Poesie. Kalifen, Wesire, Literaten, Generäle oder Händler hatten junge männliche Geliebte – es gibt reichlich Quellen darüber. So gesehen ist die heutige Homosexuellenfeindlichkeit in muslimischen Ländern weniger »islamisch« geprägt, sondern kommt eher »viktorianisch« daher.

Dann endlich *Unsuitable for Ladies: An Anthology of Women Travellers*, eine Textsammlung über reisende Frauen – Gertrude Bell, Freya Stark, Isabella Bird, Lady Anne Blunt. Ich setze mich an einen Tisch und beginne zu lesen. »Eine Dame als Entdeckerin? Eine Reisende in Röcken? Lasst sie lieber die Babys hüten oder unsere Hemden flicken, denn sie müssen nicht, können nicht und werden niemals Erdkundler sein.«

Mit diesem Appell richtete sich 1893 die britische Satire-Zeitschrift *Punch* an die Royal Geographical Society. Die Forderung war ironisch gemeint und ein Angriff auf die königliche Gelehrtengesellschaft, die bis 1893 nur aus Männern bestand. Echte Ladys sollten eben nicht durch die Welt stromern, sondern Kinder gebären und Blumenbilder malen. Es wundert nicht, dass sich insbesondere die Damen der viktorianischen Zeit ausgerechnet in den Orient wünschten. In eine Wüstenlandschaft weit unten auf der Landkarte, wo die Grenzen verschwimmen. Wo Namen wie Arabien, Mesopotamien und Persien Musik in den Ohren all jener war, die Weltweh und einen entriegelten Freiheitsdrang verspürten.

Heute wird das Orientbild von Extremismus und Öl bestimmt. Diese Darstellung ist genauso tendenziös wie die Zeichnung einer halb nackten Odaliske, die sich auf einem Teppich fläzt, als gängiges Sujet des Orientalismus. Die Haremsdamen sind mittlerweile beerdigt, stattdessen wird vor Dschihadisten gewarnt, die dem Westler nach dem Leben trachten. Dass ich trotzdem lieber durch Nahost reise, als auf dem heimischen Sofa dahinzukompostieren und grenzdebile Kommentare auf Facebook abzulaichen, scheint für die meisten Leute kein nachvollziehbares Lebenskonzept zu sein. Erschreckend, wie viele Bedenkenträger gleich hinterm nächsten Jägerzaun Gefahr wittern und bei dem Wörtchen »Fremde« Schnappatmung bekommen. Rundumher exkrementieren Defätisten ihren Driss ins Netz und degradieren sämtliche Muslime zu Islamisten. Dazu gesellen sich die Unheilspropheten, die Angst predigen und einer Frau die Fähigkeit absprechen, allein auf Reisen zu gehen. Wie schwer muss es da für eine Gertrude Bell gewesen sein, sich durchzusetzen, loszuziehen? Vor hundert Jahren?

»Für Damen ungeeignet!« rief man der rothaarigen Britin mit den grünen Augen hinterher und schlug die Hände über dem Kopf zusammen. 1868 in England als Tochter einer wohlhabenden Familie geboren, schien ihr Weg vorgezeichnet: Sie würde zur Schule gehen, heiraten und den Rest ihres Lebens als Ehefrau und Mutter in einer Stadtvilla in London abschnaufen. Doch es kam anders. Nach ihrem Geschichtsstudium zog sie zu Verwandten nach Teheran und erlernte Farsi. In den nächsten Jahren bereiste sie Mesopotamien und das Osmanische Reich, kartierte unerschlossene Gebirge und fotografierte frühbyzantinische Kirchen. Sie ritt mit einem Pferd in die Wüste und besuchte die ortsansässigen Stämme. Auf einer ihrer Reisen lernte sie den britischen Leutnant Thomas Edward Lawrence kennen. Dass der junge Mann später als »Lawrence von Arabien« in die Geschichte einging, während Bell viele Jahrzehnte vergessen blieb, ist der tief in der Gesellschaft verankerten Ungerechtigkeit zwischen den Geschlechtern zu verdanken. Frauen galten als unebenbürtig, Bell bewies das Gegenteil. Und dennoch sprach sich just die selbstbestimmte Weltenbummlerin gegen das Frauenwahlrecht aus. Wunderliche Bell.

Im Laufe der Zeit avancierte sie zu einer wirkungsreichen politischen Beraterin in Nahostfragen. Sie war an der Ernennung der Könige Jordaniens und Iraks beteiligt, und sie überzeugte 1921 den damaligen britischen Kolonialminister Winston Churchill, Irak die Unabhängigkeit zu ermöglichen. Dennoch war Gertrude Bell ein Kind ihrer Zeit. So schwärmte sie von den »urwüchsigen, wilden Arabern«. Und Lawrence wiederum beschrieb die Beduinen als »beschränkte, engstirnige Menschen, deren träger Verstand aus Gleichgültigkeit brachliegt«. Gemeinsam mit Bell arbeitete er an der Grenzziehung des Irak.

Aber nicht nur Irak, auch das heutige Jordanien ist ein Produkt der europäischen Kolonialpolitik und der Nahostkriege. Im geheimen Sykes-Picot-Abkommen von 1916 hatten Großbritannien und Frankreich die arabischen Provinzen des dahinscheidenden Osmanischen Reiches unter sich aufgeteilt: Die Briten sollten ein Gebiet erhalten, das insgesamt etwa dem heutigen Jordanien, Irak und Kuwait sowie der Region um Haifa entspricht. 1920 kam noch ein zwei Jahre später ratifiziertes Völkerbundmandat für Palästina hinzu. Frankreich sollte das Mandat über den Südosten der Türkei, Syrien, Nordirak und den Libanon übernehmen. Später musste das Arrangement erweitert werden, um auch Italien einzubinden. Die Bolschewiken verloren indes das Interesse. Kolonialbeamte, die die Region nicht kannten, zogen die Grenzen. 1923 wurde das Emirat Transjordanien abgetrennt, welches sich 1946 zu einem unabhängigen Königreich erklärte und sich seit 1950 Jordanien nennt.

Sykes-Picot wirkt bis heute nach, der weiße Mann hat viel Unglück gebracht, obgleich der Pakt nicht als einzige Konfliktursache des Nahen Ostens ausgemacht werden kann, wie es Hobbyhistoriker zuweilen postulieren. Denn lokale Akteure, Religion, Nationalismus, die Entdeckung des Erdöls auf der Halbinsel, die Dauerfehde mit Israel und die Interventionen Russlands und der USA spielen ebenfalls mit hinein. Die inneren Spannungen sowie die ethnischen und konfessionellen Zwistigkeiten existierten zudem schon vor dem Ersten Weltkrieg. Es wäre würdelos, den Arabern nur eine Opferrolle zuzuweisen.

Gertrude Bell geriet nach ihrem Tod 1926 in Vergessenheit, Lawrence von Arabien hingegen setzte Regisseur David Lean 1962 ein cineastisches Denkmal, in dem Bell mit keinem Wort erwähnt wird. Erst 53 Jahre später schaffte sie es auf die Leinwand. Nur leider traut ihr Regisseur Werner Herzog nicht allzu viel zu, denn er macht aus ihr ein rotwangiges Mädchen, das Sätze sagt wie: »Ich bin nur eine Frau, die ihren Mann vermisst.« *Königin der Wüste* heißt der Hollywoodschinken, der 2015 in die Kinos kam. Nicole Kidman spielt die Titelheldin, aufgerüscht und mit Plastikgesicht – Veronica Ferres hätte es nicht schlechter machen können. Dabei mag ich Kidman, sie hat großartige Filme gedreht. Aber »Königin der Wüste« wird sie in diesem Leben nicht mehr werden. Dass ich nicht vor Langeweile gestorben bin, verdanke ich meiner Verärgerung, denn hier wird die Frau wieder nur über den Mann erzählt, sie kann als eigenständiges Wesen nicht bestehen. Ihre Motivation speist sich lediglich aus einer verlorenen Liebe und deren Kompensation. Dass Bell die Rocky Mountains bestieg, Bestseller schrieb, für den britischen Geheimdienst arbeitete, die Gedichte von Hafez übersetzte, als einzige Frau mit 39 Männern über die Zukunft des Irak verhandelte und dass ihr Charakter zutiefst widersprüchlich war – all das ist für Herzog irrelevant. Aber auch den Arabern gesteht er nicht mehr Autonomie zu. Sie dienen bloß als Staffage, sind nichts weiter als Requisite, wild und edel natürlich. Ein Orient, so wie ihn der Okzident gerne sieht. Dass Flitzpiepe Robert Pattinson die Rolle des T. E. Lawrence übernimmt, grenzt an Satire. Ein Film wie ein Totalschaden. Für Damen ungeeignet.

PFEIFENDE SKORPIONE

Der Regen hat nachgelassen, zur Zitadelle möchte ich, ihre Überreste liegen auf einem der Hügel Ammans. Rana fährt das Taxi. Vor zehn Jahren starb ihr Ehemann, da war sie 25. Seitdem zieht die Palästinenserin ihre beiden Töchter alleine groß. »Die Mädchen stecken mitten in der Pubertät«, sagt sie und verdreht die Augen, »die eine ist ein bisschen fett, die andere dünn. Das gibt oft Streit.«
Die Hauptstadt ist teuer, der Taxijob spült ein wenig Geld in die Haushaltskasse, allerdings sind Ranas Arbeitstage oft länger als die ihrer Kollegen, denn sie chauffiert nur Frauen. Damit bricht die Hälfte der Bevölkerung als Einnahmequelle weg. »Warum keine Männer?«, frage ich. Und Rana antwortet: »Ich mag sie nicht.«

Der Zitadellenhügel war schon in der Bronzezeit besiedelt und gewann über die Jahrhunderte eine beachtliche militärische und religiöse Bedeutung. Die Säulen und Mauern, die noch stehen, stammen aus römischen, byzantinischen und umayyadischen Zeiten. Eine zerbrochene Kirche, die Trümmer eines Herkules-Tempels, die Rundbögen eines Kalifen-Palastes, ich steige hinüber, mache ein paar Fotos, nach zehn Minuten beginnt es abermals zu nieseln. Die Touristen flüchten in das kleine Museum am Rande der Ruinen.
Ich verweile draußen, denn etwas Wundersames passiert: Wieder erklingt der *Adhan*, der Gebetsruf. Zuerst höre ich nur einen Muezzin, doch dann stimmt der nächste ein und noch ein weiterer, bis alle Muezzine Ammans gleichzeitig rufen, aus jeder Ecke der Stadt. Ihre Klangfarben trägt der Wind den Hügel herauf, zusammen mit dem Trommeln des Regens, dem Hupen der Autos, dem Brausen der Welt und dem Widerhall all dessen. Eine orgiastische Kakofonie, so überschäumend wie ein Gemälde von Jackson Pollock.
Erst als meine Kleidung durchnässt und die Wimperntusche zerlaufen ist, eile auch ich in das Museum, in dem sich zwei Dutzend Menschen drängeln. Der Kassenmann begrüßt mich wie eine

alte Freundin, über ihm hängt ein »Rauchen verboten«-Schild, in seiner rechten Hand glimmt eine Zigarette. Die Besucher schieben sich durch die Gänge, schauen sich Krüge aus Ton an. Die Chinesen knipsen jeden Splitter. Manchmal stellen sie sich auch daneben und machen das Victory-Zeichen. Ich liebe Museen. Sie beruhigen mich. Wie viele Scherben ich wohl schon angeglotzt habe? Wie viele zertrümmerte Vasen und geköpfte Statuen? In der Türkei, Italien, Griechenland, Iran? Lauter Stillleben hinter Glas.

Nach dem Museumsbesuch kutschiert mich Taxifahrer Osama zurück zum Hotel. Am Rückspiegel schaukelt ein Duftbaum, »Welcome« ist eingestanzt, es riecht nach Vanille im Auto.

»Und du bist ganz alleine unterwegs?«, fragt er. »Als Frau?« Ich nicke. »Du hast Eier!« Osamas Schnauzbart wippt, wenn er lacht. »Woher kommst du?«, will er wissen. »Deutschland«, antworte ich. »Aaaah, Angela Merkel. Die mag ich! Und Bayern München! Deutschland ist toll!«

Er zieht eine CD aus dem Handschuhfach, schiebt sie in den Player, und ich höre ein Pfeifen, dann folgen die ersten Zeilen: »I follow the Moskva, down to Gorky Park, listening to the wind of change.« Osamas Schnauzbart wippt noch immer. Bei »Take me to the magic of the moment on a glory night« stecken wir im Stau. Zum Vanilleduft mischen sich Rauchgase. »Die Deutschen machen gute Musik«, meint Osama und sagt eine Liedzeile von Rammstein auf: »Du hast. Du hast. Du hast mich gefragt, und ich hab nichts gesagt.« Die Scorpions pfeifen dazu.

Osama stammt aus Palästina, wie so viele Taxifahrer in Amman. »Ich hoffe, die Kämpfe hören eines Tages auf. Aber ich glaube, das wird noch lange dauern«, fürchtet er, und jetzt wippt sein Schnauzbart nicht mehr.

Die meisten Palästinenser sind Nachkommen jener Generation, die 1948 nach Jordanien fliehen musste; 400 000 Frauen, Männer und Kinder waren es damals. Im Sechstagekrieg 1967 verlor Jordanien seine gesamten Gebiete westlich des Jordans an Israel. Weitere 400 000 Menschen flohen ins Haschemitische Königreich.

Heute hat wahrscheinlich mehr als die Hälfte der Bevölkerung palästinensische Wurzeln. Nach den Golfkriegen kamen noch etwa 500 000 Iraker hinzu, so wird vorsichtig geschätzt. Dann die Syrer. Für all die Verzweifelten und Vertriebenen ist Jordanien mehr als ein Refugium, es ist ihre Heimat geworden.

»Ich lebe seit fünfzig Jahren in Amman«, sagt Osama, »meine Kinder sind hier geboren, meine Enkelkinder. Es gibt kein Zurück mehr.«

Er dreht die Musik leiser, und schließlich lassen auch die Scorpions das Pfeifen bleiben.

YALLAH ACTION

Ich wähle eine Handynummer. Dafür habe ich ein paar Tage gebraucht, denn ich leide unter Telefonangst. So etwas gibt es. Mir fällt es schwer, fremde Menschen anzurufen. Ich vermeide Telefonate, oder ich schiebe sie auf. Mir sind sie zu intim. Wenn es klingelt, hebe ich selten ab. Ich weiß nicht, woher diese Angst kommt.

Der Mann, dessen Nummer ich jetzt wähle, hat keine E-Mail-Adresse. Er ist über achtzig, also wird er keine WhatsApp-Nachrichten lesen. Ich muss ihn anrufen.

Es tutet. Zweimal, dreimal. »Hello?«, sagt eine Männerstimme, und weil ich hektisch bin, quassle ich sofort los, auf Englisch, nenne meinen Namen, erkläre, woher ich seine Handynummer habe, und frage, ob er in dieser Woche Zeit hätte, egal wann, nur eine halbe Stunde, ich deute an, dass ich ein Buch über Arabien schreiben möchte und in der Altstadt wohne, ich sei flexibel, wir könnten uns ja irgendwo verabreden, für ein Gespräch, sofern er einverstanden wäre und Zeit hätte, aber das erwähnte ich bereits.

Wahrscheinlich spreche ich zu schnell, und vermutlich klinge ich kompliziert. Der Mann sagt: »Wir treffen uns in zwanzig Minuten«, und legt auf. Einen Ort hat er nicht genannt. Ich muss ihn noch einmal anrufen. Es tutet. »Hello?«, sagt er, und ich wiederhole meinen Namen, entschuldige mich, frage nach dem Treffpunkt, denn ich wisse nicht, wohin, und es wäre ja schade, wenn wir uns verpassen würden und überhaupt. »King Hussein Street 45«, antwortet er und legt auf.

Fünfundzwanzig Minuten später betrachte ich die Bilder in seiner Galerie. Ein Greis im Malerkittel misst mit einem Zollstock die Wand aus. Er nimmt mich nicht zur Kenntnis. Auf einem Foto ist das römische Theater abgebildet, in Schwarz-Weiß, darüber hängt mit wenigen Strichen die Zeichnung eines Flapper Girl, die junge Frau trägt Wasserwelle und einen Pelzkragen, wie es in den 1920er-Jahren Mode war. Daneben eine Kaffeehausszene, vielleicht in Amman, ich erkenne ihn sofort, aus seinem Blazer ragt ein rotes Einstecktuch, er lächelt, auf dem Bistrotisch liegt eine Schachtel Zigaretten.

Mamdouh Bisharat ist ein berühmter Mann in Jordanien. Er traf Dutzende Botschafter und Staatsmänner, auch die Genschers. Sein Jugendfreund war der verstorbene König Hussein, er verlieh Bisharat den Titel eines Herzogs.

Draußen parkt ein Pick-up, auf der Ladefläche ein Gemälde in Großformat. Der Herzog betritt die Galerie, sein Mantel ist ausgefranst. Er schüttelt mir die Hand, sein Handy schellt, ein Nokia aus dem letzten Jahrtausend. »Hello?«, sagt er ins Telefon. »Kommen Sie morgen.« Er legt auf.

Wir setzen uns, er reicht mir eine Tasse Kaffee, ich lächle, er weiß nichts mit mir anzufangen. »Sie sind Deutsche?«, fragt er schließlich, ich nicke. »Kennst du das Land, wo die Zitronen blühn«, zitiert er Goethe und fügt hinzu: »Deutschland war sehr freundlich zu uns. Es half bei unseren wirtschaftlichen Problemen. Und es nahm viele Flüchtlinge aus Syrien auf. Das war ein Akt von großer Humanität.« Sein Handy klingelt. »Hello?« Ich nippe an meinem Kaffee. »King Hussein Street 45.« Als er auflegt, verrät er: »Ich kann nicht Nein sagen. Wenn jemand anruft und etwas von mir will, dann sage ich Ja.«

Mit landwirtschaftlichen Betrieben verdiente der »Duke«, wie ihn hier alle nennen, ein Vermögen. Er selbst bezeichnet sich ganz bescheiden als »Landwirt«, doch seine Liebe gilt seit jeher der Kunst. Er investiert eine Menge Geld in die Erhaltung alter Häuser, versorgt Künstler mit Aufträgen, schützt die Umwelt, kuratiert Vernissagen, er unterstützt archäologische Projekte und ist mit seinem Engagement einer der wichtigsten Bewahrer des jordanischen Erbes.

»Haben Sie einen Leitspruch?«, frage ich ihn, während er nach seinem Handy kramt. »Wenn jemand etwas macht, dann mach etwas anderes. Warum zweimal das Gleiche?«, antwortet er, wählt eine Nummer, spricht ein paar Sätze Arabisch ins Telefon, dann legt er auf. »Die wichtigste Regel im Leben lautet ...«, er schaut mich ernst an, »immer in Bewegung bleiben!« Er grinst, klatscht in die Hände und ruft: »Yallah Action!« *Yallah* ist Arabisch und bedeutet »Auf geht's«. Das »Action« erklärt sich von selbst, denn der Duke flitzt aus der Tür, ich folge ihm.

An Betonbauten und Häusern aus Kalkstein schiebt sich dichter Autoverkehr vorbei. Wir laufen durch die Altstadt, und der Duke erzählt von früher, er deutet auf Gebäude und Straßenecken, an denen dies oder das passiert ist. Allerorts begrüßen ihn die Menschen, klopfen ihm auf die Schulter. Irgendwann hält er eine Tasse Kaffee in der Hand und schlendert damit den Bürgersteig entlang. »Kennen Sie meinen *Diwan*?«, fragt er mich.

Des Herzogs Diwan ist das älteste Steinhaus der Stadt. Im Salon hängen Fotografien von Amman aus den 1930er-Jahren neben Skizzen von römischen Ruinen und impressionistischen Gemälden. 1924 erbaut, diente das Gebäude als Postamt, dann als Hotel. Der Duke rettete es vor der Abrissbirne und errichtete hier seinen Diwan, also jenen Teil eines Hauses, der Gästen immer offen steht, wo Musiker auf der *Ud* spielen, wo die königliche Familie einkehrt und wo Dichter und Diplomaten miteinander diskutieren.

»Warum wurden Sie zum Denkmalpfleger?«, frage ich ihn. »Weil ich mich geärgert habe«, antwortet er. Damals streiften Schatzsucher durch Jordanien. Sie zerbrachen Büsten und Säulen, um sie als Mitbringsel an Touristen im nahe gelegenen Jerusalem zu verhökern. »Ich beschloss, die Antiquitäten einfach selbst zu kaufen«, erklärt der Duke. Für drei Dinar erwarb er eine kopflose römische Statue. Das war der Anfang. Es folgten Hunderte weitere Stücke, die jetzt alle beim Antiquitätenamt registriert sind. Er setzte sich für die Erhaltung und Wiederherstellung der Kultstätten von Umm Qais, Jerash und für die Zitadelle von Amman ein. Wenn er nicht gerade mit Gästen zu Mittag isst, Botschafter empfängt, Interviews gibt oder Kulturgut rettet, dann hebt er Abfall auf – Plastiktüten, Flaschen, Kaffeebecher. »Mein Land ist schön. Es soll ein lebendiges Museum sein und keine Müllkippe«, sagt er.

Der Tisch ist eingedeckt, es gibt Brokkoli und Spaghetti, Lamm und Hummus. Das Gemüse stammt von seinen Ländereien. Zum Nachtisch serviert er *Kanafeh*, eine warme Süßspeise aus einem leicht salzigen Käse, übergossen mit süßem Sirup.

»Wie alt sind Sie eigentlich?«, frage ich ihn.

»Hundertzwanzig«, antwortet er.

»Dafür haben Sie sich gut gehalten«, scherze ich.

»Ja«, er lacht, »ich verbringe lieber Zeit mit jungen Menschen. Die alten haben andauernd Probleme, dann sitzt das Hörgerät nicht richtig, oder sie sind müde. Das ist mir zu langweilig.« Sein Handy klingelt. Während er telefoniert, betrachte ich ihn. Ein beeindruckender Mann. Ein Macher, der Stillstand nicht erträgt.

Vor ein paar Wochen starb ein Kollege von mir. Er bewegte sich selten, besaß kaum Freunde. Die Polizei fand ihn vor seinem Computer. Er hatte nach Symptomen für einen Herzinfarkt gegoogelt.

»Haben Sie Angst vor dem Tod?«, frage ich den Duke, nachdem er aufgelegt hat. Er drückt meine Hand und sagt: »Darüber mag ich nicht nachdenken.«

KIND, KEGEL, KALIFAT

»Heute tragen mehr Frauen das Kopftuch als vor zwanzig Jahren.« Daniya zieht an ihrer Wasserpfeife. Auf dem Tisch dampfen zwei Tassen Tee. Daniya ist um die fünfzig, ihre Haare sind blond und die Augen grün. Ein gemeinsamer Freund gab mir ihren Kontakt, und sie willigte sofort ein, als ich sie um ein Treffen bat.

Daniya ist Kriminologin, sie forscht zu Islamismus und kümmert sich um straffällige Jugendliche. »Einige von ihnen schlossen sich *Daesh* an und kamen desillusioniert zurück«, erzählt sie und lässt den Rauch durch ihre Nase fließen. Daesh ist das Akronym für den sogenannten Islamischen Staat. Die Dschihadisten mögen das Wort nicht, denn Daesh klingt wie das arabische Wort *dais*, was so viel wie »Zwietracht säen« bedeutet. Zwischen 2000 und 3000 Jordanier zogen nach Syrien in den Krieg, um für die Terrormiliz zu kämpfen. Manche der Männer wollten ihre »Brüder« und »Schwestern« im Aufstand gegen Assad unterstützen. Andere sahen im IS einen gut zahlenden Arbeitgeber. Auch der Islam spiele eine Rolle, meint Daniya. Sie bemerke ein Aufleben der Religion innerhalb der letzten Jahre. »Ein Grund dafür ist die hohe Jugendarbeitslosigkeit im Land«, sagt sie und winkt dem Kellner. »Ohne Job keine Identität, nichts, wofür man brennen könnte. Da ist eine Rückbesinnung auf den Islam die einzig sinnstiftende Alternative.«

Ich denke an Abu Musab al-Zarqawi, den mittlerweile getöteten Anführer der Gruppe al-Qaida in Irak, aus der später der »Islamische Staat in Irak und Syrien« hervorging. Al-Zarqawi wuchs in Zarqa auf, einer Großstadt nordöstlich von Amman und ein Ort, der nicht von Reisegruppen angesteuert wird, denn außer brotlosen Menschen gibt es nicht viel zu sehen. Mit siebzehn brach al-Zarqawi die Schule ab. Er jobbte als Kartenabreißer in einem Kino und träumte von der See. Stattdessen landete er im Gefängnis. Er radikalisierte sich, kämpfte nach seiner Entlassung in Afghanistan, dann in Irak und köpfte Geiseln.

»Die Dschihadisten haben den Islam nicht verstanden«, sagt Daniya und nimmt einen Schluck Tee. Auch Frauen gehörten zu al-Zarqawis Entourage. 2005 verhaftete die jordanische Polizei Sadschida al-Rischawi. Sie wollte sich inmitten einer Hochzeitsgesellschaft in die Luft jagen, aber der Zünder ihres Sprengstoffgürtels klemmte. Als der IS zehn Jahre später einen jordanischen Kampfpiloten vor laufender Kamera anzündete, ließ die Regierung al-Rischawi als Vergeltungsakt hinrichten. Das schreckte dennoch Tausende Frauen nicht davon ab, vom Kalifat zu träumen und freiwillig als Gebärmutter in die Dunkelheit zu ziehen.

»Warum nur?« Ich schaue Daniya an, sie denkt nach, beobachtet den Kellner, der die glühende Holzkohle im Kopf der Pfeife mit einer Zange wechselt. Sie ist selbst Mutter einer erwachsenen Tochter, und doch findet sie keine einfache Antwort. »Frauen sind nicht nur Opfer«, sagt sie schließlich, »viele Mädchen sehnen sich nach festen Strukturen und einer klar definierten Rolle, die sie einnehmen können. Außerdem fühlen sie sich aufgewertet, wenn sie die Ehefrau eines Kriegshelden sind oder die Mutter eines Märtyrers.«

Kind, Kegel, Kalifat? Dutzende Propagandavideos des IS zeigten ein Familienidyll, das nicht nur Männer anlockte, sondern auch Paare und ledige Frauen. Und tatsächlich glaubten die Auswanderinnen, eine neue Gesellschaft aufzubauen, in der es keine Unsicherheiten und Zweifel mehr gebe. Eine Gesellschaft, die ihnen Stabilität verleihe und das Gefühl vermittle, dazuzugehören. Eine Gemeinschaft, die den Islamismus als eine authentische Version des Islam verkauft. Knapp 30 000 Ausländer ließen sich von der IS-Publicity einfangen und strömten hauptsächlich über die Türkei nach Syrien und Irak. Tunesier und Saudis stellten die größte Gruppe. Aus Deutschland kamen rund 900 nützliche Idioten. »Freiheit können nicht alle Menschen verkraften«, ergänzt Daniya, »Wahlmöglichkeiten machen das Leben kompliziert. Der Islamische Staat aber versprach Eindeutigkeit. Für Männer und für Frauen.«

Darüber muss ich nachdenken. Ich inhaliere den Rauch und erinnere mich an ein Buch, das ich vor ein paar Wochen gelesen habe. Darin beschreibt eine deutsche Konvertitin ihren Weg ins Kalifat. Die Politik spielt nur im Hintergrund, vielmehr berichtet die Daesh-Dame von ihrem Alltag, von Neid unter den Frauen, von Intrigen und Heuchelei. Ihr Ehemann war Kämpfer, sie saß daheim und verbrachte die meiste Zeit mit anderen deutschen IS-Frauen. Eine von ihnen legte sich irgendwann eine Jesidin als Sklavin zu. Der Rest klagte in einer WhatsApp-Gruppe über den Mangel westlicher Produkte. Sie alle sehnten sich nach Remoulade, Peeling-Masken und Raffaello, vor der Haustür wurden Ehebrecher gesteinigt.

Über 650 000 Syrer sind vor der Assad-Regierung, dem IS, den Granaten und den Gefechten nach Jordanien geflohen, in ein Land, das in etwa so groß ist wie Österreich und selbst nur zehn Millionen Einwohner zählt. Einige Flüchtlinge sind nach Syrien zurückgekehrt, doch für die meisten ist das keine Option. Ihre Häuser sind zerbombt, ihre Zukunft zerstört.

»Wie reagieren die Jordanier auf die Syrer?«, will ich von Daniya wissen.

»Wir sind eine Familie. Bei uns gibt es keinen Fremdenhass«, antwortet sie und zieht an ihrer Pfeife. Ich bezweifle ihre Aussage. Hunderttausende Männer und Frauen wollen arbeiten, sie wollen ein würdiges Leben führen. Hört man sich auf den Straßen um, so zeigt sich, dass dieser Wunsch zum Problem wird. Dreißig Prozent der jordanischen Jugendlichen sind selbst erwerbslos, die Flüchtlinge dürfen zwar offiziell nur im Niedriglohnsektor jobben wie in Fabriken, im Baugewerbe oder in der Landwirtschaft, doch die Gehälter sinken, und die Syrer akzeptieren. Der Arbeitsmarkt zerbröselt. Eine Stelle, die früher 300 Dinar im Monat wert war, bringt heute nur noch die Hälfte. Zeitgleich explodieren die Mietpreise, das Benzin wird teurer, das Brot ebenfalls.

»Es ist nicht leicht«, sagt Daniya und zahlt die Shishas und die Tees, »aber die Jordanier wollen immer noch helfen.«

Draußen ist es dunkel, die Lichter spiegeln sich in den Pfützen. Als Daniya und ich die Straße überqueren, bremst ein Auto und blendet auf. Ein Mann kurbelt das Fenster hinunter und schaut uns an. Daniya hakt sich bei mir ein, und wir gehen vorbei. Ich vermute ein Schwarztaxi, so wie ich es aus anderen Ländern im Nahen und Mittleren Osten kenne. Daniya widerspricht. »Nein, er dachte, wir seien Prostituierte.« Ich blicke an mir herab. »Wie kann

das sein?«, frage ich. »Viele syrische Frauen verkaufen ihren Körper«, antwortet Daniya, »sie verdienen sonst kein Geld.«
Prostitution ist in Jordanien verboten, es drohen Haft und Abschiebung. Die Syrerinnen stehen in der Dunkelheit, und das nicht nur zur Nacht. Doch für eine schnelle Nummer ist so mancher Kerl zu haben. Jeder hilft eben, wo er kann.
»Blondinen sind am beliebtesten«, sagt Daniya und drückt auf ihren Autoschlüssel. Die Zentralverriegelung klackt, und irgendwo leuchtet ein Mercedes auf.

HIER BIN ICH FREI

Der Kiez-Muezzin ruft. Ich kehre zum vierten Mal in Folge im Baklava-Shop ums Eck ein. Die Männer erkennen mich wieder, grinsen und schenken mir ein Extrastück süßes Gebäck mit Pistazien. Ich wohne gern hier, mitten im Gewühl. In den Straßen riecht es nach gebratenem Lammfleisch, die bunten Reklameschilder blinken, Autos hupen, die Abayas auf den Kleiderbügeln baumeln im Wind hin und her, der Schuhverkäufer zeigt mir jeden Tag dasselbe Paar Sandalen, und Santa Claus verteilt immer noch seine Kebab-Flyer.

Am Ende der Straße ist ein Bücherstand aufgebaut. In einem Regal auf dem Trottoir stehen James Joyce, Madame Bovary und Lassie nebeneinander aufgereiht. In dem Verschlag dahinter hockt ein Mann auf einem Schemel. Um seinen Hals ist ein Strickschal gewickelt. Hamzeh bittet mich herein und drückt mir ein Glas Tee in die Hand. Ich muss sitzen, ich muss trinken. Hamzeh liebt seinen Shop und die Bücher darin, er hat sie alle angelesen, beteuert er, obwohl viele Werke in Englisch oder Französisch abgedruckt sind. Alte Schätzchen aus alten Zeiten türmen sich in die Höhe. So entdecke ich Landkarten aus den 1940er-Jahren oder die Märchen aus *Tausendundeine Nacht*. Auf Deutsch. Ich nehme den Band in die Hand, er ist schwer, und ich lese ein paar Zeilen:

»Als die nächste Nacht gekommen war, begab sich Schahrasad mit König Schahriyar auf das Lager. ›Ach Schwester‹, sagte da ihre Schwester Dinarasad, ›wenn du nicht schläfst, so erzähle uns doch etwas und lass uns deine Geschichte zu Ende hören.‹ – ›Mit Vergnügen‹, antwortete sie.«
Ich lege das Buch zur Seite und greife nach einem Wälzer mit dem Titel *Rheuma. Ein Lehrbuch für Patienten*. Ein Regal weiter wartet *Mein Bruder spielt Klarinette* seit drei Jahrzehnten auf Käufer. Ich blättere durch arabische Gedichte und klappe einen Schinken über amerikanische Demokratie auf. Die meisten Einbände sind vergilbt und abgegriffen, aber für Hamzeh sind diese Schmöker seine Kameraden, seine Freunde. Wenn er ein Buch in die Hand nimmt, so streicht er über den Umschlag und schmunzelt. »Ich lese ständig. Und jedes Mal, wenn ich ein Buch beende, bin ich traurig.«

Hamzeh gestikuliert wie ein Schauspieler im römischen Theater, seine Stimme klingt wie Erde, so tief und satt. Siebenunddreißig Jahre ist er erst jung, und dennoch strahlt er eine Gemütsruhe aus, als läge die Ewigkeit vor ihm. Eine Frau und zwei Kinder hat er zu versorgen, seine Zeit verbringt er indes am liebsten mit seinen Büchern. Wenn es Nacht wird, dann bettet er sich zwischen die Stapel. »Hier bin ich frei«, sagt er und schaut dabei sehr zufrieden aus. Alleine fühle er sich nicht, denn ein paar Katzen leisten ihm Gesellschaft. Im Regal lauert eine getigerte, eine graue schmust an meinem Bein. »Ich lege ihnen Halsbänder um und schreibe ihre Namen darauf«, erklärt Hamzeh und zupft ein Reflektorband aus der Schublade. »In arabischen und in lateinischen Buchstaben. Damit die Leute freundlich zu ihnen sind.« Katze Nova gründete zwischen den Büchertürmen eine Familie und ist letzte Woche weitergezogen. »Hoffentlich ist sie glücklich«, sagt Hamzeh und krault einer schwarz-weiß Gefleckten die Öhrchen.

Ich ziehe ein Buch aus dem Regal. *Lassiter. Falsche Freunde* nennt sich der Roman, ein deutscher Western. Auf dem Cover sitzt eine dekolletierte Bardame, ihr Arm ruht auf der Schulter eines Gentleman. Der trägt Frack und Zylinder. Zwei Kerle in Cowboykluft schauen grimmig, einer hat den Revolver gezückt. Das Heft erschien vor 27 Jahren bei Bastei Lübbe und kostete 5,80 Mark. Die Seiten schimmern gelbbraun und riechen nach Keller, das Deckblatt ist eingerissen. Ich lese die ersten Sätze: »An diesem Frauenzimmer war alles echt. Das rote Haar, der Schmuck. Lassiter sah ihr nach, und das wußte sie. Sie wiegte sich aufreizend in den Hüften und schwenkte provozierend den Po.«

Ich frage nach dem Preis. »Das Buch kostet so viel, wie es dir wert ist«, sagt Hamzeh und gießt mir Tee nach. Ich zahle einen Dinar, umgerechnet fast eineinhalb Euro, obwohl das Buch keine zwanzig Cent mehr hergibt. Hamzeh legt die Hand auf sein Herz und bedankt sich. Er packt *Lassiter* in eine Papiertüte, dazu drei Lesezeichen. Wir verabschieden uns mit einer Umarmung.

ARABISCH FÜR ANFÄNGER

Ali redet gern, spricht aber kein Englisch, und mein Arabisch reicht nicht über fünf eckige Sätze hinaus. Ali ist Taxifahrer, schaut aber nur selten auf die Straße, denn er hat viel zu erzählen. Ich öffne den Google-Translator und lasse ihn in mein Handy plaudern, auf dem Display erscheint die Übersetzung: »Wenn Sie in Jordanien wohnen, werden Sie in Jordanien wohnen.« Er lächelt. Ich lächle. Die App ist Mist.

Ali babbelt weiter: »Sie sind ein Fan des Hotels und müssen einen zweiten Platz einnehmen.« Er schaut mich an. Offenbar hat er eine Frage gestellt. Ich lese wieder die Übersetzung, kapiere nichts und nicke. Er lächelt. Ich lächle. »Das Wetter ist elegant und die Kühle warm«, sagt er und fügt hinzu: »Der Besitzer seiner Seele und seine Ruhe waren wir.« Das ist Google-Lyrik in Reinform. Ich strahle Ali an. Er strahlt zurück. Wir nicken.

Man kann einer Region über ihre Geschichten und Herrlichkeiten näherkommen oder über ihre Sprache. Und was verrät mehr über die Seele eines Volks als seine Segnungen und Schmähungen? In

Arabien gibt es von beidem reichlich. Hier die Schmähungen: »Du Schuh!«, »Küss meinen Esel!«, »Du bist der Vater der stinkenden Gerüche!« Wörter wie Blumensträuße.

Jetzt die Segnungen: »Friede sei mit dir!«, »Als Angehörige und nicht als Fremde seid ihr gekommen, und leicht sollt ihr es haben!«, »Ich küsse deine Augen.«

Was ein Land außerdem entschleiert, sind die Kosenamen, die sich Liebende zuflüstern. In Deutschland: »Mein Schatz, mein Mäuseschwänzchen«. In Arabien: »Meine Gazelle, du strahlender Vollmond über der Wüste«. Neunundsiebzig Worte für die Liebe kennen die Araber. Die Intonation mag hart klingen, aber die Herzen sind es nicht. Und auch die Schrift ist weich und rund. Von rechts nach links und mit Schwung ermöglicht sie schnelles Schreiben und bleibt doch immer Kunst. Sie hat keine Zacken, keine Kanten, sie fließt wie Wasser auf das Papier, sie sprudelt der lateinischen Druckschrift davon. Und nicht nur das: Lange Zeit hinkten wir Europäer dem Orient auf sämtlichen akademischen Gebieten hinterher. Im Mittelalter waren uns die Araber in Naturwissenschaften und insbesondere in der Astronomie weit überlegen.

Arabisch ist heute jedenfalls eine der wichtigsten semitischen Weltsprachen und eine der sechs Amtssprachen der UNO. Allerdings ist ihr Studium eine Herausforderung, denn im Alltag dominieren Hunderte lexikalisch und grammatisch sehr unterschiedliche Dialekte. Eine mündliche Verständigung mit all den 300 Millionen Muttersprachlern in den 22 Ländern der Arabischen Liga samt ihren politischen, ethnischen und klimatischen Trennlinien ist nahezu unmöglich. Schon in vorislamischen Zeiten galt deshalb das Hocharabisch als Lingua franca, als eine Verkehrssprache, die es den arabischen Stämmen auf der Halbinsel mit ihren mannigfachen Mundarten ermöglichte, untereinander zu kommunizieren. Die ältesten Dokumente des Arabischen führen zurück bis ins 8. Jahrhundert vor Christus. Heutzutage hat das geschriebene Hocharabisch allerdings einen schweren Stand. In Zeiten von WhatsApp und Twitter ist es zu blumig, zu verschachtelt, es ist nicht gemacht für eine schnelllebige, digitalisierte Welt.

Der Koran entstammt freilich einer anderen Epoche und ist daher in Hocharabisch verfasst. Die Rezitation unterliegt strengen Regeln, individuelle gefühlsbetonte Klangformen sind eher selten. Nur so bewahrt er sich seine Universalität und kann jene Melodie entfalten, die den Sprecher und Hörer in einen spirituellen Rausch versetzt.

Sämtliche islamischen Termini sind in ihrem Ursprung arabisch, und wahrscheinlich werden deshalb die Begriffe »Araber« und »Muslime« laufend synonym gebraucht, obwohl achtzig Prozent der Muslime kein Arabisch sprechen. In den arabischen Staaten leben außerdem zahlreiche Christen, einige Juden und ebenso andere Religionsgemeinschaften. Nicht zu vergessen all die Atheisten, die sich als solche oft nicht zu erkennen geben dürfen. Das Wort »Allah« ist nicht unbedingt ein rein islamischer Gottesname, auch in arabischen Bibelübersetzungen wird der Himmelsfürst Allah genannt. Und Allah beherrscht die gesamte Sprache, denn viele Ausdrücke und Redewendungen beziehen sich auf ihn.

Hier eine kleine himmlische Auswahl: *inshallah* (so Gott will), *mashallah* (so wie es Gott wollte), *alhamdulillah* (aller Dank sei Gott), *wallah* (bei Gott).

Wer diese Wörter in den Mund nimmt, gilt aber längst nicht als frommherzig, heutzutage gehören sie zum Straßenjargon. Und jetzt wird es amüsant, denn im Slang verändert sich die ursprüngliche Bedeutung. So kann *wallahi* – ich schwöre bei Gott – durchaus gelogen sein, das lässt sich allein schon daran ablesen, wie häufig die Wendung im Alltag fällt. Mashallah benutzt der Sprecher eigentlich, wenn er etwas Positives kundtun will oder ein Kompliment machen möchte. Babys sind grundsätzlich mashallah. Der Ausdruck funktioniert aber auch als Oxymoron hervorragend, wie beispielsweise: »Mashallah – bist du dumm.«

Mein Lieblingswort ist inshallah, ich benutze es mittlerweile ständig, denn hier kommt es auf die Betonung an. Wenn auf die Frage »Sehen wir uns wieder?« ein freudiges Inshallah folgt, begleitet von einem Lächeln, so darf der Fragesteller auf ein nächstes Date hoffen. Ein gepresstes Inshallah samt Augenrollen bedeutet übersetzt jedoch: »Klar, sobald die Hölle zugefroren ist, du Vollpfosten.«

Abgesehen von diesen sakralen Launigkeiten ist Arabisch aber auch eine Dichtersprache, sie ist es immer gewesen. Eine spezielle Form der arabischen Dichtkunst ist die *Nabati*-Poesie. Sie findet sich nur auf der Halbinsel und wird als »Poetik der Beduinen« bezeichnet. Nabati sind die Chansons der Wüstenbewohner, einfach aufgebaut und mündlich vorgetragen. Gedichte gehören seit jeher zum Alltag der Araber, und deshalb werden in vielen arabischen Staaten Dichterwettbewerbe ausgerichtet. Der berühmteste ist *Million's Poet*, der die Tradition der Nabati fortführt. Gegen diese Megashow wirkt *Deutschland sucht den Superstar* wie Kasperletheater. Wenn in Abu Dhabi die besten Poeten der Region gegeneinander antreten, hängen siebzig Millionen Zuschauer vor den Bildschirmen. Umgerechnet winken dem Sieger eine Million Euro Preisgeld. Im Jahr 2010 erreichte die 43-jährige Hissa Hilal aus Saudi-Arabien als erste Frau das Finale. Im Niqab trat sie auf die Fernsehbühne und dichtete gegen Islamismus und das Patriarchat an. Niemand sah ihren Gesichtsausdruck, als sie Zeilen sagte wie: »Das Böse sehe ich funkeln in den Augen der Fatwas / In einer Zeit, wo Falsch mit Gut verwechselt wird / Wenn ich die Wahrheit enthülle, kriecht das Monster aus seinem Versteck.«

Hissa wurde über Nacht berühmt, der Niqab ist ihre Lebensversicherung. Damit wahrt sie ihre Anonymität. Am Ende belegte sie den dritten Platz, ein Kuwaiter siegte, denn zur Nabati-Dichtung gehört auch die Mimik, die Hissa nicht haben kann. Ihre Waffe ist nur das arabische Wort, ihr Mut ging um die Welt.

Taxifahrer Ali babbelt immer noch in mein Telefon, dann plötzlich – rums – es hat gekracht, ein Auto hängt in unserem Kofferraum. Ali stöhnt auf, schimpft auf Arabisch, Google will es nicht übersetzen. Wir steigen aus, er lässt die Tür knallen, begutachtet den Schaden, sein Nissan hat eine Beule davongetragen. Der Unfallverursacher, ein junger Typ mit Sonnenbrille, behauptet, es sei Alis Schuld gewesen – so viel verstehe ich immerhin –, und jetzt wird Ali richtig sauer. Ich höre ihn *habibi* sagen. Habibi bedeutet »mein Liebling«, in diesem Fall meint Ali das Kosewort allerdings als Herablassung.

Die beiden beginnen zu streiten, sieben Männer kommen aus verschiedenen Richtungen hinzugeeilt. Sie haben zwar nichts mit dem Unfall zu tun, diskutieren aber trotzdem so inbrünstig mit, als wären sie Betroffene. Sie gestikulieren, schreien sich an, Mobiltelefone werden gezückt, Mobiltelefone werden aus den Händen geschlagen. Ali brüllt irgendetwas, zeigt auf mich, alle schauen zu mir, dann zanken sie weiter.

Nach zehn Minuten Krakeel löst sich die Versammlung unversehens auf, die Polizei wird nicht gerufen. Ali setzt sich ins Auto. Er startet den Motor, ich frage, ob er das Problem lösen konnte. Er spricht in mein Handy, und Google übersetzt: »Ich mache keinen Samba!« Ich nicke, Ali nickt, und damit ist die Sache geklärt.

SO LIEBEN WIE HITLER

Ein rotes Herz, darin ein Hakenkreuz. So ist es auf die Mauer gesprüht, irgendwo in Amman. Ich stehe davor, denke nach und frage mich, was den Sprayer bewegt haben mag, ob er überhaupt wusste, was er da an die Wand geschmiert hat.

»In der Schule haben wir gelernt, dass Hitler ein großer Held war«, erklärt Daniya und isst einen Keks. Wir sitzen in ihrem Wohnzimmer, alles ist lila, die Gardinen, die Sessel, die Tapeten. In der Küche richtet Dienstmädchen Pria das Mittagessen an. Es gibt *Mansaf*, eine beduinische Speise aus Reis, Lamm und *Laban* – eine Art Joghurt aus Ziegenmilch –, dazu kommen Zimt, Knoblauch und Mandeln. Es duftet köstlich.

Daniya lebt in einem wohlsituierten Viertel, ihr Ehemann ist Kardiologe, das Appartement besteht aus vier Räumen und zwei Badezimmern. Sie reicht mir eine Schale mit Datteln. »Die Lehrer sagten uns, dass Hitler Deutschland liebte und nur das Beste für die

Deutschen wollte. Vom Holocaust hörten wir nicht sehr viel«, fährt sie fort.

»Hitler war ein Massenmörder und wollte nur das Beste für sich selbst«, entgegne ich.

Daniya nickt. »Heute weiß ich das natürlich, aber einige Leute hier glauben immer noch, Hitler sei ein großartiger Liebhaber gewesen.«

Ich verschlucke mich fast an einer Dattel. »Wieso das denn?«, huste ich.

Daniya druckst herum. »Nun ja«, sie sucht nach Worten, »weil er seiner Frau treu ergeben war. Und sie gingen vereint in den Tod. Das finden viele Araber romantisch.«

Jetzt muss ich lachen. »Hitler war ein großer Liebhaber? Wie bitte?!«

Auch Daniya grinst mittlerweile. »So lieben wie Hitler – das wünscht man sich«, scherzt sie und schüttet mir Kaffee nach.

Hinter unserem Plausch und der Wandschmiererei verbirgt sich historischer Ernst, sind doch in der Zeit des »Dritten Reichs« teilweise enge Verbindungen zwischen Hakenkreuz und Halbmond belegt. 1937 begannen die Nationalsozialisten damit, ihren Judenhass in die islamische Welt zu exportieren. Sie fanden im Großmufti von Jerusalem einen willigen Helfer, der sich das antijüdische Element im Koran herauspickte, aus dem Zusammenhang löste und den Juden in der Diktion des europäischen Rassismus Boshaftigkeit und Profitgier unterstellte. Die Verse, in denen die Juden gelobt werden, klammerte er freilich aus.

Während des Zweiten Weltkriegs ballerten die Deutschen in ihrer Radiopropaganda Abend für Abend den Antisemitismus in die nahöstlichen Wohnzimmer. Auf Arabisch, Persisch und Türkisch. Die meisten Intellektuellen blieben trotzdem Nazigegner. Zwar bestanden in der muslimischen Welt seit dem 7. Jahrhundert mal mehr oder weniger latente Vorurteile gegenüber Juden, doch waren sie absolut nicht vergleichbar mit der massiven Judenfeindlichkeit im christlichen Europa. Juden lebten im Orient weitaus besser und sicherer als im vormodernen Okzident. Erst der Kolonialismus, die Hetze der Nationalsozialisten und erst recht das Trauma durch die Teilung Palästinas und der seitdem währende arabisch-israelische Konflikt ließen unter den Arabern Groll und ein Gefühl der Demütigung gedeihen.

Später in den 1980er-Jahren erwuchs die sunnitisch-islamistische palästinensische Terrororganisation Hamas, die sich die Vernichtung Israels auf die Fahnen geschrieben hat. Die schiitische Miliz und »Partei Gottes« Hisbollah brachte sich ebenfalls in Stellung und verbreitet noch immer antisemitische Propaganda. Filme wie *Schindlers Liste* oder *Das Leben ist schön* standen lange Zeit auf dem Index. Hitler hätte sich gefreut. Es ist ja keine neue Erkenntnis, dass Rassisten und militante Islamisten Brüder im Geiste sind, auch wenn sich ihre Ideologien voneinander unterscheiden und sie sich gegenseitig befehden. Doch der Hass eint sie: Beide verteufeln den angeblichen Werteverfall in der Gesellschaft, beide relativieren den Holocaust, beide verabscheuen Homosexualität und verweigern sich der Frauenemanzipation, beide kritisieren die Errungenschaften der Aufklärung, beide behaupten: »Früher war alles besser.« Beide würden niemals Sätze sagen wie »Ob eine Frau das Kopftuch trägt oder nicht, ist allein ihre Entscheidung« oder »Die Welt ist nicht nur schwarz und weiß«.

Das Nazisymbol im roten Herz, das irgendjemand an eine jordanische Mauer gesprayt hat, ist ein Produkt aus rund hundert Jahren Geschichte. Und wüsste AfD-Politiker Bernd Höcke von dieser Mauer in Arabien, so würde sein dunkelbraunes Herz vor Entzückung ein Hakenkreuz schlagen.

PRIA

Daniyas Sohn Esat schließt die Haustür auf, er ist Anfang dreißig und Bankangestellter. Unterwegs hat er seine Schwester Alia eingesammelt, sie war shoppen und ist zwei Jahre jünger als ihr Bruder. Beide wohnen daheim, denn sie sind noch nicht unter der Haube.

Esat hat eine Freundin, Alia wies mehrere Heiratskandidaten ab. »Nix dabei«, sagt sie und bindet ihre braunen Locken zu einem Zopf.

Dienstmädchen Pria bringt frischen Kaffee. Sie ist scheu und schlägt ihre großen, dunklen Augen nieder. Ich schätze sie auf neunzehn, vielleicht zwanzig. »Woher kommst du?«, frage ich sie. »Bangladesch«, antwortet Pria. »Ein schönes Land«, sage ich. Sie lächelt, und Grübchen tanzen in ihrem Gesicht.

Alia packt ihre Einkaufstüten aus, Esat fläzt sich in einen lila Sessel. »In ein paar Minuten essen wir«, verkündet Daniya, erhebt sich und geht in die Küche, Pria folgt ihr. Mir fällt ein, dass die Wohnung lediglich aus vier Zimmern besteht, also Elternschlafzimmer, Wohnzimmer und zwei Kinderzimmern. Aber mit Pria leben fünf Personen in dem Haushalt.

»Wo schläft denn Pria?«, will ich von Esat wissen, der etwas in sein Handy tippt. Er blickt auf und schaut mich erstaunt an. »Ja, ähm, keine Ahnung, irgendwo hier.« Er zeigt auf die Fliesen hinter der Couch. »Hier? Auf dem Boden?« Ich bin irritiert, Esat nickt. »Ich glaube schon«, sagt er, doch bevor ich nachhaken kann, ruft uns Daniya an den Esstisch. Wir setzen uns, Pria verbleibt in der Küche.

Mezze ist aufgetafelt, ein Vorspeisenteller mit Brot, Joghurtsoße, Oliven, Auberginenmus, gefüllten Weinblättern, Falafel und Hummus. Daneben dampft das *Mansaf* auf einer großen Platte, es wird zu Hochzeiten, Geburten und religiösen Feiern gekocht.

Als ich kaue, mustert mich Daniya, ich lobe sofort, denn es schmeckt exzellent, das Lammfleisch ist zart und zergeht auf der Zunge, der Reis duftet nach Gewürzen.

»Im Ernst?«, Daniya wirkt unsicher. Ich wiederhole das Lob, bedanke mich und höre den Stein von ihrem Herzen plumpsen. »Ich habe mir den ganzen Tag Sorgen gemacht«, gesteht sie, »ich wusste nicht, ob du unser Essen magst, und ich möchte ja, dass du dich wohlfühlst.«

Sonderbar, denke ich. Daniya ist liebenswürdig und großmütig, sie lädt mich ein, kocht für mich, nimmt sich Zeit. Auch Esat ist freundlich, und Alias Lachen steckt an. Und dennoch muss das Dienstmädchen irgendwo im Wohnzimmer schlafen, besitzt keinerlei Privatsphäre und hockt jetzt allein in der Küche. Mag sein, dass Pria gut behandelt und anständig bezahlt wird, aber ich bekomme diese beiden Facetten nicht übereinander – die Herzensgüte auf der einen und die Gleichgültigkeit auf der anderen Seite.

»Nein, es schmeckt fantastisch«, versichere ich. Daniya strahlt und schaufelt sogleich noch zwei Kellen auf meinen Teller. Esat winkt nach einer halben Portion ab. Alia pickt nur in einem Granatapfelsalat.

Als ich eineinhalb Stunden später aufbreche, reicht mir Pria meine Jacke. Ich bedanke mich bei ihr, für alles, und ihre Grübchen tanzen.

DIE PRINZESSIN DER HERZEN

Heute habe ich eine Audienz bei Prinzessin Majda Ra'ad von Jordanien. Sie ist Mitglied der haschemitischen Königsfamilie. Ich bin nervös, überlege, was ich anziehen soll, und muss googeln, wie eine Prinzessin korrekt adressiert wird. Die einzigen Majestäten, die ich bisher kennenlernen durfte, waren zwei Karnevalsprinzen aus Düsseldorf.

»Your Royal Highness« – Eure Königliche Hoheit – meint Google und rät, dass Männer zur Begrüßung den Kopf neigen und Frauen einen Knicks machen sollten.

Aus meinem Rucksack zupfe ich eine schwarze Bluse und eine Stoffhose. Ich tusche meine Wimpern, atme durch und rufe ein Taxi.

Die Al Hussein Society liegt ein wenig außerhalb der Innenstadt. Ich bin zwanzig Minuten zu früh und warte im Empfangsbereich. Ein Weihnachtsbaum ist aufgestellt, an der Wand hängt ein Bild von König Hussein und Königin Noor.

Als Prinzessin Majda mich sieht, lächelt sie und reicht mir die Hand. Ich senke meinen Kopf, ein Knicks erscheint mir dann doch zu theatralisch. Die Prinzessin trägt Blazer, Halstuch und einen blonden Bob.

»Your Royal Highness, vielen Dank für Ihre Zeit«, sage ich und bekenne: »Sie sind tatsächlich die erste Prinzessin, die ich treffe. Ich weiß deshalb nicht, ob ich Sie angemessen anspreche.« Sie lacht und erwidert: »Ach, das ist mir nicht wichtig.«

Margaretha Inga Elisabeth Lind wurde 1942 in Schweden geboren und heiratete zwanzig Jahre später Prince Ra'ad bin Zeid. Seitdem lebt sie in Jordanien. Theoretisch wäre Prinzessin Majda sogar Königin von Irak, würde das Haschemitische Königreich dort noch weiter bestehen. Doch 1958 stürzten Offiziere des irakischen Militärs die probritische Monarchie und erschossen die königliche Familie im Palasthof. Eine zornige Meute schleifte ihre nackten Leichname durch die Straßen von Bagdad. Die Republik Irak wurde ausgerufen.

Dynastisch gesehen ist Prinzessin Majdas Ehemann Ra'ad bin Zeid also der Nachfolger des letzten haschemitischen Regenten Faisal II. Doch das ist Sand von gestern. Die Prinzessin kümmert sich um bedeutsamere Dinge. Seit Jahrzehnten engagiert sie sich in sozialen Organisationen und übernahm einige Ehrenämter. Die Al Hussein Society ist ihr wichtigstes Projekt. 1971 gründete sie die Einrichtung, die Kindern mit Behinderungen Ergotherapie, Logopädie, Physiotherapie, Bildung und Inklusion ermöglicht. Und das auf dem neuesten Stand der Wissenschaft. Die Idee zu der Stiftung kam Prinzessin Majda nach dem Sechstagekrieg mit Israel. »Die palästinensischen Flüchtlinge waren der Grund«, erklärt sie, »ich wollte helfen.« Vier Jahre später öffnete die Al Hussein Society ihre Pforten.

Prinzessin Majda führt mich herum, zeigt mir die Klassenräume und Musikzimmer. Auf den Stühlen sitzen kleine, krumme Körper. In den Gängen stehen Rollstühle und Gehhilfen. Die Wände sind gelb gestrichen, und Kinderlachen schallt durch das Haus. Ein windschiefes Mädchen im Rollstuhl düst an mir vorbei, es trägt bunte Spangen im Haar und strahlt mich an. Zurzeit unterrichten zwölf Lehrer hundert Kinder.»Das reicht eigentlich nicht. Wir haben zu wenig Personal«, sagt Prinzessin Majda. Die Stiftung sucht Sponsoren und finanziert sich durch Spenden. Drei Schulbusse müssen modernisiert werden. Die Arbeit ist eine Herausforderung, und doch macht sie glücklich. Prinzessin Majda erzählt von Safya: »Sie kam als Baby zu uns, sie hatte Spastiken und Lähmungen. Ihre Eltern waren ohne Hoffnung«, die Prinzessin lächelt, »jetzt ist sie siebzehn und hat vor Kurzem ihren Schulabschluss gemacht.«

Behinderungen sind in vielen muslimischen Ländern immer noch ein Tabu. In tribalistisch strukturierten Gesellschaften, in denen der Cousin die Cousine heiratet, treten allerdings häufig körperliche und geistige Beeinträchtigungen oder Stoffwechselkrankheiten auf. Hinzu kommen die Konflikte in der Region. Etlichen Flüchtlingskindern aus dem Gazastreifen, aus Irak oder Syrien fehlt ein Bein, weil es weggeschossen wurde oder weil sie auf eine Landmine getreten sind. Die Al Hussein Society beschäftigt Orthopädiemechaniker, die Prothesen bauen, Korsetts entwerfen und Rollstühle anpassen. In den syrischen Flüchtlingscamps betreut die Stiftung gehandicapte Kinder, und sie sorgt für Aufklärung, damit Menschen mit Beeinträchtigungen in der arabisch-islamischen Welt nicht länger ausgegrenzt werden. Zwar kümmern sich die meisten Eltern liebevoll um ihre behinderten Söhne und Töchter, aber sie schämen sich auch für sie und verstecken sie vor Nachbarn und Freunden. Die Behinderung wird als göttliche Bestrafung empfunden, obwohl der Koran eindeutig dazu auffordert, Menschen mit Handicap nicht auszuschließen.»Nur langsam ändert sich das Denken in der Gesellschaft. Aber wir haben schon viel erreicht«, sagt Prinzessin Majda.

Nach dem Rundgang sitzen wir in ihrem Büro, trinken Kaffee und plaudern. Ich erzähle von Düsseldorf und sie von ihren fünf Kindern und fünfzehn Enkelkindern. Zum Schluss obsiegt dann doch meine Neugier. Ich zögere ein wenig, befürchte, dass meine Frage unhöflich erscheinen könnte, aber ich will es wissen:»Wie lernt man eigentlich einen Prinzen kennen?«

Prinzessin Majda schmunzelt. »In Cambridge«, antwortet sie, »wir besuchten beide eine Sprachschule und verliebten uns ineinander.« Ein Jahr später folgte die Vermählung in Schweden, dann die islamische Hochzeit in Jordanien – auf Arabisch. »Ich wusste gar nicht, was ich da unterschreibe«, erzählt sie und lacht. Den Spickzettel hatte sie sich in die Handinnenfläche gekritzelt, denn sie musste ja ihren Namen in arabischen Buchstaben unter das Dokument setzen. Ihre Unterschrift kleckste sie über vier Zeilen. »Das war ein bisschen peinlich«, kichert sie.

Wir trinken noch ein Tässchen Kaffee, dann empfiehlt sie sich, eine Besucherdelegation wartet. Ich bedanke mich, von Herzen, und neige zum Abschied meinen Kopf.

KRIEG

Drei Minibusse braucht es, bis ich die Kleinstadt Umm Qais, ganz im Norden Jordaniens, erreiche. Auf dem Weg dorthin fegt das Land am Fenster vorbei. Ich sehe Zypressen und Plastikmüll, eine Zementfabrik ragt aus dem Staub empor. Ein Werbeplakat verweist auf ein Einkaufszentrum mit dem Namen »Mecca Mall«. An einer Autowerkstatt klebt das Bild Saddam Husseins, daneben verkauft jemand mannshohe rosa Teddybären. Ich sichte einen Hund am Straßenrand, der ein totes Pferd frisst, dann wieder Plastikmüll. Vorgestern las ich in der Zeitung, dass ein krankes Kamel gefunden wurde, man schnitt ihm den Bauch auf, und eine Flut von Joghurtbechern, Strohhalmen, Flaschendeckeln, Feuerzeugen und Plastiktüten quoll den Tierärzten entgegen. Das Kamel musste eingeschläfert werden.

Nach drei Stunden steige ich aus dem Bus und stehe im Regen, die Kälte kriecht unter meine Strickjacke, und ich atme Wölkchen aus. Vor mir liegt Gadara.

Die antike Siedlung in der Nähe des heutigen Umm Qais wurde von den Ptolomäern errichtet. Alexander der Große ritt vorbei, die Griechen ließen sich nieder, später eroberte der künftige Cäsar-Gegenspieler Pompeius die Ortschaft, die während des Imperium Romanum zu einer bedeutenden Stadt heranwuchs. Von hier sollte sich die römische Kultur in den Vorderen Orient ausweiten. Handelsrouten führten nach Syrien und Palästina.

Ich bin allein in den Ruinen, niemand lustwandelt die Kolonnade entlang, nur ein Straßenhund folgt mir. Im Jahr 636 schlugen die Araber im Zuge der islamischen Expansion die Truppen des Kaisers Herakleios. Die oströmischen Orientprovinzen gingen verloren, und Gadaras Blütezeit war vorbei.

Ich klettere auf eine Aussichtsplattform, mein Blick schweift über Hügel und Olivenbäume bis zum See Genezareth im einst gelobten Land Israel. Das Wasser schimmert grau, dicke Regenwolken hängen darüber. Unten im Tal schlängelt sich der Fluss Jarmuk, an dessen Ufern sich Oströmer und Araber bekriegten und wo die Antike letztgültig endete. Weiter rechts erkenne ich die Ausläufer der Golanhöhen, die von Israel seit 1967 besetzt sind und völkerrechtlich zu Syrien gehören. US-Präsident Donald Trump wird sie vier Monate später Israel zusprechen – freilich ohne Einverständnis der Europäischen Union oder der Arabischen Liga. Israels Premierminister Benjamin Netanjahu wird daraufhin erklären, ein neues Dorf auf den Golanhöhen nach Donald Trump benennen zu wollen.

Von alldem kann ich jetzt noch nichts wissen. Hier im Dreiländereck ist es still. Das Grauen liegt hinter der Grenze, fünfzig Kilometer entfernt. So weit ist es von Gadara bis nach Dara'a. Jener Stadt, in der die Proteste gegen den syrischen Diktator Baschar al-Assad begannen, damals im März 2011. Ein paar Wochen zuvor war in Nordafrika der Arabische Frühling ausgebrochen, und in Dara'a schrieben Schulkinder an eine Mauer: »Nieder mit dir Assad!« Die Polizei verhaftete die Kinder, folterte sie, die Eltern protestierten, die Rebellion nahm ihren Anfang, Menschen gingen auf die Straße und forderten Demokratie. In den nächsten acht Jahren ließ Assad auf seine Bevölkerung schießen, Dschihadisten marschierten auf, die USA griffen ein, Russland, Iran, Türkei, jeder verfolgte seine eigenen Interessen. Fassbomben wurden abgeworfen, Giftgas versprüht, Daesh enthauptete Menschen. Syrien stürzte in einen Höllenschlund aus Gewalt und Verzweiflung.

Dara'a ist heute zerstört. Auch Teile von Aleppo und Homs – wie so viele Orte im Land. In der antiken Oasenstadt Palmyra sprengten die IS-Schergen Triumphbögen und Grabtürme in die Luft, sie zerschmetterten mit Vorschlaghämmern die Gesichter von Statuen und schnitten dem Chefarchäologen den Kopf ab. Zweiundachtzig Jahre war der Mann alt.

Hier in Gadara, 400 Kilometer von Palmyra entfernt, prasselt bloß der Regen auf das Kopfsteinpflaster. Ein paar Jungs suchen römische Münzen in den Trümmern, um sie an Besucher zu verscherbeln, die selten kommen. Seit dem Beginn des Krieges ist der Tourismus in Jordanien um siebzig Prozent zurückgegangen, aber es wird besser. Und auch die Grenze zwischen den beiden Ländern ist seit eineinhalb Monaten wieder geöffnet. Doch hinter dem Schlagbaum leiden die Syrer noch immer; 560 000 Männer, Frauen und Kinder starben bisher, Krankenhäuser wurden gezielt ausgebombt, dreizehn Millionen Menschen sind auf humanitäre Hilfe angewiesen, fast die Hälfte der Bevölkerung musste fliehen, entweder innerhalb Syriens, oder sie suchte Schutz im Ausland, größtenteils in den Nachbarstaaten. Der Schlächter Assad herrscht bis heute mit eiserner Hand, in seinen Folterkellern verrecken noch immer Tausende Kritiker. Der Krieg ist nicht vorbei.

ÜBER DEN JORDAN

Links oder rechts? Wo wurde Jesus getauft? Am rechten Ufer, behaupten die Jordanier. Am linken Ufer, behaupten die Israelis. Fouad scheint sich dafür nicht zu interessieren, er hat keinen Bock. Der Taufstättenführer blickt auf sein Smartphone, dann zu uns, dann auf sein Smartphone, dann sagt er: »Bitte weiter« und seufzt. Vier Italiener quatschen, sechs Chinesen fotografieren, ein spanischer Junge schreit, seine Mutter schwitzt, eine Katze maunzt das schreiende Kind an, drei Franzosen gucken, ein Hubschrauber kreist über uns, ein Soldat mit Maschinengewehr gähnt, und ein Inder erzählt Fouad unverlangt, dass er aus Indien kommt. Ich bin zwar streng ungläubig, aber diesen heiligen Bimbam lasse ich mir nicht entgehen.

Sowohl Israel als auch Jordanien konkurrieren um Pilger. Beide Länder verorten die Taufstätte auf ihrer Seite, doch Baptisten, Anglikaner, Armenier, Kopten, griechisch-orthodoxe und römisch-katholische Würdenträger geloben, die wahre Taufstelle Christi liege in Jordanien. Zur Schadenfreude der Araber, der Wallfahrtsort schwemmt einige Tausend Touristen an das jordanische Jordanufer. Dass tatsächlich kein einziger stichhaltiger außerchristlicher Beleg für die Historizität Jesu existiert, der im »Märchenland Orient« Blinde sehend machte, sei hier nur am Rande erwähnt, denn so eine Nebensächlichkeit hält keinen vernünftigen Pilger auf. Immerhin wurden hier fünf Kirchen aus unterschiedlichen Epochen ausgegraben, und ein paar Päpste sind auch vorbeipromeniert. Geht es ums Hochheiligste, spielt Faktizität keine Rolle.

Fouad versucht, seine Autorität zurückzugewinnen, und stellt eine Frage in die Runde: »Wer hat Jesus getauft?« Niemand reagiert, nur der Inder zeigt auf und schnipst wie der Klassenstreber. »Johannes«, antwortet er und strahlt. Fouad nickt, seufzt wieder und läuft voraus. Wir tippeln im Gänsemarsch hinterher, die nächste Besucherkolonne bereits im Nacken.

Kurzer Stopp am Taufbecken. Steinstufen weisen den Weg ins Flussbett. Der Jordan ist hier längst ausgetrocknet, es gibt nichts zu sehen, die Szenerie ist so aufregend wie der *ZDF-Fernsehgarten*. Wir betreten eine griechisch-orthodoxe Kirche, keine Ahnung, wer die da hingesetzt hat. Die Chinesen decken sich vorsichtshalber mit Devotaliensouvenirklimbim ein. Auch der Inder lässt es krachen, er kauft eine heilige Kerze, heiliges Öl, heiliges Wasser, heilige Kieselsteine und ein heiliges Kreuz. »Kann ja nicht schaden«, frohlockt er und zeigt den Krempel Fouad. Der verzieht den Mund zu einem Lächeln.

Dann endlich erreichen wir das Ufer, die derzeitige Taufstelle, und tja, wie sage ich es am besten? Vielleicht so: Der Jordan ist über den Jordan gegangen. Wo einst ein stolzer Fluss entlangsprudelte, blubbert nun ein müffelndes Rinnsal vor sich hin.

Die Krux mit dem Wasser hat sich mittlerweile herumgesprochen; die Vereinten Nationen zählen Jordanien zu den zehn trockensten Ländern der Welt. Auch das Tote Meer liegt im Sterben. Israel kämpft mit dem gleichen Problem, kann allerdings viel mehr Schekel in die Forschung stecken.

Fouad starrt auf das braune Gewässer. Jordanien und Israel trennen hier nur fünf Meter, die Grenze verläuft durch die Mitte der Taufstelle. Wir zücken unsere Fotoapparate, denn die israelische Seite gegenüber protzt mit einem modernen Empfangsgebäude. Sauber verputzte Treppen führen die Böschung hinab, Flaggen wehen, Palmen wiegen sich im Wind, Rettungsringe sind aufgehängt. Auf der jordanischen Seite schlägt uns Gestrüpp entgegen, die Pfade sind aus Kies, wir stehen unter einem Bretterverhau. Rettungsringe gibt es nicht.

Am israelischen Ufer hat sich ebenfalls eine Menschengruppe aufgestellt. Eine Taufe findet statt. Männer und Frauen beten, ein Priester predigt. Ihr Akzent verrät, dass sie aus den USA kommen. Alles ist sehr feierlich. An unserem Ufer wird geschnattert, geschrien und geknipst. Niemand ist ergriffen. Nur der Inder freut sich wie ein Schnitzel. Er lässt sich von Fouad dabei fotografieren, wie er seinen Arm in die Suppe taucht. Ich unterlasse das, denn ich befürchte, dass mir die Hand abfällt. Die Amerikaner auf der anderen Seite haben mehr Gottvertrauen als ich, sogar Escherichia-coli-Bakterien können sie nicht von ihrem Tauftaumel abhalten. Der Priester kippt seinen Schafen die Kloakenbrühe über die Birne, dann beten sie wieder, singen irgendetwas mit Halleluja. Jesus würde sich heutzutage bei seiner Taufe aufgrund der Fäkalkeime eine Bindehautentzündung einfangen, bemerkte der *Guardian* neulich grandios trocken. Ein Amerikaner lacht, als ihm die Plörre über die Halbglatze rinnt.

WHO THE FUCK IS PETRA?

Nicht jeder Mensch kennt Petra. Als ich einer Bekannten in Düsseldorf erzählte, dass ich in Jordanien unbedingt Petra besuchen müsse, fragte sie hinreißend düsseldoof: »Wer ist Petra, und was macht die so?« Das ist ein triftiger Grund, Freundschaften zu kündigen, denn Petra zählt nicht nur zu den neuen sieben Weltwundern, Petra ist eines der meistbesuchten Touristenziele der Erde.

Und gleichwohl wissen wir bislang zu wenig über diese verloren geglaubte Königsstadt der Nabatäer und über die monumentalen Grabtempel, die vor über 2000 Jahren in den Stein gemeißelt wurden. Der Wüstensand birgt immer noch Geheimnisse; lediglich zwanzig Prozent der Nekropole sind bisher ausgegraben. Nicht einmal den richtigen Namen können Forscher zweifelsfrei klären, denn die Nabatäer hinterließen kaum Schriftzeugnisse. Nur indirekt geben biblische, griechische und römische Quellen Hinweise zur Geschichte.

Was ist Petra? T. E. Lawrence war sich sicher: »Petra ist der herrlichste Ort der Welt.« Jede Beschreibung müsse vor dem eigenen Erleben der Stadt verblassen, schwärmte er. Und damit ist alles gesagt.

Am Nachmittag laufe ich durch den Siq, jene schmale Schlucht, die den Eingang zur rosa Felsenstadt markiert und die wie eine Ouvertüre das Meisterwerk ankündigt. Ich bin aufgeregt. Wie muss sich der Schweizer Abenteurer Johann Ludwig Burckhardt gefühlt haben, als er im Jahr 1812 Petra wiederentdeckte? Burckhardt hatte die arabische Sprache erlernt und gab sich auf seinen Orientreisen als indischer Muslim aus, der für eine britische Handelsgesellschaft unterwegs war. Beim Anblick des Khazne al-Firaun, des Schatzhauses, war er gezwungen, seine Begeisterung für sich zu behalten, um sein Leben zu schützen.

Die Lichtreflexe tanzen auf den roten Steinwänden. Als sich plötzlich hinter der nächsten Windung des Siq das Schatzhaus erhebt, schießen mir die Tränen in die Augen. Zu überwältigend ist der Anblick, ich bin glücksbesoffen, höre auf zu atmen – und dann werde ich angerempelt. Ein halbes Dutzend Italiener positioniert sich für ein Gruppenfoto, ich stehe im Weg, am Schatzhaus ist die Hölle los, wer hier fotografiert, fotografiert Fotografierende. Frauen in Cocktailkleidern reihen sich vor der Säulenfassade auf, Männer im Anzug stolzieren an mir vorüber, Rentner in beigen Safariwesten maulen. Ich sehe Chinesinnen in Nationaltracht, Inderinnen im Sari, Russen in neongelben Shorts. Mir begegnen Alte, Junge, Einbeinige, Neugeborene. Die Deutschen erkenne ich am Deuter-Rucksack, die Japaner stampfen in Wanderstiefeln umher. Blonde Schwedinnen joggen im Fitnessdress durch den Siq, ich sichte ein englisches Ehepaar im Kolonialstil inklusive Tropenhelm und Nackentuch. Dicke Damen thronen für ein Foto auf Kamelen, die jeglichen Lebensmut verloren haben. Überall Gequake, Geknipse, Geglotze – und ich gehöre dazu, denn auch ich bin nur Touristin, bin Gafferin.

Dazwischen Beduinen. In den Höhlen und Grabkammern wohnten sie noch bis in die 1980er-Jahre hinein, doch als das Weltwunder zum Welterbe erklärt wurde, mussten sie weichen und umsiedeln. Heute verschachern sie Souvenirs, drängen sich als Guide auf oder preisen ihre zerzausten Esel als »Ferrari« an. Beduinenhumor. Die Männer tragen lange Locken, Kajal und rote Kopftücher. In dem Outfit gleichen sie allesamt Johnny Depp in seiner Rolle als Jack Sparrow in *Fluch der Karibik*. Das ist natürlich Show. Abzocke. Die Jack-Sparrow-Lookalikes fischen Touristen – gerne alleinreisende Frauen –, und im Netz kursieren unschöne Storys darüber. Ich antworte jedes Mal mit »*La, shukran*« – »nein, danke« –, und die Sache ist erledigt, die Piraten akzeptieren und ziehen weiter.

Während die Grabtempel die Jahrtausende überdauert haben, sind die Wohnhäuser der Nabatäer längst zerfallen. In vorislamischer Zeit herrschte der semitische Volksstamm über das heutige Jordanien sowie über Teile der Sinaihalbinsel, Israels, Syriens und Saudi-Arabiens. Petra war die Hauptstadt, eine Nekropolis, aber auch eine Handelsmetropole, quasi die Wall Street des alten Arabien.

Hier liefen etliche Karawanenwege zusammen, hier rasteten die Kamele, beladen mit Seide aus China, Gewürzen aus Indien, Perlen aus dem Roten Meer und Weihrauch aus Oman. Als das Nabatäerreich, dieses erste arabische Reich der Geschichte, im Jahre 106 zur römischen Provinz degradiert wurde und später schwere Erdbeben über Petra hinwegdonnerten, war der Niedergang der Weltstadt besiegelt.

Ich treffe Rakan, der in der Nähe des Schatzhauses Mitbringsel verkloppt; Ketten, Kelche und Kamele aus Blech. Auch er hat schwarze Locken bis auf die Schultern und schwarz umrandete Augen. Dazu das Kopftuch – *Shemagh* oder *Ghutra* genannt. In zwei Tagen laufe ich viermal an seinem Stand vorbei, und immer plauschen wir. Er ist der einzige Jack Sparrow in der Felsenstadt, der mir keinen Nippes andrehen möchte.

»Warum benutzt ihr Kajal?«, will ich wissen. »Das ist *Khol*«, erklärt er. »Wir gewinnen die schwarze Farbe aus Asche, und sie schützt unsere Augen vor der Sonne.« Ob das mit der Sonne stimmt, weiß ich nicht, aber verwegen wirkt es zweifellos. »Bist du froh, in Petra zu leben?«, frage ich ihn.

»Alhamdulillah«, antwortet er, »ich bedanke mich jeden Abend bei Gott für die schönen Tage hier.« Eine Kutsche poltert an uns vorbei. »Nerven dich die vielen Touristen?« Er denkt nach und sagt: »Nein. Ich unterhalte mich gerne mit ihnen. Mit Menschen zu sprechen ist so, als machte man aus Blumen Parfum.« Eine Einladung zum Tee schlage ich trotzdem aus.

Nordöstlich des römischen Theaters erstreckt sich die Königswand. Dreizehn Grabtempel reihen sich aneinander. Als ich meine Kamera aus der Tasche ziehe, platziert sich eine Chinesin neben mich und strahlt mich an. Ich blicke zu ihr hinüber, und sie fragt auf Englisch, ob ich Kantonesisch sprechen würde. Ich verneine, sie strahlt noch immer und geht weiter. Wunderliche Erdbewohner.

Ich steige die Stufen zu den Gräbern empor, auf einem Felssims liegt ein alter Beduine auf einer Matratze, hinter ihm die Sonne und der Abgrund. Ich bitte ihn um ein Foto. »Mohammed in the Mountain«, wie er sich selbst nennt, klopft sich den Staub von seiner *Dishdasha*, jenem knöchellangen Gewand, das die Männer auf der Arabischen Halbinsel gewöhnlich tragen. »Kommen Sie doch zu mir, dann machen wir ein Selfie«, schlägt er vor, doch ich habe Höhenangst und muss ablehnen, mir schwirrt schon beim Anblick der Felskante der Kopf. Mohammed lacht. Ein Souvenirstand gehört ihm, direkt neben einem Grabtempel, doch er trinkt lieber Kaffee *in the mountain*, lädt sein Smartphone und lässt sich von Touristen ablichten.

»Wo ist Ihr Ehemann?«, fragt er keck.

»Daheim arbeiten«, lüge ich.

»Gibt er Ihnen wenigstens sein Geld?«

»Ja, natürlich.«

»Guter Mann«, entgegnet Mohammed und reckt den Daumen.

Der Aufstieg zum Felsmonument Ad Deir, das »Kloster«, ist mühsam, denn die Luft flirrt, und meine Wasserflasche ist leer. Aber als ich die Fassade erblicke, haut es mich vor Begeisterung aus den Turnschuhen. Ad Deir ist das gewaltigste Monument in Petra. Und das schönste.

Am Eingang lungert Donny herum, langer Bart, lange graue Haare, Amerikaner aus San Francisco. Er trägt *Bisht*, das ist ein traditioneller Mantel für festliche Anlässe. Genau genommen trägt Donny sogar zwei Bishts übereinander, einen braunen und einen schwarzen, dazu ein Shemagh mit weiß-rotem Kachelmuster. Auf dem Shemagh liegt der *Iqal*, ein Ring, der wie eine Hutschnur dafür sorgt, dass das Tuch bei Wind nicht vom Kopf gefegt wird. Angeblich banden die Beduinen mit der Kordel damals ihre Kamele fest. Vom einfachen Bauern bis zum König darf den Iqal jeder aufsetzen. Offensichtlich auch Amerikaner. Auf dem Iqal trägt Donny – eher beduinenuntypisch – eine Fliegerbrille aus irgendeinem Weltkrieg, am Gürtel baumelt ein Dolch (stumpf), um seinen Hals hängt ein Trinkbeutel aus Leder (künstlich). Seine Füße stecken in gelben Socken, auf die Smileys gedruckt sind.

»Petra is fucking gorgeous!«, konstatiert Donny, drückt mir seinen Dolch in die Hand und zückt das Smartphone. Ich soll böse gucken, obwohl ich das nicht möchte. Aber Donny meint, ich müsse mich mehr anstrengen. Für fünf Tage reist er durch Jordanien. Mit seiner Mutter. Aber die ist zu schwer für den Esel und wartet im Besucherzentrum.

Unweit des Klosters deutet ein Pfeil nach oben, daneben verspricht ein Hinweisschild: »The best view in the world«. Auf dem Gipfel eines Felsens hat Qays seine Teestube aufgebaut. Die Aussicht lässt alle Widrigkeiten des Seins vergessen, rechts die Herrlichkeit der Nabatäer, links die Weite der Wüste. Qays lacht, und ein Silberzahn blitzt auf. Seinen Namen kann er mir nicht buchstabieren. »Ich habe keine Schule besucht. Das Leben ist meine Schule«, entschuldigt er sich. Ich frage ihn, ob er glücklich ist, und er antwortet, ohne zu zögern: »Manchmal ist das Leben hart, aber ich liebe es trotzdem.«

WEITLÄUFIG, EINSAM UND GOTTÄHNLICH

Drei Tage später in Aqaba. Draußen ruft der Muezzin, die Klimaanlage rauscht. Zwischen gestern und heute liegen sechzig Kilometer und ein ganzer Kosmos. Aus meinen Haaren rieseln Sandkörner auf das weiße Laken. Irgendetwas hat sich verändert in mir. Eine Schwingung, ein Gefühl. Seit ich aus der Wüste in die Stadt zurückgekehrt bin, brüllt die Welt. Und obwohl mein Fenster geschlossen ist, höre ich das Hupen und das Rattern und denke wieder an das Schweigen in Wadi Rum. An die Sonne und wie sie die Wildnis in Goldpapier wickelte. An die Kamele mit ihren langen Wimpern und an ihre Fußspuren im Sand. Wadi Rum überstieg meine Vorstellungskraft. Weitläufig, einsam und gottähnlich sei sie, schrieb T. E. Lawrence über jene Landschaft, die mich berührte, ja, die aufrührte. Ich glaube nicht an Gott, und gleichwohl hatte der Mann recht.

Vorgestern erreichte ich Rum Village, ein Beduinendorf tief im Süden Jordaniens. Ramiz hieß mich willkommen. Er trug eine Dishdasha, und dicke schwarze Wimpern säumten seine Augen. Sein Alter ließ sich nicht schätzen, vielleicht Ende zwanzig, vielleicht jünger. Um seinen Kopf war ein weiß-roter Shemagh geschlungen. »Mein Onkel Omar wird dich führen, er kennt jeden Stein in der Wüste.« Ramiz lächelte. Sein Stamm entstand vor Jahrhunderten im Jemen, im Laufe der Zeit verzweigte er sich über die gesamte Halbinsel. Es gab ihn schon vor dem Islam, und seine Angehörigen zählten zu den ersten Arabern, die sich dem Propheten Mohammed anschlossen. Seit Generationen durchwanderte Ramiz' Familie Wadi Rum, stets dem Regen hinterher. »Wir nennen uns *Bedu*, das ist das arabische Wort für ›Beduine‹«, sagte Ramiz und richtete seinen Turban. Früher hüteten die Bedu Ziegen und schliefen in Zelten. Heute wohnen sie in Häusern, posten ihre Abenteuer auf Instagram, verdienen ihr Geld mit Tourismus und brettern in Jeeps durch die Gegend.

Ich entschied mich für ein Kamel, wollte ich doch die Langsamkeit entdecken. Ich war naiv.

»Wo kann ich hier Sonnencreme kaufen?«, fragte ich Ramiz.

»Gar nicht, wir benutzen keine Sonnencreme.« Er grinste und deutete auf meinen Schal. »Du musst dir das Tuch um den Kopf wickeln.«

Omar kam hinzu, er begrüßte mich auf Arabisch. Auch er trug einen Shemagh. Durch seinen schwarzen Bart zogen sich Silberfäden. »Wir sehen uns heute Abend im Camp, inshallah«, sagte Ramiz und verabschiedete sich.

Zwei Kamele waren hinter der Dorfmoschee angebunden. Die Stute war beige, fast weiß, und sie würde mich die nächsten zwei Tage auf ihrem Rücken durch die Wildnis tragen. Sie hörte auf den Namen Halva – wie die Süßigkeit. Kamele gelten als unvermeidliches Symbol des Morgenlandes. Tatsächlich sind sie überaus aparte Tiere. Sie haben flauschige Teddybärohren, sie sind gesellig, manchmal lustig, und sie sind klug. Einhundertsechzig Begriffe kennt das Arabische für *al-jamal*, das Kamel, und *jamaal* bedeutet obendrein »Schönheit«. Ohne die Höckerträger hätten die Bedu keine einzige Wüste durchqueren können. Stirbt das Kamel, stirbt der Mensch.

Halva kniete sich nieder, und ich stieg auf. Vierhundert Kilo erhoben sich, ich umklammerte den Haltegriff. Dann setzte sich das imposante Geschöpf in Bewegung.

Es gibt da diese Legende, wonach der Mensch zwar die 99 Namen Allahs kenne, der hundertste jedoch nur dem Kamel bekannt sei. Deshalb würden die Tiere ständig affektiert grinsen. Halva grinste besonders breit. Ich schwankte auf ihrem Rücken wie auf hoher See. Nach einer halben Stunde spürte ich meinen Hintern nicht mehr. Nach einer Stunde kam das Gefühl zurück, allerdings als stechender Schmerz. Es dauerte, bis Halva und ich warm miteinander wurden, einmal bockte sie, weil das Knattern eines Jeeps sie erschreckte und ich sperrig wie ein Klappstuhl auf ihrem Rücken hing. Ich verstand sie, war ich doch von uns beiden das Trampeltier. Aber irgendwann gewann ich an Sicherheit und damit ein wenig an Grazie. Ich traute mich sogar, das rechte Bein um den Höcker zu schlingen, so wie es die Bedu tun.

Omar sprach nicht viel. Er kannte nur das englische Wort für »danke«, *tank you* – ohne th. Und er bedankte sich bei jeder Gelegenheit, auch wenn ich über die Landschaft staunte oder aus seiner Wasserflasche trank. Auf sein »tank you« antwortete ich mit »shukran«. Und vielleicht ist »danke« ja generell das wichtigste Wort im Leben.

Omar ritt voraus, er sang ein arabisches Lied, und der Wind wischte die Melodie in die Weite. Der Rest war Schweigen. Es roch nach Sonne und Freiheit. Rostrote Berge standen wie Schachfiguren um uns herum, unbewegt seit Ewigkeiten, und wir schaukelten langsam vorbei. Bert Brecht sagte: »In der Wüste lernt man wieder sehen, statt zu glotzen.«

Nach einer Weile sahen wir in der Ferne Lawrence Spring, ein Dutzend Touristen machte Fotos. Vor 101 Jahren hatten sich T. E.

Lawrence und seine Beduinen hier mit Wasser versorgt. Noch immer gilt der Brite als Held und Verräter gleichermaßen. Ende 1916 wurde er von Großbritannien auf die Halbinsel geschickt. Der junge Mann mit den stahlblauen Augen sollte die arabischen Stämme in ihrer Revolte gegen die Osmanen unterstützen, die wiederum mit dem Deutschen Reich verbündet waren. Die britische Regierung stellte den Arabern einen unabhängigen Staat in Aussicht. Das Sykes-Picot-Abkommen hielten die künftigen Kolonialherren zu diesem Zeitpunkt noch geheim. Unter Lawrences Führung bekämpften die Bedu die Türken und eroberten Aqaba am Roten Meer. Lawrence war zwar ein Orientromantiker, aber letztendlich war er auch ein Imperialist. Als er von Sykes-Picot erfuhr, musste er seine Krieger belügen, damit sie weiter für England kämpften. »Zwei Jahre lang hatte ich, nur um sie auszunutzen, fälschlich ihren Gefährten gespielt«, notierte er. Lawrence litt unter dieser Täuschung und plante deshalb, Damaskus zu besetzen, um den Briten zuvorzukommen. Im Oktober 1918 nahmen seine Bedu die Stadt ein. Doch die Eroberung änderte nichts; Großbritannien hatte das Gebiet bereits Frankreich versprochen. Die Araber wurden um ihr Land betrogen. Lawrence zog sich aus der Öffentlichkeit zurück, 1935 starb er bei einem Motorradunfall.

Der Verrat der Europäer ist indes bis heute nicht vergessen. Im Sommer 2014 veröffentliche der IS ein Video, in dem ein Dschihadist an einem Grenzübergang zwischen Syrien und Irak die schwarze Fahne hisst und verkündet: »Wir werden die Grenzen von Irak, Jordanien, Libanon, aller Länder durchbrechen.« Der fünfzehnminütige Clip trägt den Titel »Das Ende von Sykes-Picot«.

Omar sammelte Zweige, machte Feuer, und wir kochten gezuckerten Tee in einer Kanne aus Gusseisen, während die Kamele uns dabei zuschauten. Halva war vorwitzig. Immer wieder versuchte sie, ein Stück Fladenbrot zu stibitzen. Omar schimpfte mit ihr. Halva trollte sich, aber nur, um uns aus sicherer Entfernung zu belauern und sich nach einigen Minuten erneut anzuschleichen.

Jeeps jagten an Granitblöcken und Sandsteinbergen vorbei, die gigantischen Pilzen glichen. Wie bei *Alice im Wunderland*. Wind und Wasser modellierten die Felsen und ließen Wadi Rum vor etwa dreißig Millionen Jahren entstehen. Als *Wadis* werden Trockentäler in Wüstengebieten bezeichnet. Seit prähistorischen Zeiten ziehen Menschen als Nomaden durch Wadi Rum. Eine raue Natur formte eine raue Kultur. Und der Mythos um die tapferen Bedu bleibt bestehen, wie ein Märchen aus *Tausendundeine Nacht*. Alle Bewohner der Arabischen Halbinsel sehen in den Bedu ihre Wurzeln.

Ich blickte in das Wunderland hinaus. Aus Gelb wurde Orange, aus Orange wurde Rot. Poesie aus Sand. »Hadha jamil!« – »ist das schön« –, schwärmte ich, und Omar sagte lächelnd: »Tank you!«, als wäre Wadi Rum sein Wohnzimmer, und das war nicht falsch.

Bevor die Sonne unterging, erreichten wir ein Beduinencamp, mein Hintern wimmerte, er war wund gescheuert. Die Zelte bestanden aus Ziegenhaar und waren mit Teppichen ausgeschlagen. Der Beduine Ramiz saß auf dem Boden, er hatte auf uns gewartet. Im letzten Licht des Tages tranken wir Tee.

Ramiz war ein Kind der Wüste. Sein ganzes Leben hatte er in Wadi Rum verbracht. Er konnte klettern und das Röhren eines Kamelbullen imitieren, er las Spuren, benannte sämtliche Pflanzenarten, schlachtete Ziegen, und er passte auf seine sechs Geschwister auf. Vor Kurzem hatte sein Vater eine zweite Frau geheiratet. Ramiz befand die Mehrehe als müßig. »Einer meiner Onkel hat vier Ehefrauen, zwölf Söhne und zwanzig Töchter. Er meint, es sei sehr anstrengend.«

Als die Dunkelheit hereinbrach, holte Ramiz eine Trommel hervor. Das gehörte zum Touriprogramm, aber wir hatten Spaß und sangen arabische Schlager, spielten Musik von unseren Smartphones ab, trällerten mit Rachid Taha *Ya Rayah* und mit Nancy Ajram *Ya Salam*. Dann stand Ramiz auf und stimmte ein altes Beduinenlied an. »Es handelt vom Mond in der Wüste«, erklärte er, und sein weiß-roter Shemagh leuchtete im Schein der Flammen.

Mehr Orientkitsch ging nicht. Wir rauchten Shisha, Ramiz ließ Ringe aus seinem Mund aufsteigen, uns wurde schwindelig von dem Rauch, und wir kicherten.

Der zweite Tag war hart. Um acht Uhr morgens saßen Omar und ich auf unseren Kamelen. Eisiger Wind peitschte uns entgegen und zerrte an unseren Tüchern. Halva kämpfte sich durch die Dünen, sie schnaufte, später glühte die Sonne auf uns herab, verbrannte meine Wangen. Ich spürte jeden einzelnen Muskel im Rücken und verlor das Gefühl in den Beinen. Wo wir waren, wusste ich nicht, es hätte auch der Mars sein können. Sandkörner knirschten zwischen meinen Zähnen, ich roch Halvas Fell, hörte ihr Atmen, sah unsere Schattenrisse auf dem roten Boden, und ich begriff, wie sehr die Wüste das Leben verneint. Reduktion. Ich wurde leer. Irgendwann nach vielen Stunden Verneinung durchflutete mich Zufriedenheit. Eine Seelenruhe, die ich auf einer Jeeprundfahrt durch Wadi Rum niemals hätte erlangen können.

Die Sonne funkelte wie Kupfer, als wir wieder im Camp eintrafen. Omar verabschiedete sich, ich bedankte mich bei Halva, die immer noch grinste. Sie schaukelten zurück ins Dorf. Am Abend betrat Ramiz das Zelt. Wir aßen Fladenbrot mit Hummus, erzählten von unserem Tag und lächelten uns zu lange an. Später gingen wir ein paar Schritte in die Dunkelheit hinein und schauten in den Sternenhimmel. Die Nacht war kalt, und wir froren ein wenig, als wir uns küssten.

Aqaba ist nicht schön. Die Stadt lärmt und stinkt nach Abgasen. »Gestern war ein wunderbarer Tag, da ich die Wüste entdeckte«, schrieb Freya Stark. Zwischen Gestern und Heute liegen sechzig Kilometer und ein ganzer Kosmos.

Am nächsten Morgen erwische ich den Bus zurück nach Amman, und noch immer hängt Wadi Rum unter meinen Nägeln und zwischen meinen Schnürsenkeln. Der Busfahrer gibt Gas, draußen Berge, Ödnis, eine Tankstelle, Gemüseverkäufer am Straßenrand.

Zigarettenpause. Jordanien erdet. Im wahrsten Sinne. Ich bleibe sitzen, betrachte meine Fingernägel und spüre den Sonnenbrand auf meinen Wangen. Und dann ist da dieser Wachstumsschmerz, weil sich das Herz weitet.

Am Bahnhof kaufe ich einem alten Mann die *Jordan Times* ab. In der Wüste las ich keine Nachrichten. Ich erfahre, dass George Bush senior gestorben ist und König Abdullah und Königin Rania zur Beerdigung geladen sind. Ich überfliege eine Meldung über Katars Abschied von der OPEC, zwei Seiten weiter erklärt ein Artikel, warum Kaiserschnittbabys dicker sind als natürlich geborene. Als ich auf der nächsten Seite ein Bild von Annegret Kramp-Karrenbauer entdecke, falte ich die Zeitung zusammen.

Eine Woche später besteige ich ein Flugzeug. Vielleicht bin ich an der Erde doch nicht richtig befestigt. Vielleicht zieht es mich in die Fremde, weil ich mich überall fremd fühle. Rastlos nennen mich jene, die es nicht sind.

Ich wäre gern über den Landweg nach Kuwait gereist, aber im Irak explodieren Autobomben. Tausende Jesidinnen sind verschwunden. Zahlreiche Orte liegen in Trümmern. Ausländer werden zuweilen entführt, heißt es.

Ach Irak, das dahingeschwundene Mesopotamien. Welch wundervolles Land es gewesen sein muss. Dort fand Gertrude Bell ihr letztes Zuhause, sie blieb bis zu ihrem Tod. »Bagdad, das ist der wahre, der aufregende Orient«, schrieb sie 1914, »hier spielt sich das Geschehen ab, und der Zauber von alledem berührt mich und nimmt mich gefangen.«

Der Zauber bewahrte sie nicht vor Depressionen. Zwei Tage vor ihrem 58. Geburtstag starb sie an einer Überdosis Schlaftabletten.

Der Pilot macht eine Durchsage, gleich heben wir ab. Die Monitore über den Sitzen klappen herunter, auf dem Bildschirm erscheint der Hinweis »Travel Prayer«, auf Englisch und Arabisch. Und plötzlich ertönt aus den Lautsprechern ein Sprechgesang, der die gesamte Kabine erfüllt. »Allahu akbar! Gott ist größer!«, schallt es, eine Männerstimme rezitiert aus dem Koran. »Oh Allah, erleichtere uns diese Reise und mache uns die Entfernung leicht.« Der Junge neben mir hört über sein Smartphone Musik. Irgendwo weint ein Baby. »Oh Allah, am Ende werden wir zu dir zurückkehren.« Hinter mir raschelt eine Chipstüte, ein Steward geht durch die Reihen und überprüft, ob die Passagiere angeschnallt sind. Beim letzten »Allahu akbar« rollt das Flugzeug auf die Startbahn.

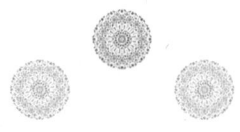

KUWAIT

الكويت

ASTERIX IM TOLLHAUS

Drei Kamele irren über brennende Ölfelder. Sie suchen nach Wasser und können keines finden. Hinter ihnen steigen schwarze Wolken auf, Rauchschwaden aus der Unterwelt. Eine Apokalypse. Der Fotograf Steve McCurry schoss 1991 das Foto, das weltberühmt werden sollte. Er sagte, dass keine noch so gute Aufnahme den ohrenbetäubenden Lärm dieser finsteren, höllengleichen Brandlandschaft habe erahnen lassen.

Als Irak 1990 Kuwait überfiel, war ich neun Jahre alt. Ich erinnere mich an die grünstichigen Bilder im Fernsehen, an das Heulen der Sirenen, an das Zischen der Raketen und dass sie wie Feuerwerkskörper am Nachthimmel leuchteten. Ich sah Panzer und Häusergerippe, Soldaten mit Maschinenpistolen, und ich hörte zum ersten Mal den Begriff »menschliches Schutzschild«. In Deutschland hielten Demonstranten Plakate in die Luft, auf denen »Kein Blut für Öl« geschrieben stand. Bomben fielen auf Bagdad. Politiker sprachen von einem »sauberen Krieg«. Über den Bildschirm des Röhrenfernsehers in unserem Wohnzimmer flimmerten verkohlte Leiber. In Decken gehüllte Kinder mit Witwengesichtern, gealtert und doch so jung wie ich, saßen in Schutt und Asche, der Nachrichtensprecher las eine Meldung über Giftgas vor. Manchmal konnte ich abends nicht einschlafen, weil mein Herz mit seinen Fäustchen von innen gegen die Wand hämmerte. Mein Vater erzählte, Saddam habe die Ölfelder angezündet, und ich schrieb meine Ängste ins Tagebuch.

Siebenundzwanzig Jahre später lande ich in Kuwait, mitten in der Nacht. Draußen sei Winter, meint der Pilot in seiner Durchsage. Auf dem Monitor lese ich »21 Grad«. Für kuwaitische Verhältnisse ist das lausekalt. Im Sommer lassen sich auf dem Asphalt Spiegeleier braten. Schuhsohlen schmelzen, die Sonne brennt alles nieder, Vögel fallen tot vom Himmel. Und ganz gleich, wo man hingeht, egal, ob man eine Bank betritt, eine Mall, einen Gemüseladen oder eine Schule, jedes Gebäude ist heruntergekühlt. Und das kostet Energie.

Forscher meinen, der Klimawandel könnte die Golfregion bei ungebremsten Emissionen bis Ende des Jahrhunderts unbewohnbar machen, denn Temperaturen um die sechzig Grad seien dann der Regelfall. »Arabische Nächte sind, wie jeder weiß, viel heißer als heiß«, singt der Händler, der im Disneyfilm die Geschichte Aladdins erzählt. Den Klimawandel hatte er wahrscheinlich nicht auf dem Zettel. Von der Bullenhitze können insbesondere die Kuwaiter ein Lied singen. Ihr Rekord lag 2016 bereits bei 54 Grad. Dies sei nur ein kleiner Vorgeschmack gewesen auf die Zukunft im Dampfbad, prognostizieren Wissenschaftler. In einem halben Jahrhundert könnten die Menschen am Golf getoastet, gebraten und gegrillt werden. Gegen das kosmische Fegefeuer helfen keine Gebete und keine Milliarden. Auch wenn Kuwait zu den reichsten Staaten der Erde gehört.

Ich atme die Nachtluft ein. Kuwait. Ich bin in Kuwait, irgendwo am Rande der Welt, und ich muss wieder an die drei Kamele denken und wie hinter ihnen die Wüste in Flammen aufging. Sechshundertneunundfünfzig Ölfelder brannten. Fünf Millionen Minen lagen unter der Erde verbuddelt, bis heute sind nicht alle geräumt. Ein Land wie ein Gemälde von Hieronymus Bosch. »Nationalpark des Satans« nannten die Menschen ihre Heimat. Vor zehn Tagen fuhr ein junger Kuwaiter mit seinem Jeep über eine der alten Sprengfallen. Er überlebte schwer verletzt.

Der Shuttlebus spuckt mich am Terminal 5 aus. Reisende aus Indien, Pakistan, Ägypten stehen in der Schlange und halten ihre Ausweispapiere in den Händen. Hinter der Passkontrolle rumpelt das Gepäckband, nur darf ich ohne Visum nicht durch. Die Beamtin weist mich darauf hin, dass es einen extra Einreiseschalter gibt. Sie hat aber keinen Schimmer, wo der sein könnte. Ich räume das Feld und spreche einen Flughafenmitarbeiter an, der in einen Computer stiert.

»Guten Tag. Ich hätte gern ein Visum. Wo muss ich hin?«, erkundige ich mich, doch er zuckt mit den Schultern.

»Gehen Sie zu T5«, entgegnet er.

»Aber das hier ist doch T5«, antworte ich.

»Hmm, ja, vielleicht«, sinniert er und schlägt vor: »Versuchen Sie es im Bereich B3.«

»Wo ist B3?«

Er überlegt und deutet dann mit dem Finger in eine Richtung. »Immer geradeaus.«

In B3 schüttelt ein Herr in Uniform den Kopf. »Hier sind Sie falsch. Sie müssen zu T5.« Er wirkt, als wüsste er Bescheid.

»Aber von da komme ich, und man sagte mir, ich solle zu B3.«

»Dann gehen Sie zu T1«, entgegnet er.

»T1? Und was ist mit meinem Gepäck? Das ist doch in T5?«

»T1«, wiederholt er, »nehmen Sie den Bus, der bringt Sie von B3 nach T1.«

Ich setze mich auf einen Stuhl und warte. Fünf Minuten, zehn. Nach dreißig Minuten trudelt ein Shuttlebus ein, ich bin der einzige Fahrgast. Wir schippern einmal um den gesamten Flughafen herum. Ankunft im Untergeschoss T1. Ich entdecke einen Schalter, auf dem »Visa« geschrieben steht, freue mich und sage zu der Frau, die hinter einer Glasscheibe hockt: »Hallo. Ich hätte gern ein Visum.« Die Frau beachtet mich nicht und tippt in ihr Handy. »Entschuldigung, ich bräuchte bitte ein Visum«, wiederhole ich. »Hier nicht!«, keift sie. »Gehen Sie ins Erdgeschoss!« Sie schaut nicht auf.

Ich nehme die Treppe, laufe einen Flur entlang. Eine Menschentraube drängt sich um einen Counter, Frauen und Männer füllen

Zettel aus, sie rufen durcheinander, manche schimpfen, ein Bursche kopiert Pässe. Sobald der Zettel beschrieben ist, ziehen sie eine Nummer, dann erhalten sie ein neues Formular, mit dem sie zu einem anderen Schalter hasten müssen. Aber erst, nachdem sie an einem Automaten die Einreisegebühr bezahlt haben. Den ganzen Vorgang schnalle ich leider zu spät, und so ziehe ich bereits eine Nummer, bevor ich zum Automaten durchdringen kann.

Am Automaten stelle ich fest, dass er keine Kreditkarte, sondern nur Cash akzeptiert, und zwar Kuwait-Dinar. Ich besitze bloß Jordanische Dinar, denn ich konnte auf die Schnelle keinen Bankomaten auftreiben. Der Pässe-Kopierer meint, ich solle den Gang zurücklaufen, dann links, da gebe es eine Wechselstube. Ich zeige ihm meine Nummer, weil ich befürchte, gleich aufgerufen zu werden. Der Bursche seufzt. Hinter mir rempeln Menschen, manche plärren irgendetwas in fremden Sprachen, Dutzende Hände wedeln mit Zetteln. Der Bursche telefoniert, schnappt sich mein Geld und stiebt um die Ecke. Eine Frau kreischt ihm hinterher, Männer streiten. Nach fünf Minuten kommt er zurückgehetzt und füttert den Automaten mit der umgetauschten Währung. Er reicht mir die Quittung und lächelt. Dann wird er von den Wartenden niedergebrüllt.

Meine Nummer blinkt auf dem Bildschirm, ich eile zu einem der vielen Schalter. Eine Beamtin nickt mir zu. »Hallo. Ich hätte gern ein Visum«, sage ich. Die Beamtin überprüft die Nummer, die Quittung und das ausgefüllte Formular, dann stempelt sie meinen Pass, und ich atme auf. »Gehen Sie jetzt bitte zum Polizeicounter.« Sie zeigt nach rechts.

Am Polizeicounter kontrolliert der Polizist den Stempel, nimmt meine Fingerabdrücke und schießt ein Foto, auf dem ich wie eine Wasserleiche ausschaue, die erst nach sehr vielen Monaten an Land gespült wurde. Der Polizist schmunzelt und winkt mich durch.

Ich bin drin. Nur leider ohne Rucksack, denn der steht noch in T5, und das hier ist T1. Ich frage eine junge Frau, die Rock und Hütchen trägt und wie eine Bodenstewardess aussieht. »Guten Tag. Wie komme ich zu T5?«

Sie runzelt die Stirn. »T5 kenne ich nicht, gehen Sie ins Untergeschoss zum Infocounter.«

»Wo genau ist der Infocounter?«

»Das weiß ich nicht. Fragen Sie im Untergeschoss.«

Im Untergeschoss finde ich den Infocounter von selbst, zwei Männer sitzen dahinter. »Guten Tag. Wie komme ich zu T5?«, will ich wissen.

»Gehen Sie zu T4«, antwortet der Ältere.

»Aber mein Gepäck ist in T5.«

»T4?«

»T5!«, wiederhole ich.

»T5 gibt es nicht. Fragen Sie an der Hauptinformation.«

»Ist das hier nicht die Hauptinformation?«

»Nein.«

»Okay. Und wo ist die Hauptinformation?«

»Immer geradeaus.«

Die Hauptinformation ist belagert von Menschen. Es vergehen zehn Minuten, bis ich vortreten darf. Ein Inder grinst mich an, auf seinem Namensschild steht »Mr. Malhotra«, auf seiner Halbglatze spiegelt sich die Deckenleuchte.

»Wie kann ich Ihnen helfen, Ma'am?«, fragt Mr. Malhotra.

»Hallo. Wo finde ich T5?«

»T4?«, entgegnet Mr. Malhotra und wackelt mit dem Kopf.

»Nein, T5«, antworte ich und atme tief ein.

»Das hier ist T1.«

»Ich weiß, aber ich muss zu T5.«

»T5 existiert nicht.« Mr. Malhotra grinst immer noch.

»Aber ich komme doch von T5.«

Mr. Malhotra beugt sich nach vorne und spricht jedes Wort überdeutlich aus, als wäre ich geistig minderbemittelt. »Sie meinen T4, Ma'am?«

»Nein, T5!«, wiederhole ich mit Nachdruck.

Mr. Malhotra kratzt sich an der Schläfe. »Tut mir leid, Ma'am, ich kenne T5 nicht. Fragen Sie meinen Kollegen.«

Er reicht mich an seinen Nachbarn weiter.

Auf dessen Schild steht »Mr. Bandyopadhyay«. »Was kann ich für Sie tun, Madam?«, fragt Mr. Bandyopadhyay.

»Guten Tag. Ich möchte zu T5.« Mein Lächeln ist verkrampft.

»T5? Sie meinen T4, Madam.«

»Nein, T5, da ist mein Gepäck!«

»T4, oder etwa nicht?« Mr. Bandyopadhyay ist verwirrt.

»T5!« In mir braut sich ein Gewitter zusammen.

»Vielleicht verwechseln Sie T5 mit T3 und T3 mit T4, Madam?«, mutmaßt er.

»T3? Nein! Ich möchte zu T5!«, presse ich hervor.

»Gehen Sie zu meinem Kollegen.«

Der Kollege sitzt neben ihm, auf seinem Namensschild steht »Mr. Ganeshalingam« geschrieben, aber Mr. Ganeshalingam hat die nächsten fünfzehn Minuten keine Zeit für mich.

Als er mir endlich zunickt, lächle ich nicht mehr, grüße nicht, sage bloß:

»Wo ist T5?«

»T4, Ma'am?«, fragt Mr. Ganeshalingam.

»T5! Einfach nur T5!«, schnaufe ich.

»Gehen Sie zu Gate 1«, entgegnet Mr. Ganeshalingam, und jetzt möchte ich zehn Dekaden lang schreien. Die Situation ist kolossal aberwitzig. Ich fühle mich wie Asterix, als er versucht, den »Passierschein A38« zu erlangen, und von Gebäude zu Gebäude, von Schalter zu Schalter, von Mitarbeiter zu Mitarbeiter geschickt wird. Ein Flughafen, der Verrückte macht!

»Wieso Gate 1? Wo soll das sein? Warum bloß?« Meine Stimme überschlägt sich.

»Gehen Sie geradeaus, danach rechts, durch die Glastür, den Korridor entlang, die Rolltreppe hinunter und die nächste Rolltreppe hinauf, Ma'am«, antwortet Mr. Ganeshalingam mit der Ruhe eines buddhistischen Mönchs.

Ich starre ihn an. Stille. Zwei Sekunden, drei, dann raste ich aus.

»Seit zweieinhalb Stunden werde ich durch den ganzen verdammten Flughafen gescheucht! Das kann doch nicht wahr sein! Ich will jetzt zu T5!«

Mr. Ganeshalingam blickt in mein rotes Gesicht, sieht meine Verzweiflung, auf meiner Stirn glänzt Schweiß, und dann packt ihn das Mitleid. Er greift zum Hörer. Jemand soll mich zu Gate 1 begleiten.

Nach zwanzig Minuten kommt ein Jüngling angeschlurft, er trägt kein Namensschild. Er schaut sich den Stempel in meinem Pass an, nickt und bringt mich zu einer Glastür, dann übergibt er mich an einen anderen Mann, der überprüft meinen Pass, nickt und bringt mich zu einer Rolltreppe, die nach unten führt. Es folgen ein langer Gang und eine Rolltreppe nach oben. Und plötzlich wie eine Oase in der Wüste erscheinen die Gepäckbänder am Flughafenhorizont. Ich bin in T5! Mein Rucksack steht in einer Ecke, mutterseelenallein. Der Mann verabschiedet sich, ein Polizist kontrolliert meinen Pass und nickt. Dann, endlich, darf ich das Tollhaus verlassen.

DER ZWEIUNDZWANZIGSTE TAG

Es ist Mittag, und ich bin bereit für Kuwait. Aber Kuwait ist nicht bereit für mich. Es lässt mich abperlen wie Regen, der sowieso nie fällt. Ich irre umher, laufe überallhin und komme nirgendwo an. Denn Kuwait City besteht einzig aus Highways, Ringstraßen, die sich um Ringstraßen kringeln, Stadtautobahnen aus Fertigbeton, Asphalt bis zum Himmel. Menschen sehe ich kaum, auch keine Fahrradfahrer oder Mopeds. Wenn jemand zu Fuß geht, dann Gastarbeiter aus Bangladesch oder Indien. Ansonsten nur Autos und 8000 Kilometer Straße, umstellt von Bürotürmen, dazwischen Rasen aus Plastik. Kaum vorstellbar, dass hier vor sieben Jahrzehnten noch Esel über Schotterwege holperten. Damals Viehzeugs, heute Fahrzeugs.

Über Kuwait gibt es wenig Literatur. Im Netz las ich immerhin, dass die kuwaitischen Soap Operas auf der gesamten Halbinsel am beliebtesten sind. Ich las auch, dass im ersten Quartal 2017 mehr

Ehen geschieden als geschlossen wurden. Den Rekord der kürzesten Ehe der Welt hält ein kuwaitisches Ehepaar. Die Frau verlangte nach drei (sic!) Minuten die Scheidung, weil der Angetraute ihr nicht aufhalf, als sie stolperte, sondern sie stattdessen beleidigte. Recht hatte sie.

Abgesehen davon lassen sich noch ein paar dürftige Infos zur Historie Kuwaits recherchieren, zum Beispiel, dass sich die Kuwaiter (und auch andere Araber an den Küsten der Halbinsel) früher *Khaleeji* nannten. Das war, bevor sich der Golf-Kooperationsrat gebildet hatte. Khaleeji bedeutet »Golfaraber«. Viel mehr weiß ich nicht über Kuwait, denn seine Geschichte liegt bis zur Neuzeit größtenteils im Dunkeln. Zwar gruben Archäologen auf der Insel Failaka einige Ruinen aus, die vor 5000 Jahren noch Neubauten gewesen waren, doch zu welthistorischer Bedeutung brachte es die Gegend aufgrund ihrer Randlage nicht. Trotz alledem entdeckten Forscher kürzlich im Norden Kuwaits einen 7300 Jahre alten Fingerabdruck auf einer Tonscherbe. Eine Sensation für das Emirat, das sich nach einem kulturellen Erbe sehnt.

Im 18. Jahrhundert drang die Familie Al Sabah aus dem Inneren der Arabischen Halbinsel an die Küste vor und regiert seitdem den Wüstenstaat als konstitutionelle Erbmonarchie. Nach dem Ersten Weltkrieg erklärten die Briten Kuwait zu einem selbstständigen Emirat unter ihrer Schutzherrschaft. Seit 1961 feiern die Kuwaiter ihre Unabhängigkeit. Bis 2005 besaßen Frauen weder das aktive noch das passive Wahlrecht, doch nach dem Dritten Golfkrieg dämmerte es dem Königshaus, dass es klüger wäre, sich den westlichen Mächten als demokratischer Staat zu präsentieren. Die Mehrheit der Bevölkerung, die Migranten, darf allerdings nach wie vor nicht wählen, denn sie kann keine kuwaitische Staatsbürgerschaft beantragen. Für echte Demokratie reicht es eben doch nicht.

Ich schaue nach links und sehe Straßen, ich schaue nach rechts und sehe Straßen, ich weiß von hier an nicht weiter, weiß nicht, was ich erwartet habe – und plötzlich hält neben mir ein Auto. Die Frau auf dem Beifahrersitz kurbelt das Fenster hinunter, ein Mann mit Sonnenbrille sitzt am Lenkrad. »Hast du dich verlaufen?«, fragt die Frau auf Englisch. Ich nicke und fühle mich wie ein Kind, das seine Eltern verloren hat.

»Wo musst du denn hin?« Der Mann schiebt die Sonnenbrille auf seine Nasenspitze und lugt zu mir herüber. »Ich wollte in die Innenstadt, aber ich kann sie nicht finden«, sage ich und mache dabei wohl einen hilflosen Eindruck. »Steig ein!« Die Frau lächelt.

Ich schaue in ihre Gesichter, dann rutsche ich auf die Rückbank. Leyla reicht mir eine Packung Gummibärchen nach hinten, sie ähnelt den arabischen Popsängerinnen, deren Musik ich manchmal höre; langes schwarzes Haar fällt in Wellen über ihre Schultern, um ihre blaue Augen ist ein dicker Lidstrich gezogen. Haidar ist ihr Ehemann. Seine Haut ist dunkel, glatt rasiert, die Wangenknochen treten scharf hervor. Das Ehepaar lernte sich vor fünf Jahren in einer Kebab-Braterei kennen, als sie auf ihre Sandwichs warteten. Leyla lebte schon als Kind am Golf, doch während des Zweiten Golfkriegs zogen sie und ihre Familie heimwärts nach Marokko. Vor zwei Jahrzehnten kehrte sie zusammen mit ihrem Bruder zurück. Sie jobbt mal hier, mal dort, momentan sucht sie eine Stelle. »Irgendwas im Büro«, hofft sie.

Haidar ist Algerier, er arbeitet als Hausmeister und kümmert sich um ein paar Gebäude, die einem reichen Kuwaiter gehören. Heute hat er frei. Meine Frage, warum er aus Algerien weggegangen ist, beantwortet er nur mit: »Ich wollte neu anfangen.«

Haidar und Leyla zählen zu den 2,8 Millionen *Expatriates* im Land, ausländische Arbeitskräfte, die seit dem Ölboom alle Jobs verrichten, auf die die Kuwaiter keine Lust mehr haben. Die Expats verdienen hier besser als in ihren Heimatländern, aber sie verkaufen dafür mitunter ihr Seelenheil. Haidar und Leyla haben Glück; sie sind Araber und keine Südostasiaten, die auf der untersten Stufe der gesellschaftlichen Hackordnung stehen.

Der Muezzin ertönt, aber nicht draußen, sondern aus Leylas Handy. »Das ist meine Mekka-App«, grinst sie. Fünfmal am Tag betet sie zu Allah. »Ich kann das Gebet später nachholen«, beschließt sie, »jetzt zeigen wir dir das Stadtzentrum.«

Wir folgen dem Highway, die Wolkenkratzer wachsen in die Höhe, und ich sehe die drei Wassertürme, das Wahrzeichen Kuwaits. Sie piken in den Himmel und der höchste Turm dient als Aussichtsplattform. Hinter den Kuwait Towers glitzert das Meer, der Persische Golf, der auf dieser Seite der Welt Arabischer Golf heißt. Wir parken und promenieren die Corniche entlang. Palmen säumen den Weg, ich sehe einen Rolls-Royce aus den 1950ern, daneben einen SUV von 2018. Männer in Dishdashas spazieren dahin, Frauen essen Eiscreme. In Eile ist hier niemand.

Als 2011 der Arabische Frühling ausbrach, gingen auch in Kuwait einige Hundert Demonstranten auf die Straße, hauptsächlich *Bidoun*, staatenlose Menschen arabischer Herkunft, die oft, aber nicht immer von Beduinen abstammen. »Bidoun« bedeutet »ohne«. Das Wort passt, denn die Bidoun ließen sich nach der Unabhängigkeit von Großbritannien nicht in Kuwait registrieren und besitzen keinerlei Papiere, konnten sie doch weder schreiben noch lesen. Sie dürfen keinen Militärdienst leisten, kein Eigentum erwerben, keine Jobs in Regierungsbehörden ausüben, sie haben kein Recht auf Gesundheitsversorgung, und sie dürfen ihre Kinder nicht in staatliche Schulen schicken. Sie leben in Blechhütten in der Peripherie. Und es waren in erster Linie sie, die 2011 in Kuwait gegen korrupte Minister und Parlamentarier protestierten und Anerkennung forderten sowie die Abdankung der gesamten Regierung. Und tatsächlich trat der Ministerpräsident neun Monate später zurück. Wirkliche Reformen hat es trotzdem nicht gegeben, die Macht bleibt bei der Familie Al Sabah. Selbstverständlich. Die Golfregion wird durchweg von autoritären Regimes geführt, Oppositionen haben es schwer. Die Ruhe in Kuwait ist erkauft, die Einheimischen werden sediert, indem die Herrscherfamilie für ihren Wohlstand sorgt. Sie erhalten Jobs vom Staat, Geschenke, Sonderboni, sprich, es gibt wenig Gründe für Proteste. Den Kuwaitern geht es gut.

»Haidar und ich möchten dich zum Essen bei uns daheim einladen«, verkündet Leyla und duldet keine Gegenrede. Zwanzig Minuten später schiebe ich einen Einkaufswagen durch einen Supermarkt, der so groß ist wie eine Kleinstadt. Haidar sucht Fladenbrot, und Leyla prüft verschiedene Paprikaschoten. Ich darf entscheiden, aber nicht zahlen.

Nachdem die Einkäufe in das Auto eingeräumt sind, fahren wir raus aus Kuwait City und hinein in einen Vorort. Dabei ist nicht auszumachen, wann die eine Stadt aufhört und die nächste beginnt. Ich verliere endgültig das letzte bisschen Orientierung, das ich mir eingebildet habe. »Sich orientieren« hieß vor ein paar Hundert Jahren, die Karte so zu drehen, dass Jerusalem, also der Orient, oben war.

Eine halbe Stunde später parken wir vor einem Plattenbau und stemmen die Einkaufstüten aus dem Kofferraum. Im Treppenhaus riecht es nach Linsen und Curry. Die Wohnung besteht aus nur einem Zimmer, das mit Bett, Sofa, Fernseher, Kochzeile und Schreibtisch vollgestellt ist. Die Bude ist klimperklein, umgerechnet 1500 Euro zahlen Haidar und Leyla dafür, und ich werde mich nie wieder über die Mietpreise in Düsseldorf beschweren.

Aus einer bauchigen Kanne schüttet mir Haidar *Qahwa*, arabischen Kaffee, in ein Tässchen mit Goldrand. »Wenn du keinen Qahwa mehr trinken möchtest, dann schwenke die Tasse hin und her«, erklärt er, »sonst wird dir ständig nachgeschenkt.« Angeblich stammt der Brauch aus alten Zeiten, als die Kammerdiener in den Palästen taubstumm sein mussten, damit sie keine Interna aufschnappen konnten. Haidar setzt Töpfe auf die Kochplatten und schnibbelt Gemüse. Leyla rollt den Gebetsteppich aus, bedeckt ihr Haar mit einem Tuch, schließt die Augen und betet zu Allah. Hinter ihr läuft der Fernseher, Tamer Hosny singt ein Lied über die Liebe. Ich lasse den Blick durch die Wohnung schweifen, sehe die abgewetzte Couch, sehe, dass eine Schublade im Schreibtisch fehlt, und ich sehe die Sprünge in den Fliesen. Alles ist blitzsauber, aber abgewohnt. Und auf einmal rührt mich Leylas und Haidars Einladung, denn nun begreife ich, dass die beiden jeden Dinar zehnmal umdrehen müssen und dass »Gastfreundschaft« mehr ist als ein Wort. Ich schäme mich, weil ich so anders bin und in Deutschland nie auf die Idee käme, eine Touristin herumzuführen, einzuladen und zu bekochen. Der Nahe Osten lehrt Demut.

»Seid ihr glücklich in Kuwait?«, frage ich, als Leyla ihr Gebet beendet hat.

»Es ist okay hier«, antwortet sie, »im Gegensatz zu den anderen Golfstaaten hält sich Kuwait immerhin aus allem raus.«

Mittlerweile ist die Ölmonarchie so etwas wie die Schweiz des Nahen Ostens; sie übt sich in Neutralität und agiert zudem als Krisenvermittler. Die Stabilität am Persischen Golf ist für das kleine Land existenziell, denn es ist von komplizierten Nachbarn umgeben: Saudi-Arabien, Iran und Irak. Um die Region zu befrieden, fördert Kuwait den Wiederaufbau des Irak, und weitgehend unbemerkt von der internationalen Öffentlichkeit strebt das Emirat nach Einigkeit im kriegsgeplagten Jemen, indem es Gespräche führt und Geld in humanitäre Hilfen pumpt, auch wenn es der Militärkoalition gegen die Huthi-Rebellen angehört.

Leyla häuft einen großen Löffel Couscous mit Zucchini, Paprika und Lammfleisch auf meinen Teller. Es schmeckt so gut, wie es duftet, und Haidar schmatzt.

»Was machst du heute Abend?«, will Leyla wissen und schippt die nächste Ladung Couscous zu mir herüber. Ich zucke mit den Schultern, und so fährt sie fort: »In Kuwait City findet ein Kongress statt, eine Freundin schleust uns ein.«

RICHTIG WICHTIG

Vor dem Konferenzraum ist ein Büfett aufgebaut, winzige Küchlein sind auf geblümtem Porzellan drapiert, es gibt Salätchen in Gläschen, mit Frischkäse gefüllte Schwarzbrotkügelchen, Hühnerfrikassee, Lachsstullen, Thunfischpastete und Früchte mit Sahne.

Leyla begrüßt ihre Freundin, die durch ein iPad wischt. Sie hat die Veranstaltung mitorganisiert, und Leyla hofft, über sie einen Job zu ergattern. »Networking ist das halbe Leben«, meint Leyla. Inzwischen kennt sie einige Leute, aber für eine feste Stelle hat es bisher noch nicht gereicht. Hinter der verschlossenen Tür sprechen wichtige Frauen und Männer über die Digitalisierung. Wir bleiben im Foyer. Herren in Dishdashas stapeln sich Häppchen auf die Teller, Kellnerinnen in Blüschen servieren Kaffee und Säfte. Haidar schießt ein Foto vom Büfett, aber ich erkenne keinerlei Frohsinn in seinem Gesicht.

Die Tür öffnet sich, und ein Mann tritt heraus, er trägt ein Sakko aus Samt und eine goldene Brosche am Revers. Sein Schnauzbart ist an den Enden gezwirbelt, seine Frisur geföhnt und die Augenbrauen gezupft. Er nimmt sich eine Tasse Kaffee vom Tablett einer Kellnerin und spreizt den kleinen Finger ab. Wenn er spricht, dann einen Halbton höher, als er müsste. Auf seiner Stirn runzeln sich keine Falten, sie ist botoxglatt. Ich betrachte ihn und denke an Harald Glööckler. Homosexualität ist in Kuwait illegal, ebenso wie Cross-Dressing. Es droht Gefängnis, und immer wieder hört man von Razzien auf Partys oder in Massagesalons. Allerdings betreffen die harten Strafen, soll heißen Knast, Prügel und Abschiebung, hauptsächlich die Billiglohnarbeiter aus Südasien. Schwule Kuwaiter, die sich erwischen lassen, bekommen lediglich einen Rüffel, vielleicht eine Geldstrafe, so raunt es mir Haidar ins Ohr, denn das Zauberwort lautet »Vitamin B«. Damit lässt sich alles regeln. Sogar ein Mitglied der Königsfamilie, Prinzessin Rasha Al Sabah, soll angeblich eine Vorliebe für Frauen hegen. Dass der arabische Harald Glööckler auf Männer steht, weiß natürlich jeder hier im Raum, aber es stört niemanden. Menschen sind oft freigeistiger als ihre Regierungen.

Eine Dame auf Pfennigabsätzen und in einem langen schwarzen Kleid kommt auf uns zugestöckelt. »Die Frau ist richtig wichtig, ihr Name ist Khadija«, flüstert mir Leyla zu. Khadijas Lippen sind rot und die Haare offen, sie hat ein schnelles Lächeln. Leyla stellt uns vor. Wangenküsschen. »Ahlan wa sahlan, willkommen in Kuwait«, sagt Khadija und drückt mir ihre Visitenkarte in die Hand, auf der in silbernen Lettern ihr Name gedruckt steht. Dann begrüßt sie drei ältere Gentlemen mit weißen Ghutras und weißen Dishdashas, die großmächtig aussehen, aber das tun grundsätzlich alle Männer in Dishdasha. Laut Visitenkarte ist Khadija Rechtsanwältin. Leyla erzählt, dass sie zudem eine prominente Aktivistin für Frauenrechte sei. »Komm, ich mache ein Foto von euch!«, ruft Khadija und winkt mir zu, und so stelle ich mich zwischen die drei großmächtigen Kuwaiter, und etliche Leute um uns herum holen ihre Smartphones aus der Tasche. Offenbar sind die Gentlemen tatsächlich wichtig, doch vielleicht glauben sie von mir dasselbe. Sie lachen mich an, und obwohl wir uns nicht kennen, fühle ich mich wertgeschätzt. Dass der Gast allzeit wie ein König behandelt wird, ist wohl in kaum einer Gesellschaft so tief verankert wie in der nahöstlichen. Die drei Herren bedanken sich bei mir (wofür auch immer), der älteste verabschiedet sich mit drei Wangenküssen, dann fragen sie Haidar, ob er sie begleiten möchte. Haidar lächelt, das tut er ständig, aber sein Lächeln reicht selten bis zu seinen Augen. Er folgt den Gentlemen. Wie früher in Europa gibt es ebenso in Arabien Separees, in denen ausschließlich Männer miteinander rauchen, essen und plaudern.

Wir Frauen verbleiben im Foyer. Zusammen mit Harald. Er spreizt den kleinen Finger ab und reißt einen Witz auf Arabisch, die Frauen gickeln, seine Stirn wirft weiterhin keine Falten.

Nach einer Dreiviertelstunde kehrt Haidar zurück. Er hält sich den Bauch. »Ich musste die ganze Zeit essen«, stöhnt er. »Kommt, wir fahren«, bestimmt Leyla, greift sich einen Stapel Servietten, geht zum Büfett und packt die Schnittchen ein.

»Nimm dir auch was mit, das schmeißen die sonst weg«, fordert sie mich auf, und Haidar nickt mir zu. Und so tragen wir drei Fresspakete zum Auto.

Der indische Parkwächter lässt das Rolltor hoch, Leyla steigt aus und übergibt ihm ein Serviettenbündel. »Die armen Jungs freuen sich doch darüber«, sagt sie, dann tritt Haidar aufs Gaspedal, Leyla klemmt ihr iPhone an die Boxen und öffnet ein YouTube-Video von Nancy Ajram. Wir singen »*Ya salam ya salam ad aih helew el gharam*« und heizen in die Nacht, die Skyline blinkt dazu im Takt.

DIE DREI VON DER TANKSTELLE

Es gibt Tee und Kekse. Und ein wenig Glück, denn ich wusste nicht, dass ich eine Führung durch die Große Moschee vorher hätte telefonisch reservieren müssen. Aber weil sich noch drei andere Besucherinnen angemeldet haben, darf ich mich anschließen. Claudia ist Schweizerin, Wiesje kommt aus Holland und Juliette aus Frankreich. Sie kennen sich, denn ihre Ehemänner wurden nach Kuwait geschickt, um dort zu arbeiten. Und weil sich wohl alle westlichen Expat-Gattinnen einsam fühlen, schließen sie sich in Communitys zusammen, treffen sich und unternehmen Ausflüge. Claudia hat blonde Locken, und Kuwait ist das vierte Land innerhalb von sechs Jahren, in das sie ihrem Mann hinterhergereist ist. Für Wiesje war es der erste Umzug, und Juliette erzählt, dass sie in fünf Wochen nach Oman aufbrechen wird. Wie mag es sein, wenn der Ehemann ins Ausland entsendet wird und die Frau bloß die Partnerin ist, die mitgeht, die ihre Freunde aufgibt und ihre Karriere sowieso?

Samira holt uns ab, sie ist unser Guide, alleine dürfen wir nicht in die heiligen Hallen. Wir legen die Abaya an und ziehen die Kapuze über unsere Haare. Der Innenraum leuchtet in Gold und Blau. Ein Lüster hängt herab. »Das Blau symbolisiert den Himmel und das Meer. Es ist die Farbe der Unendlichkeit«, erklärt Samira.

Die Moschee ist nicht die größte in der arabischen Welt, aber immerhin 10 000 Gläubige finden hier Platz und beten ins Blaue. Stühle sind aufgebaut, am Wochenende findet ein Koran-Rezitier-Wettbewerb statt. Schulkinder werden dann auswendig Suren aufsagen. Und wer das am löblichsten macht, gewinnt eine Stange Geld.

Nach dem Moscheebesuch bummeln Claudia, Wiesje, Juliette und ich durch den Souq. Das ist nur mäßig fesselnd, denn der Souq ist so fade wie ein ausgefülltes Kreuzworträtsel. Zu sauber, zu geradlinig, zu leer gefegt. Kein Staubkorn liegt auf dem Kopfsteinpflaster. Wir setzen uns in ein Café, das angesagt sein soll, und angesagte Cafés sind teuer. Wobei das keine Rolle mehr spielt; ganz Kuwait schröpft mich. Es frisst und frisst und wird doch nie satt. Mein Portemonnaie schrumpft mit jeder weiteren Stunde im Land, denn der Kuwait-Dinar ist die teuerste Währung der Welt, ein Dinar macht knapp drei Euro. Deshalb bestelle ich mir nur einen Tee mit Milch, für zwei Dinar.

Dem Emirat wird's egal sein, es ist nicht auf meine Devisen angewiesen. Die Ölpumpen sind seine Gelddruckmaschinen. Bevor die ersten Ölquellen unter dem Sand entdeckt wurden, lebten die Menschen vom Handel mit Datteln, vom Fischfang, und sie tauchten nach Perlen, denn auf dem Meeresgrund des Persischen Golfs liegen die schönsten des Planeten. Heute durchziehen Pipelines die Wüsten der Arabischen Halbinsel. Kuwait fördert seit 1946 Erdöl, 94 Prozent der Einnahmen sind davon abhängig. Das Land ist schwerreich. Jeder zehnte Kuwaiter besitzt mehr als eine Million Euro. Nach Perlen taucht niemand mehr. Und die Drecksjobs übernehmen die Billiglohnarbeiter aus Südostasien. Ob auf dem Bau, im Hotel, bei der Müllabfuhr oder im Haushalt – ohne Expats läuft am Golf nichts.

Draußen im Souq sehe ich die dunklen Männer, wie sie mit einer Greifzange Papierschnipsel aus den Fugen picken. Sie lächeln nie. Während des Sommers ist das Arbeiten unter freiem Himmel zwar bis in die Nachmittagsstunden verboten. Aber Claudia sagt, dass die Regel ab September nicht mehr gelte, denn da habe die Regierung die heiße Jahreszeit offiziell für beendet erklärt, obwohl die Temperaturen immer noch bis auf 40 Grad klettern können. Diese Expats zählen zu den armen Schweinen, zu den Holzklasse-Ausländern. Die Gatteriche der drei Frauen gehören zu den Erste-Klasse-Ausländern, sie schuften nicht auf Baustellen, sie arbeiten allesamt für internationale Mineralölunternehmen und sitzen während ihrer Meetings in klimatisierten Büros in Ledersesseln. Juliettes Ehemann macht irgendetwas Leitendes bei Total, Claudias Ehemann macht irgendetwas Leitendes bei Shell, Wiesjes Ehemann macht irgendetwas Vizeleitendes bei BP. Vielleicht ist es aber auch umgekehrt, ich kann mir solche Dinge nicht merken.

»Und womit beschäftigt ihr euch so, während eure Männer arbeiten?«, frage ich und ernte ratlose Blicke. Juliette erzählt daraufhin, sie wolle in Zukunft Personality-Coachings anbieten, und

Claudia plant ein Projekt, aber sie sagt nicht, welches. Nur Wiesje antwortet aufrichtig mit »nichts« und grinst verlegen. Claudia versucht, sie aufzumuntern. In Kuwait sei das Leben besser als in Saudi-Arabien oder Nigeria. »Da halten sich die Westler nur in den Compounds auf«, erklärt sie. Compounds sind von Mauern umgebene Wohnsiedlungen mit Villen und Swimmingpools. Kerle mit Schnellfeuergewehren bewachen die Anlagen.

Wiesje ist die Jüngste, vielleicht in meinem Alter. Wenn sie lacht, dann zu schrill, und doch wirkt sie seltsam verzagt, als wüsste sie nicht, ob sie hier glücklich werden kann. Und die Chancen stehen tatsächlich schlecht.

Das Informationsportal *InterNations* untersucht jedes Jahr die Zufriedenheit ausländischer Fachkräfte. Unter den 68 berücksichtigten Staaten landete Kuwait 2018 auf dem letzten Platz, sogar noch hinter Saudi-Arabien. Das widerspricht zwar der arabischen Gastfreundschaft, aber vielleicht gelten für Expats andere Regeln? Die Befragten hätten Schwierigkeiten, sich an die Kultur zu gewöhnen, ermittelte *InterNations*. Deutschland belegt übrigens insgesamt Rang 38, aber bezüglich der Willkommenskultur schmiert die Bundesrepublik auf Position 66 ab und ist damit fast so unbeliebt wie Saudi-Arabien und Kuwait. Auf Platz eins der Gesamtwertung rangiert Bahrain. Hier fällt ausländischen Fachkräften die Eingewöhnung am leichtesten. In Kuwait hingegen ist Alkohol verboten, es gibt keine Bars oder Pubs. Auch keine öffentlichen Clubs oder Popkonzerte. Wer feiern will, geht in die Hotels, allerdings können sich das nur die Araber und Westler leisten. Die Nepalesen, Bangladescher, Inder, Pakistaner und Philippiner bleiben in ihren Containern und Rumpelkammern hocken. Irgendwo zwischen ihrer Perspektivlosigkeit in Kuwait und ihrer Aussichtslosigkeit in der Heimat.

Die einzige Frau im kuwaitischen Parlament, Safa Al Haschim, will diese unsägliche Klassengesellschaft sogar noch ausweiten. 2018 forderte sie, dass Ausländer zur Kasse gebeten werden sollten – und zwar für »die Luft, die sie atmen«. Und um die Verkehrsprobleme des Landes zu lösen, sollten die meisten Expats doch auch bitte keine Führerscheine besitzen dürfen. Die Abgeordnete bezeichnete die Migranten als »opportunistische Bakterien«. Die Frau ist der Knaller. Sie argumentiert auf dem Niveau eines lobotomierten Lurchs und erinnert mich an Donald Trump. Man könnte ihre Sätze austauschen. Sie sind sehr nah beieinander. Die Folge ihrer Vorschläge ist jedenfalls, dass Gastarbeiter immer öfter Hasskommentare und rassistische Hetze erleben müssen. Der gesellschaftliche Diskurs hat sich deutlich verschärft. Und viele Kuwaiter fühlen sich durch die Arbeitsmigranten benachteiligt. Die sogenannte Kuwaitisierung soll daher den Kuwaitern Jobs beschaffen – insbesondere im öffentlichen Dienst. Das funktioniert aber nur, wenn die Migranten entweder gefeuert oder eben nicht mehr eingestellt werden. Dass Einwanderer und Einheimische kaum zwischenmenschliche Kontakte pflegen und in getrennten Lebenswelten unterwegs sind, ist ein Hauptgrund für die fehlende Wertschätzung. Und die Medien machen Ausländer für alle Übel des Landes verantwortlich, egal, ob Kriminalität oder Überbevölkerung. Zwar fordern einige Parlamentarier Maßnahmen gegen den wachsenden Rassismus, aber die Situation bleibt aufgeheizt.

Der Kellner fragt, ob wir noch einen Wunsch hätten. Juliette bestellt ein Stück Zitronenkuchen, Wiesje einen Kaffee. Ich schaue aus dem Fenster in den Souq hinein. Einer *Niqabi* folgt ein südostasiatisches Kindermädchen, das einen kleinen Jungen an der Hand hält.

Die westlichen Medien kritisieren hauptsächlich die Situation der Bauarbeiter in den Fußballstadien für die WM 2022 in Katar, dabei trifft es die Hausmädchen viel schlimmer. In Kuwait arbeiten über 250 000 Philippiner, die meisten sind Hausangestellte. Die Jobs im Nahen Osten erhalten sie durch zwielichtige Agenturen, denen sie dann für die Vermittlung Geld schulden. Im Gegensatz zu Westlern oder Arabern aus dem Maghreb sind die Frauen und Männer aus Südostasien quasi rechtlos, gelten als Leibeigene und werden nicht selten von ihren Dienstherren und -herrinnen ausgebeutet. Menschenrechtsgruppen vergleichen das *Kafala*-System deshalb mit Sklaverei. Kafala bezeichnet eine spezielle Variante der Bürgschaft in den Golfmonarchien, in Jordanien, Irak und im Libanon, die jeden Arbeitsmigranten an einen einheimischen Arbeitgeber bindet, sprich der Arbeitsuchende braucht einen »Sponsor« im Gastland, sonst bekommt er kein Visum. Das kann eine Firma, aber auch eine Familie sein. Der Sponsor oder *Kafil* sorgt für die Einreiseformalitäten und garantiert die Einhaltung des Arbeitsvertrags. Er zieht dabei aber auch häufig den Pass der ausländischen Arbeitskraft ein und rückt ihn erst nach Vertragsende wieder heraus. So dürfen Haushaltshilfen ohne Genehmigung des Kafil zuweilen nicht einmal das Haus verlassen. Und weil die Angestellten Angst haben, ihren Job zu verlieren, beklagen sie sich nicht. Die Dauer eines solchen Vertrags beträgt meist zwei bis fünf Jahre. Danach erfolgt entweder die Abschiebung oder die Vertragsverlängerung durch beide Seiten; mit oft mieseren Arbeitsbedingungen als zuvor.

Kafala entspringt nicht den Regeln des Schariarechts, sondern beruht auf ein diffus umrissenes Gewohnheitsrecht der Beduinenstämme. Den Migranten ergeht es hundertmal schlechter als den Einheimischen, aber trotz des Systems verdienen sie immer noch das Zehnfache von dem, was sie in ihren Heimatländern erarbeiten würden, sofern sie ihr Salär tatsächlich ausgezahlt bekommen. In einem *Hadith* sagt Mohammed: »Der Lohn des Arbeiters ist zu entrichten, bevor sein Schweiß auf der Stirn getrocknet ist.« Die Realität sieht häufig anders aus. Wenn die Arbeiter jedoch ordnungsgemäß bezahlt werden, so schicken sie einen Großteil des Geldes nach Indien, Bangladesch oder Nepal. Sie steigern damit nicht nur das Einkommen ihrer Familien, sondern auch das Bruttoinlandsprodukt ihrer Heimatstaaten. Länder wie Nepal sind abhängig von den Rücküberweisungen ihrer Arbeitsmigranten.

Aber der Preis ist hoch. Es heißt, dass sich nicht wenige Dienstmädchen über den Balkon in den Tod stürzen, weil sie versuchen zu fliehen. Die Behandlung der Gastarbeiterinnen löste 2018 eine evidente diplomatische Krise zwischen Kuwait und den Philippinen aus. Vor ein paar Monaten entdeckte die Polizei die Leiche einer Dienstbotin im Gefrierschrank einer verlassenen Wohnung. Die junge Frau war gefoltert und ermordet worden. Der Arbeitgeber soll Libanese sein, doch er hat sich abgesetzt, die Todeszelle wartet auf ihn. Die Philippinen verhängten eine Ausreisesperre für Philippiner, die in Kuwait arbeiten wollten. Kuwait lenkte ein und unterschrieb ein Abkommen, das sicherstellen soll, dass Dienstmädchen nicht länger als zwölf Stunden pro Tag schuften dürfen, dass ihnen ein Mobiltelefon mit Internetverbindung zusteht und dass sie pro Woche einen Tag frei bekommen. Das Kafala-System wurde gelockert.

Die kuwaitische Instagram-Diva Sondos Alqattan hingegen konnte die Entscheidung der Regierung nicht fassen. Hausangestellte und Rechte? Absurd! In einem Video erklärte die 27-jährige Influencerin: »Ich würde mir kein philippinisches Hausmädchen mehr holen. Sie würde nur sechs Tage die Woche arbeiten und bekäme vier Tage im Monat frei.« Alqattan erreicht mit ihren Schminkvideos und Modetipps fast drei Millionen Follower. Sie erhob den Zeigefinger und schimpfte: »Wenn wir Dienstmädchen einstellen, müssen wir ihren Pass einziehen, damit sie nicht ohne unsere Zustimmung verreisen!« Hinter ihrer Suada steckt aber nicht nur frei flottierender Snobismus im kolossalen Endstadium, sondern hauptsächlich Angst. In Kuwait leben über vier Millionen Menschen – nur 33 Prozent davon sind Kuwaiter, und die fühlen sich ob der Vielzahl an Ausländern unterlegen, sie wollen die Kontrolle behalten, das Kafala-System ist Ausdruck ihrer Hilflosigkeit. Wie überall am Golf. Dass die Konsumgüteranpreiserin trotzdem einen an der Falafel hat, ist natürlich unbestritten. Und so schloss Alqattan ihr Video mit den Worten: »Ich habe jetzt genug von dem Thema. Ich will davon nichts mehr hören, es gibt Wichtigeres im Leben. Zum Beispiel Botox.«

WISCH UND WEG

»Sie ist eine Hexe!« Leyla lacht nicht, sie meint den Satz ernst. Haidar hustet.

Ich schaue mir das Foto im Internet an und sehe eine alte Dame mit roten Haaren. »Wir waren schon mal bei ihr, und sie benahm sich komisch«, erklärt Leyla und rümpft die Nase. »Die Frau ist 82 Jahre alt«, entgegne ich, »was soll passieren?«

Haidar niest und schnäuzt in ein Taschentuch.

In Kuwait gibt es als Tourist nicht viel zu tun, da sind ein paar Vororte, in denen nichts verlockt, und auch in der Hauptstadt herrscht Langeweile, es sei denn, man verbringt seine Zeit gern in Shoppingmalls. Im Netz stieß ich zum Glück auf das Mirror House, ein Gebäude, das außen und innen komplett mit Spiegelmosaiken beklebt ist und das man besichtigen kann. Die Bewohnerin stammt aus Italien und kam in den 1960ern zusammen mit ihrem kuwaitischen Ehemann, einem Künstler, hierher. Irgendwann begann sie, Spiegel zu zerdeppern und die Scherben an die Wände zu kleben. Wunderliche Erdbewohner. Ihr Liebster ist vor einiger Zeit verstorben, aber Lidia lebt noch immer hier und hat es dank ihres merkwürdigen Hauses zu einer Lokalberühmtheit geschafft.

Nachdem der Eintrittspreis kassiert ist, bittet mich Lidia hinein. Sie trägt eine getigerte Bluse, eine lange Schleppe mit Goldfäden, ein Hütchen, dazu pinkfarbenen Lippenstift.

Im Spiegelmosaikwohnzimmer sitzen schon zwei Inder, drei Briten und ein russisches Pärchen. Wir nicken uns zu, sprechen aber nicht, denn uns steht der Mund offen. Spiegelmosaiksterne, Spiegelmosaiksonnen, Spiegelmosaikschmetterlinge, Spiegelmosaikeinhörner, Spiegelmosaikschwäne, Spiegelmosaikherzen und Spiegelmosaikdelfine verkleiden Wände, Fußböden, Türen, Kommoden, Stühle und den Kühlschrank, sogar die Klobürste im Badezimmer ist mosaikverspiegelt, dass dem Betrachter die Augen übergehen. Lidia serviert Kuchen und Ingwertee von einem Spiegelmosaiktablett und stellt jedem Gast eine Packung Ananassaft

samt Strohhalm auf die Spiegelmosaikbeistelltischchen. Wir sind überfordert. Nach zehn Minuten klatscht Lidia in die Hände. »So, jetzt zeige ich euch mein Zuhause.«
 Sie wuselt voran, wir folgen der zierlichen alten Dame von einem Spiegelmosaikraum in den nächsten. Vierzig Jahre lang hat sie am Haus gewerkelt, 75 Tonnen Spiegelglas verklebt. »Nun ist es fertig«, lacht sie und strahlt so silberhell wie die Spiegelsplitter um sie herum.
 »Wieso sind Sie damals nach Kuwait gezogen?«, frage ich sie.
 »Wegen meines Rheumas«, sagt sie, und mit dieser Antwort hatte ich nicht gerechnet. »Das Klima hat mich geheilt.«
 Sie kichert, hopst, öffnet eine Spiegelmosaiktür und lässt uns im Planetenzimmer Platz nehmen. Von der Decke hängt eine knatschbunte Kugel herab, auf den Wänden sind Augen und Kreisel aufgemalt, überall pappt Glitzer. Lidia schaltet das Licht aus, Meditationsmusik läuft vom Band, Schwarzlicht phosphoresziert, grüne Sterne leuchten auf, die Kugel dreht sich. Ein Raum wie ein LSD-Trip. Wäre hier jemand zwei Tage am Stück eingesperrt, er würde den Verstand verlieren. Als Lidia das Deckenlicht wieder einschaltet, lächeln die Inder derangiert, und die Briten gucken verstört. Den Russen gefällt's.
 Wir steigen die Spiegelmosaiktreppe nach oben, im ersten Stock sind Bilder ihres Ehemanns Khalifa ausgestellt, Selbstporträts auf Staffeleien, Medaillen und surreale Gemälde. Er sei ein bedeutender Künstler gewesen, erzählt Lidia, er arbeitete als Kunstlehrer, kreierte sogar eine neue Richtung, die er »Circulism« nannte, eine Mischung aus Esoterik, Gesellschaftskritik, Kitsch und Dadaismus.
 Ein Spiegelmosaikaufzug bringt uns zurück ins Spiegelmosaikerdgeschoss. Aus den Boxen knarzt schweizerische Jodelmusik, Lidia hüpft dazu.
 Als ich wieder draußen bin, muss ich mich erst fassen. Ich brauche einen halben Tag, um mich von den Eindrücken zu erholen.

Später bin ich mit Sami verabredet. Er ist Ägypter und passionierter Couchsurfer, fünfzig Gäste hat er bisher beherbergt. In Kuwait arbeitet er als Büroangestellter.

»Wenn du immer Besuch hast, dann bist du ja nie allein!«, sage ich und kräusle die Stirn. Sami schmunzelt. »Das will ich auch gar nicht. Ich liebe es, mit Menschen Zeit zu verbringen.« Er trinkt einen Schluck Tee und ergänzt: »Die Gäste sind meine Weltreise, die ich mir nicht leisten kann. Durch sie lerne ich ferne Länder kennen.«

Das ist eine schöne Antwort, und doch kann ich sie nicht nachvollziehen. Ohne Einsamkeit möchte ich nicht leben. Auch wenn sie schmerzt. Kafka meinte, seine Kreativität entsprieße nur durch die Vereinzelung. Und für den Schlagersänger Christian Anders hatte die Einsamkeit gleich viele Namen. Ich weiß nicht, ob das stimmt. Ich bewundere Sami für seine Geselligkeit und Gastfreundschaft, und mir wird einmal mehr bewusst, dass ich immer am Rand stehen werde.

Am frühen Abend trödle ich durch den Shaeed Park, den größten Stadtgarten in Kuwait. Skulpturen aus Stein und Metall sind aufgestellt, ein Wasserbassin plätschert, Lampen strahlen Dattelpalmen an, in Violett und Blau und Gelb. Der Rasen ist diesmal nicht aus Plastik, sondern echt und kurz geschoren. Die Fußwege sind aus Marmor.

Gastarbeiter aus Bangladesch, Nepal oder Indien wischen die Fliesen. Verweile ich kurz, um ein Foto von den Palmenkronen zu schießen, so rammt mir jemand seinen Wischmopp in die Hacken. Aus Rache, schätze ich. Die Arbeiter haben kaum Rechte, kaum Freiheiten, im Wischmopp steckt die Wut. Niemand interessiert sich für sie, niemand grüßt sie oder zollt ihnen Anerkennung. Sie sind die Wisch-und-weg-Männer. Man schaut sie kurz an, sieht den Trübsinn in ihren Augen und vergisst sie sogleich. Sie sind überall und nirgendwo. Eine anonyme Masse, die im Schatten lebt. Jedes Mal, wenn ich an einem dieser Männer vorübergehe, versuche ich, mir die Geografie seines Gesichts einzuprägen. Trägt er einen

Schnurrbart, ist er rasiert, jung oder alt, hat er eine Knollennase oder lange Wimpern, Falten um die Augen oder Grübchen in den Wangen? Fünf Meter weiter entfällt mir sein Antlitz, löst sich auf in den Gesichtern der anderen. Ich könnte es nie mehr wiederfinden. Die Nacht legt sich über den Park, die Palmen leuchten, und irgendwo ruft ein Muezzin. Ich setze mich auf eine Bank und beobachte die Spaziergänger. Väter schieben Kinderwagen, Mütter schlendern neben ihnen her, Jogger laufen ihre Runden. Die Luft ist lau, es riecht nach Blumen, im Hintergrund funkeln die Wolkenkratzer. Ein Mädchen mit Bommeln im Haar lächelt mich an, ich lächle zurück. Bald einen Monat bin ich schon unterwegs. Ich erinnere mich an meine Panikattacke, die mich am ersten Tag in Jordanien überkam, doch sie scheint Ewigkeiten her. Jetzt fühle ich mich stark genug für die Reise. Heute Kuwait, morgen Bahrain, übermorgen hol ich der Königin ihr Kind.

WUNDEN

Die *Kuwait Times* warnt davor, in der Wüste Gegenstände aufzuheben. Allein in den letzten sechs Wochen wurden per Zufall 307 Landminen entdeckt und entschärft.

Leyla holt mich vom Hotel ab, wir essen Shawarma in einer kleinen Burger-Braterei. Die arabischen Buchstaben auf der Fensterscheibe sind abgefallen, die Plastikdeckchen auf den Tischen kleben, aber der Koch kocht gut.

»Schade, dass Haidar nicht dabei sein kann«, sage ich. Leyla nickt. Haidar ist heute Morgen mit Fieber und Gliederschmerzen aufgewacht und hütet nun das Bett.

»Er muss besser auf sich aufpassen«, meint Leyla, und ich bemerke, dass sie nicht von seiner Erkältung spricht.

»Ja, obwohl er immer lächelt, wirkt er manchmal traurig …«, deute ich an, und Leyla senkt den Blick. »Es gab einen Auslöser, warum er Algerien damals verlassen hat«, sagt sie, und ich hebe die Augenbrauen, »er flieht vor seiner Vergangenheit.«

Ich bin neugierig, will aber nicht fragen, doch Leyla erzählt von sich aus weiter: »Haidar war schon einmal verheiratet. Er hatte eine kleine Tochter. Es war Sommer, er lag am Swimmingpool, seine Tochter spielte im Garten, wie jeden Tag. Sie war brav, machte immer einen Bogen um den Pool. Haidar ging ins Haus, weil das Telefon klingelte.« Leyla stockt, ich sage nichts und ahne alles. »Er ließ sie allein im Garten, nur ganz kurz.« Leyla ringt nach Worten und sagt dann: »Das Mädchen muss ins Wasser gefallen sein. Als Haidar das Telefonat beendet hatte, war sie tot.«

Der Satz ist ausgesprochen, ich weiß nicht, was ich antworten soll, und deshalb schweige ich. Einige Minuten sitzen wir so da, bis Leyla vorschlägt: »Komm, wir fahren herum und hören Musik.« Wahrscheinlich ist es das Beste, was wir jetzt tun können. Wir steigen ins Auto, sie koppelt ihr Smartphone ans Radio, öffnet YouTube, scrollt, klickt auf Nancy Ajram, und dann schallt »*Ya salam*« aus den Boxen, als gäbe es kein Unheil auf dieser Welt. Wir singen und verdrängen.

Nach zwei weiteren Songs von Nancy, einem Gassenhauer von Amr Diab, einem Muezzin-Zwischenruf von der Mekka-App und einer Schmonzette von Yara fahren wir ein Stück den Highway 80 entlang, und Leyla schließt YouTube. »Weißt du, wie wir den Highway nennen?«, fragt sie und schaut mich an. Ich blicke aus dem Fenster und sehe eine dreispurige Schnellstraße, Land Cruiser und Familienkutschen pesen unter einem graublauen Himmel, irgendwann die Wüste. »Das ist der *Highway of Death*«, sagt Leyla, »die Straße führt von hier bis zur irakischen Grenze und endet in Basra.«

Ich kenne den Namen, doch ich habe die Einzelheiten vergessen. Leyla erklärt: »Als sich 1991 die irakischen Truppen zurückzogen, wurden sie von den Amerikanern und ihren Alliierten umzingelt und bombardiert. Die Amis nannten das Truthahnschießen.« Leyla lächelt verächtlich, und ich entsinne mich.

Ein paar Tage zuvor gab George Bush senior den Befehl zur »Operation Wüstensturm«, nachdem Saddam Hussein ein Ultimatum hatte verstreichen lassen. Auf Bagdad fielen Bomben. Als »Um al-Ma'arik«, als »Mutter aller Schlachten« hatte der damalige irakische Diktator den Krieg bezeichnet. Mit seinem Überfall auf Kuwait am 2. August 1990 glaubte er, die wirtschaftlichen Probleme seines Landes lösen und sich zum panarabischen Führer aufschwingen zu können. Irak war aufgrund des Krieges mit Iran hoch verschuldet. Saddam verlangte von den Golfstaaten deshalb einen Schuldenerlass. Die lehnten ab, und er bezichtigte Kuwait, es habe illegal Ölquellen im Irak angezapft, obwohl das nicht stimmte. Er erklärte seinen reichen Nachbarn kurzerhand zur irakischen Provinz und marschierte mit 100 000 Soldaten ein.

»Mein Vater packte sofort unsere Koffer, und wir flohen nach Marokko«, erzählt Leyla. Da war sie fünfzehn Jahre alt. »Als wir damals abhauen mussten, dachte ich, jetzt ist es vorbei mit Kuwait.«

Doch es sollte anders kommen. Denn Saddam hatte die Rechnung ohne die Völkergemeinschaft gemacht. Es schloss sich eine Anti-Irak-Koalition aus 34 Nationen zusammen, zu der, bis auf Jordanien, auch die arabischen Nachbarstaaten einschließlich Syrien, Bahrain, Saudi-Arabien, die Emirate, Katar und Oman gehörten. Deutschland stellte keine Truppen, zahlte aber siebzehn Milliarden D-Mark und lieferte militärisches Material. Der besagte »Wüstensturm« brach los. Am 24. Februar 1991 begannen die Alliierten die Bodenoffensive gegen irakische Stellungen. Als sich Saddams Soldaten zwei Tage später aus Kuwait zurückzogen, steckten sie die Ölfelder in Brand und öffneten die Sperrriegel an den Ölterminals. Knapp eine Milliarde Liter Rohöl ergoss sich in den Persischen Golf. Ich erinnere mich noch an die schwarz verklebten Vögel und die dicke Ölschicht auf dem Wasser. Die US-Infanteriedivision besetzte das Tigris- und Euphrattal und schnitt den irakischen Truppen den Rückzug ab, auf dem *Highway of Death* stockte der Konvoi. Und dann donnerten Kampfflugzeuge durch den Himmel. Hunderte irakische Soldaten, Zivilisten sowie Exil-Palästinenser wurden über etliche Stunden hinweg bombardiert. Busse brannten aus, und die Autos lagen wie hilflose Käfer auf dem Rücken. Am 27. Februar unterschrieb Saddam Hussein einen einseitigen Waffenstillstand, blieb jedoch an der Macht. Bush erklärte Kuwait für befreit. Wie viele Frauen, Männer und Kinder starben, ist bis heute nicht geklärt.

Ich blicke auf die Straße und vermag mir den Horror kaum vorzustellen, in Kuwait, im Irak. Zwölf Jahre nach Ende des Krieges überrannten die Amerikaner erneut das einst legendäre Zweistromland, dessen Bevölkerung durch die Wirtschaftssanktionen der Vereinten Nationen völlig verelendet war. Kuwait hatte für die Invasion der »Koalition der Willigen« geworben. Irak besitze Massenvernichtungswaffen, proklamierten die USA, eine Lüge, wie sich später herausstellte. US-Marines zogen einen verwelkten Saddam Hussein aus einem ausgeleuchteten Erdloch. Ärzte steckten ein Holzstäbchen und ihre Gummifinger in seinen Mund und untersuchten seine Zähne. Die USA übergaben ihren Lieblingsdespoten schließlich der irakischen Übergangsregierung.

»Wie haben die Kuwaiter reagiert, als Saddam gehängt wurde?«, frage ich Leyla. »Sie haben gefeiert«, antwortet sie.

Wir fahren vorbei an Wolkenkratzern mit polierten Fassaden, an denen das Sonnenlicht abrutscht. Über die Toten können weder Jachthäfen noch Malls noch Gärten aus Marmor hinwegtrösten. Viele ältere Kuwaiter schweigen aus Scham oder Wut über ihre Erlebnisse während der Besatzungszeit und über das, was sie selbst getan haben. Und der jungen Generation, die die Mehrheit der Bevölkerung ausmacht und kurz vor oder nach 1990 geboren wurde, fehlt die nötige Auseinandersetzung mit der Vergangenheit. Kuwait erscheint mir wie eine makellose Stickerei, dreht man sie jedoch auf links, so hängen die Fäden heraus.

Leyla und ich lassen die Hauptstadt hinter uns, wir fahren nach Al-Qurain. In dem Vorort steht ein Haus, das bis heute Wunden trägt. Bauchschüsse. Die gelben Ziegel sind weggerissen. Der Putz blättert wie Schorf zu Boden. Das zweistöckige Gebäude dient als Gedenkstätte, und die Regierung beließ es in dem Zustand, in dem es nach der irakischen Besatzung vorgefunden wurde. Neunzehn Männer verteidigten es damals. Sie waren nur mit Maschinenpistolen bewaffnet, die Iraker warteten mit zwei Panzern auf. Einer steht noch immer vor der Tür. Leyla macht ein Foto. Im Treppenhaus spricht sie nicht mehr. Zehn Stunden lang ballerten Saddams Soldaten ihre Granaten auf das Gebäude, von acht Uhr morgens bis sechs Uhr abends. Weil sich die Bewohner wehrten und alle umliegenden Häuser verlassen waren, glaubten die Iraker, sie seien auf eine Widerstandsgruppe gestoßen, die es zu vernichten galt. Kugeln jagten durch die Zimmer, trafen die Unbeugsamen in die Brust, in die Beine. Einschusslöcher ziehen sich wie Pockennarben durch das Gemäuer. Wir steigen die Treppen hinauf, und ich bilde mir ein, die Panik zu spüren, als hätte sie die Wände getränkt. Zwölf Männer starben. Wir sehen ihre Fotografien und lesen die Gedenktafeln, die dort aufgehängt sind, wo sie zusammensackten. Leyla presst die Lippen aufeinander. In den Mauern klaffen Löcher so groß wie Kindsköpfe, das Dach ist teilweise eingestürzt. Die Regierung nennt die Gefallenen Märtyrer. Sie waren Sunniten und Schiiten, und sie wussten am Morgen des 24. Februar 1991 bereits, dass sie abends tot sein würden.

Wir verlassen das Haus. Das Sonnenlicht liegt in Flecken auf den gelben Ziegeln.

BAHRAIN
البحرين

IM NACHTCLUB SAUDI-ARABIENS

Das Flugzeug gleitet durch den Himmel. Unter den Tragflächen erstreckt sich das riesige Saudi-Arabien, die Blackbox der Region. Das Königreich, das als einziges Land der Erde nach einer Familie benannt ist, bleibt nahezu abgeriegelt. Zwar plant der Thronfolger Mohammed bin Salman, kurz MbS, die Pforten für den Tourismus alsbald zu öffnen, aber ein Visum erteilt seine Regierung noch nicht. Erst acht Monate nach meiner Rückkehr wird sich das ändern. Jetzt dürfen nur Pilger rein oder Geschäftsleute, sofern sie eine Einladung einer saudi-arabischen Firma in der Tasche haben. Transitvisa, mit denen ich über Land hätte reisen können, sind nicht möglich. Meine Anfrage bei der saudischen Botschaft in Berlin beantwortete niemand.

Auch der Blick aus dem Flugzeug bringt keine Erleuchtung, denn es ist Nacht, und Saudi-Arabien hüllt sich in Dunkelheit. Und dennoch muss das Land stets mitgedacht werden, wenn man die Arabische Halbinsel bereist, denn es ist nicht nur der flächenmäßig größte Staat, es geriert sich außerdem als Boss der Peninsula und wird deshalb von westlichen Politikern gern als Stabilitätsanker bezeichnet, obwohl es die Region destabilisiert: Der Krieg gegen die Huthi-Rebellen im Jemen ist eine Katastrophe, die Blockade Katars ein Fehlschlag, der Streit mit Iran brodelt wie in einem Dampfkochtopf. Das Königreich steht im Verdacht, weltweit sunnitischen Extremismus exportiert und finanziert zu haben. Der orthodoxe Islam ist omnipräsent im Land, auch wenn MbS und dessen Vater,

König Salman, den Einfluss der Wahhabiten zurückdrängen, das Kopftuch jüngst zur freiwilligen Entscheidung erklärten und die *Mutawwa*, die Religionspolizei, entmachtet haben. Ein mutiger Schritt. Außerdem verschickt der Kronprinz Delegierte nach Europa, um salafitischen Religionsgemeinschaften einzuschärfen, dass sie die Gesetze ihrer Gastländer zu respektieren haben. Möglich ist sogar, dass er ihre Finanzierung zurückschrauben wird. Die saudische Königsfamilie ist seit jeher westlich orientiert und stand nicht selten im Konflikt mit den Steinzeitreligiösen. Eine moderne Wirtschaftsnation samt (zukünftiger) Tourismusindustrie und ein vorsintflutlicher Islam passen eben nicht zusammen. Saudi-Arabien möchte sich lieber als Übermorgenland präsentieren und nicht als Vorgesternland. Politische Aktivisten, auch Kleriker, verrecken trotzdem in Folterkellern oder sterben auf dem Schafott, da Menschenrechte nicht erwünscht sind. MbS spielt zwar den hochherzigen Reformer, aber er ist ein Hardliner, nach innen wie nach außen. Dass Frauen nun endlich im 21. Jahrhundert Auto fahren und ohne Erlaubnis ihres Vormunds verreisen dürfen, hat wenig mit Liberalität zu tun, denn Frauen sind weiterhin Mündel ihrer männlichen Verwandten. Vielmehr gehören die Gesetzesänderungen zu einer neuen Strategie des Monarchen: Zum einen soll das Image des Königreichs aufpoliert werden, da Saudi-Arabien in der Welt trotz seiner mannigfachen Geschäftsbeziehungen ähnlich beliebt ist wie Nordkorea. Und zum anderen zielen die Reformen auf volkswirtschaftliche Interessen ab: Frauen sind oft gut ausgebildet, und der Arbeitsmarkt benötigt Fachkräfte. Man kann es sich schlicht nicht mehr leisten, nur der Hälfte der Bevölkerung Mobilität zuzugestehen. Die fetten Jahre, in denen es genug Geld für alle gab und die Bürger ruhiggestellt waren, sind vorbei. Der Ölkonzern Saudi Aramco fährt zwar mehr Gewinne ein als irgendein anderes Unternehmen auf dem Planeten, aber die Ölfelder lassen sich nicht bis in alle Ewigkeit ausbeuten. Das weiß auch MbS.

Noch ist der Königssohn daheim populär. Weil er jung ist und charismatisch. Und weil er der arbeits- und perspektivlosen Jugend Jobs und eine florierende Ökonomie versprochen hat. Das Land macht auf, wirtschaftlich und kulturell. Nach 35 Jahren Verbot eröffnete wieder ein Kino, und es werden Musikkonzerte veranstaltet. MbS hat verstanden, dass eine Modernisierung vonnöten ist, doch wie die aussehen soll, will er selbst bestimmen, und zwar diktatorial – ganz im Sinne des Königs, denn der lässt seinen Sohn gewähren. MbS ist nicht nur Thronfolger, sondern auch Verteidigungsminister, stellvertretender Premierminister, und er führt den königlichen Hof. Er liebt Computerkampfspiele, und er liebt Macht. Zwar gestattet er der Bevölkerung mehr Freiheiten als seine Vorgänger, aber er duldet keine Widerrede. Und ohne die Entlassung des Bloggers Raif Badawi und anderer politischer Gefangener sind Reformen unglaubwürdig. Der Kronprinz gibt, der Kronprinz nimmt – gerne das Leben von Kritikern. Der Journalist Jamal Khashoggi betrat eineinhalb Monate vor meiner Reise, im Oktober 2018, das saudi-arabische Konsulat in Istanbul, um Dokumente für seine bevorstehende Hochzeit abzuholen. Er kam nicht wieder heraus. Ein saudisches Tötungskommando soll ihn erstickt und zersägt haben. Nach dem Vorfall sind, bis auf die Emirate, alle Mitglieder des Golfkooperationsrats auf Distanz zu MbS gegangen. Wie lange sie seinem Hegemonieanspruch tatsächlich in Zukunft Folge leisten werden, bleibt abzuwarten. Und auch die Begeisterung daheim habe mittlerweile nachgelassen, so wird geflüstert. Viele Saudis sind erschüttert und besorgt. Niemand weiß mehr, was verboten ist und was nicht. Was das Regime als Feindseligkeit versteht und was nicht. Und manch einer übersetzt die Initialen MbS jetzt mit *Mister Bone Saw* – Mister Knochensäge.

Das Flugzeug schwebt über die Ostregion Saudi-Arabiens. In die Finsternis sind ein paar Lichter getupft. Ob die Menschen, die in diesen Häusern leben, glücklich sind? Ich würde sie gern fragen, wäre gern durch ihr Land gereist. Ich hätte ebenso liebenswerte Männer und Frauen kennengelernt wie überall im Nahen Osten. Daran kann keine Diktatur etwas ändern. Einige Bücher las ich über das Königreich, es gäbe dort viel zu entdecken. Saudi-Arabien ist nicht nur eine Blackbox, Saudi-Arabien ist auch eine Schatzkiste. Fünf Stätten sind als UNESCO-Weltkulturerbe ausgezeichnet. Das Land wurde geprägt durch eine mehrtausendjährige Geschichte, es gibt herrliche Natur und exzellente Museen. Mitten durch die Wüste zieht sich die Ausgrabungsstätte Mada'in Saleh. Ich klickte mich im Internet durch Fotos und staunte. Mada'in Saleh ist ein Friedhof aus Palästen und soll ähnlich spektakulär gewesen sein wie die Schwesterstadt Petra in Jordanien. In die goldroten Felsen sind über hundert Gräber gemeißelt, die antike Stadt galt als eine der wichtigsten Handelsmetropolen der Nabatäer. Die Monumentalgräber gehören zu den bedeutsamsten archäologischen Stätten der Erde, und kaum jemand im Westen weiß davon.

Unsere Unkenntnis beschränkt sich aber nicht nur auf Saudi-Arabien; mir scheint, als würde die gesamte Arabische Halbinsel im Halbdunkel liegen. Was erfahren wir in Deutschland schon über Oman oder Kuwait? Oder Bahrain? Wissen wir, welcher König in Bahrain regiert? Wie die Hauptstadt heißt? Welche Konflikte dort ausgetragen werden?

Bahrain liegt nicht auf der Arabischen Halbinsel, sondern ist eine ihr vorgelagerte Inselgruppe. Eineinhalb Millionen Menschen leben auf dem Archipel, so viele wie in München. Googelt man Bahrain, ploppen Hotelangebote auf. Zwölf Millionen Besucher kamen 2017, in erster Linie golfarabische Touristen. München verzeichnete hingegen bloß acht Millionen Besucher insgesamt. In Bahrain docken die Deutschen zumeist mit einem Kreuzfahrtschiff an und verweilen nicht länger als einen Tag.

Irgendwann in der Nacht lande ich auf Muharraq Island, sechs Kilometer nordöstlich der Hauptstadt Manama. Mein Herz klopft, denn obwohl sich Bahrain liberal präsentiert, hasst das Regime Schreiberlinge; Journalisten dürfen ohne Genehmigung nicht hinein. In der Rangliste der Pressefreiheit für 2018, die von Reporter ohne Grenzen herausgegeben wird, belegt Bahrain Position 167 von 180 Ländern und rangiert damit sogar noch zehn Plätze hinter der Türkei. Das muss man erst mal schaffen. Das Auswärtige Amt sagt dazu: »Journalisten wird dringend davon abgeraten, mit einem nicht dem Aufenthaltszweck entsprechenden Visum einzureisen und dennoch einer journalistischen Tätigkeit nachzugehen.« Ich habe kein Pressevisum. Ich will lügen und hoffe, dass der Beamte am Schalter keine Fragen stellt, mich nicht googelt und mir einfach ein Touristenvisum ausfertigt. Gewiss, die Angst reist mit – bei jedem Grenzübergang. Ich nehme die Gefahr in Kauf, ich suche sie nicht. Auf meinem Laptop befinden sich keine Texte, ich notierte mir die Adressen der deutschen Botschaften, und ich beauftragte Vertrauenspersonen, die sich im Ernstfall mit den diplomatischen Vertretungen auseinandersetzen würden, wenn ich es nicht mehr könnte. Letztendlich spekuliere ich auf die Faulheit der Grenzbeamten, denn ohne Anlass werden sie mich nicht überprüfen. So läuft es überall auf der Welt, niemand will mehr arbeiten, als er muss. Inshallah.

Ich fülle das Visumsformular aus, kreuze »Tourist« an, gebe mir den Beruf »Buchhändlerin«, dann begrüße ich den Beamten am Schalter mit einem Lächeln, sage »*As-salamu ʿalaikum*«, er schaut auf, lächelt zurück und entgegnet: »*Wa-ʿalaikumu s-salam*.« Er fragt mich, ob ich Arabisch spreche, und ich schlage die Augen nieder, entschuldige mich für meine fehlenden Sprachkenntnisse und antworte: »*Shwaya*«, was »ein wenig« bedeutet und levantinischer statt golfarabischer Dialekt ist. Er grinst, tippt irgendetwas in seinen Computer, ich bezahle die Gebühr, und dann saust der Stempel in meinen Pass. »*Shukran, maʿa as-salama*«, sage ich. »*Afwan, maʿa as-salama*«, sagt er, ich passiere, und erst jetzt atme ich aus. Zumindest bis zum nächsten Grenzübertritt.

In der Ankunftshalle irrlichtern Reisende mit Koffern umher, Franchise-Coffeeshops bieten Kaffee in Pappbechern feil. Ich mag Flughäfen nicht. Sie sind Nicht-Orte, sind nur Transit, überall gleich, nie behaglich. Niemals werde ich mich an sie mit Wonne zurückerinnern. Ein Pakistaner schläft auf den Sitzen, ein Mann in Dishdasha telefoniert, ein anderer drapiert seine Ghutra, eine Araberin lüpft ihren Niqab, um ein Sandwich zu essen. Eine chinesische Reisegruppe ordnet sich, ein paar Taxifahrer lauern auf Kundschaft.

Ich warte auf Sara. Wir kennen uns nur flüchtig über ein paar Ecken, doch weil das Königreich teuer ist, lud sie mich zu sich nach Hause ein. Sara ist zwanzig Jahre jung und wohnt noch bei ihren Eltern, viel mehr weiß ich nicht über sie.

Der Name al-Bahrain bedeutet »die zwei Meere«, denn vor der Küste mischte sich Süßwasser mit Salzwasser. Nach der Entdeckung des Öls versiegten die Quellen. Bahrain ist etwas kleiner als das Hamburger Stadtgebiet, aber gesellschaftspolitisch wesentlich spannender. Im Jahr 2011 krachte es; die schiitische Bevölkerungsmehrheit rebellierte gegen das sunnitische Königshaus, weil sie sich diskriminiert fühlte. Die Proteste konnten nur durch saudische Truppen niedergeknüppelt werden. Der Konflikt gärt bis heute.

»Hey«, jemand tippt auf meine Schulter. Sara hat kinnlanges Haar mit blauen Strähnen, sie trägt Baggypants und klobige Silberringe an ihren Fingern. Sie erinnert mich an die US-amerikanische Sängerin Billie Eilish, als hätte sie ihren Stil kopiert. Auf ihrem T-Shirt steht »Anti Hero« gedruckt. Sie wirkt seltsam zerbrechlich, zu schmal für die weiten Klamotten.

Sara fährt einen Sportwagen, Zweisitzer. Am Horizont gleißt die Silhouette Manamas samt des World Trade Centers, dessen Türme zwei kolossalen Segeln gleichen. Ich kurble mein Fenster hinunter, inhaliere die Stadt. Die Nachtluft ist warm und klamm, sie riecht nach Meerwasser.

»Wo kann ich Geld abheben?«, frage ich Sara.

»Warum?« Ihre Gegenfrage ist ernst gemeint, schließlich bin ich ihr Gast. Dass ich mich mit der ein oder anderen Einladung revanchieren möchte, versteht sie nicht. Am Ende meines Aufenthalts werde ich nur fünf Dinar ausgegeben haben, und zwar für das Touristenvisum.

Sara stoppt an einer Teebude, die beste in Manama, sagt sie. Sie drückt auf die Hupe, sechs weitere Autos lassen die Motoren laufen, ein Inder kommt herbeigeeilt. »In Bahrain steigt niemand aus«, erklärt Sara, »wir hupen bloß und bleiben sitzen.«

Ob vor einem Supermarkt, einer Apotheke, vor Geldautomaten, Reinigungen, Restaurants, Shisha-Bars – überall schnurren SUVs in langen Reihen. Ein Land als Drive-in.

Der Inder nimmt die Bestellung auf und serviert uns einige Minuten später zwei dampfende Becher *Karak*. Diesen Masala-Chai aus Dosenmilch, Zucker, Kardamom, Nelken und Zimt brachten einst die Gastarbeiter vom Subkontinent auf die Halbinsel. Mittlerweile gehört Karak so unumstößlich zu den Golfstaaten wie die Wolkenkratzer. Zahllose Chai-Shops verkaufen für ein paar Münzen täglich Tausende Tassen.

Sara schlägt vor, noch einen Kumpel zu besuchen, irgendwo in Manama, es sei zu früh, um nach Hause zu fahren, meint sie. Auf den Straßen sehe ich etliche Geländewagen mit saudischem Kennzeichen, oft mit jungen Männern im Fond. Im Gegensatz zu ihrem Heimatland ist Bahrain für sie ein Eldorado der Freiheit, denn hier gibt es Mädchen und Alkohol. Böse Zungen behaupten, dass nur deshalb der 25 Kilometer lange King Fahd Causeway – die »Männerbrücke« – zwischen den beiden Staaten errichtet wurde. Ich hörte, dass jeden Donnerstag Zehntausende saudische Kerle in Bahrain einfielen, um sich Zechereien, Sexpartys, Callgirls und harten Drogen hinzugeben. Manche Saudis hätten gar Wohnungen gemietet, natürlich heimlich, und frönten dort Wein, Weib und Gesang. Das Herrscherhaus in Manama lässt sie gewähren. Die fossilen Ressourcen sind bald aufgebraucht, und das Inselkönigreich ist abhängig vom großen Nachbarn, militärisch und finanziell. Zwar ist Bahrain immer noch ein wohlhabendes Land, aber die Staatsverschuldung hat sich binnen zehn Jahren verfünffacht. Die Währungsreserven schrumpfen. Die Kreditwürdigkeit wurde von Ratingagenturen auf »Ramschniveau« herabgestuft. Und Manama kann keine relevante außenpolitische Entscheidung treffen, ohne vorher die Schutzmacht in Riyadh zu konsultieren.

Ich frage Sara, ob das stimmt und ob es in Bahrain tatsächlich einen saudischen Sex- und Sauftourismus gibt, der von der hiesigen Regierung gebilligt wird. Sara grinst zum ersten Mal und antwortet: »Aber ja. Willkommen im Nachtclub Saudi-Arabiens.«

POT UND PILLEN

Mo öffnet die Tür und drückt mir ein Glas Weißwein in die Hand. Sara lehnt ab, sie trinkt keinen Alkohol. Wir setzen uns auf die Dachterrasse, aus den Boxen dröhnt eine Deep-House-Version des 90er-Jahre-Hits *Zombie*. Mo ist Ende zwanzig, er arbeitet als Ingenieur. Und er ist schwul. Heute hat er sich eine Dating-App auf sein Smartphone geladen, verrät er. Seit zwei Monaten ist er Single, und mir fällt Harald aus Kuwait ein. Doch die beiden würden nicht zusammenpassen. Mo steht nicht auf »poofy boys«, wie er sagt. »Ich suche einen richtigen Kerl.«

In islamischen Ländern leben nicht weniger schwule Männer als in Europa, nur muss hier ihre Neigung geheim bleiben. Der männerbegehrende Mann wird in den Untergrund getrieben. Er streift herum, achtet auf Signale wie Körpersprache, Codes oder Kleidung und hat dann (bisweilen) schnellen, anonymen Sex. Cruising nennt sich das. Mir fällt der Daneshjoo-Park in Teheran ein. Tagsüber picknickten Studenten und Familien auf dem Rasen, nachts cruisten und vögelten dort Freier mit Strichern. Und das, obwohl die iranische Regierung schwule Männer aufhängt. Eros lässt sich eben nicht unterdrücken. Nirgendwo auf der Welt. In Bahrain ist die Lage für queere Menschen besser als anderwärts, aber herausposaunen sollte man seine Homosexualität dennoch nicht. Im jährlichen *Gay Travel Index* landet Bahrain von 197 Ländern auf Platz 137 und liegt damit knapp hinter dem Vatikanstaat.

Sara lässt einen Joint kreisen. Das ist illegal. Auf der Halbinsel gilt maximale Prohibition, weil die Sultane und Scheiche sich vor relaxten Leuten fürchten. Wir rauchen trotzdem. Tatsächlich geht das Wort »Haschisch« auf das arabische Wort für »Gras« zurück. Und im Verb »kiffen« steckt *kayf*. Das bedeutet »Wohlsein«. So gesehen bin ich in Bahrain sehr arabisch unterwegs.

Mo gießt mir Wein nach. Elektrobeats wummern. Sara dreht einen zweiten Joint, ihre Augen sind glasig, blaue Strähnen fallen ihr in die Stirn. Ihr Gesicht ist wie Milch, und obwohl sie lacht, umgibt sie etwas Dunkles. Mo schmeißt eine Pille ein. Er sagt, es sei eine Kopfschmerztablette, ich frage nicht nach.

Medikamente sind Alltag in den Golfstaaten, Drogen ohnehin. Das meiste Zeug wird in Saudi-Arabien vertickt. Manche Aufputschmittel mindern Prüfungsangst, bei Frauen kurbeln sie den Gewichtsverlust an, sie lassen das repressive Einerlei vergessen und helfen gegen Langeweile. Auch Sara ist gelangweilt. »Es gibt hier nichts zu tun«, meint sie und zieht an ihrem Joint. Pot und Pillen gehören genauso zu den Golfmonarchien wie Bier und Brot zu Deutschland. Ärzte verschreiben oft bedenkenlos Upper und Downer, der Konsum an Opioiden und Sedativa steigt. Substanzen, auf die keine Rezepte ausgestellt werden, erhält man auf dem Schwarzmarkt. Alles andere sowieso. Dass in Bahrain auf Drogenmissbrauch einige Jahre Gefängnis stehen, scheint hingegen kein Hindernis zu sein. Vielleicht ist es das Spiel mit dem Feuer, das reizt, die Suche nach einem Stimulus. Mehr noch lassen Depressionen und Angststörungen etliche Golfaraber zu Psychopharmaka und Rauschgiften greifen.

Als wir im Auto sitzen, tröpfelt sich Sara eine Flüssigkeit in die Augen, damit sie weiß werden. »Geht's dir gut?«, frage ich sie. Sara schüttelt den Kopf. »Ich bin chronisch traurig«, sagt sie und holt eine Packung Tabletten aus dem Handschuhfach. »Zur Beruhigung«, sie drückt eine Kapsel aus dem Blister, »mein Arzt hat sie mir gegeben«, sie trinkt aus einer Colaflasche und spült das Medikament herunter. Sara schluckt zu viele Pillen. Die vierfache Dosis jeden Tag. Doch ohne Benzodiazepine beginnt sie zu zittern und bekommt Panik.

»Nimmst du noch weitere Sachen?«, will ich wissen. Sara verneint. An verbotene Stoffe wie Chrystal Meth oder Amphetamine traut sie sich zum Glück nicht heran. Ein paar ihrer Freunde seien bereits unrettbar verloren, erklärt sie.

»Kannst du von vier auf drei Tabletten reduzieren?«, frage ich sie.

»Ich weiß es nicht.« Sie streicht sich die blauen Strähnen aus der Stirn. Es ist weit nach Mitternacht, als wir das Haus ihrer Eltern erreichen. Auf Strümpfen schleichen wir die Treppen hinauf. Sara überlässt mir ihr Bett, obwohl ich protestiere, und legt sich auf eine Matratze ans andere Ende des Zimmers. Als ich fünf Stunden später erwache, leuchtet noch immer das Display ihres iPhones. »Ich kann nie schlafen«, sagt sie, »ich bin zu traurig dafür.«

DER SECHSUNDZWANZIGSTE TAG

Ich habe Außenminister Heiko Maas verpasst. Am Morgen landete er in Kuwait. Es geht um den Jemen-Konflikt. Deutschland und Kuwait wollen ihre internationale Zusammenarbeit ausbauen. Nach Bahrain kommt Maas nicht. Der Nationalfeiertag heute findet ohne ihn statt.

Im Jahr 1971 entließen die britischen Protektoratsträger die Golfinsel in die Unabhängigkeit. Eine Föderation mit Katar und den Vereinigten Arabischen Emiraten scheiterte am Führungsanspruch der Herrscherfamilie in Manama. Seit 2002 ist Bahrain eine konstitutionelle Monarchie, davor war es ein Emirat. Die Familie Al Khalifa regiert seit 1783, und das nicht ohne Repression. Wer Social-Media-Accounts folgt, die zu schiitischen Oppositionellen oder katarischen Medien gehören, dem droht Ärger mit der Justiz. Doch im Gegensatz zu manch anderen Golfstaaten erlaubt die Regierung ihrer Bevölkerung zumindest eine individuelle Lebensweise und weitestgehend Religionsfreiheit. Es finden sogar Parlamentswahlen statt. Bahrain gehörte noch im 18. Jahrhundert zu Persien, dann vertrieben die Al Khalifa die Perser. Deswegen und aufgrund der schiitischen Bevölkerungsmehrheit erheben die religiösen Führer des Iran immer mal wieder Ansprüche auf Gebiete des Archipels. Das führt zu diplomatischen Konflikten.

Draußen ist es tausend Watt hell. Sara und ich laufen die Corniche entlang. Sie trägt eine Baseballkappe auf dem Kopf und eine Panzerkette um den Hals, dazu Jeans mit Löchern und Vans in einem weiß-roten Kachelmuster. Sie wirkt wie gehaucht, als könnte der Küstenwind sie davontragen.

Zum Frühstück aßen wir Donuts in einer Mall, der Schokoladenguss klebt noch an unseren Fingern. Ihre Eltern lernte ich nicht kennen, Sara wartete, bis sie aus dem Haus waren, dann erst verließen wir das Zimmer.

»Weiß deine Familie eigentlich, dass ich zu Besuch bin?«, frage ich sie.

Sara weicht meinem Blick aus. »Vielleicht. Aber wir haben nicht viel Kontakt.« Sie räuspert sich.

»Warum?«, hake ich nach.

»Sie verstehen mich nicht.«

Wir setzen uns auf eine Bank und trinken Karak. Keine Wolke am Himmel. Saras Augen schillern hellblau, als wären sie von Sonne und Salzwasser gebleicht.

Menschen lustwandeln an uns vorüber, Kinder krakeelen. Wo einst die Perlenfischer abtauchten, stehen inzwischen Luxushotels und Wolkenkratzer.

»Komm, wir gehen«, sagt Sara. Sie hat genug.

Wir sausen durch Manama, hören Hip-Hop aus Palästina, die Skyline im Rücken. Auf den Straßen rollen schwere, breite Autos. Es hängen Flaggen und bunte Lichterketten an Fenstern und in Palmen. Oft steht direkt gegenüber einer Moschee eine Mall. Gotteshaus und Konsumtempel in trauter Nachbarschaft. Staub am Straßenrand. Manama ist nicht glatt gelutscht wie Kuwait City. Ich sehe Supermärkte, Autowerkstätten, Beauty Salons und Kebab-Läden. Ich sehe Wohnhäuser, die die Farbe der Wüste tragen. Ich sehe Menschen auf dem Bürgersteig, und in manchen Klamottenshops leuchtet »Sale« in den Schaufenstern. Ich sehe eine Stadt, die lebt. Auch wenn ich wieder nicht abschätzen kann, wo die Kapitale aufhört und ein Vorort anfängt.

Sara telefoniert auf Arabisch. Irgendwann stoppt sie in einer Seitengasse, schaltet die Musik ab, doch lässt den Motor laufen. Ein Dicker kommt auf uns zu. Durch die heruntergekurbelte Scheibe überreicht er Sara ein Päckchen. Es ist Marihuana, eingeschlagen in Alufolie. Sara zahlt ein paar Scheine. Dann besprüht uns der Dealer mit Parfum. Es stinkt nach Moschus.

An einer Pizzeria treffen wir Saras besten Freund Habib. Dunkle Ringe fassen seine Augen ein, so schwarz, als wäre er seit drei Tagen wach. »Das stimmt«, sagt Habib. Er könne nicht schlafen, deshalb habe er sich vor zwei Stunden eine Schlaftablette reingepfiffen, aber jetzt sei er trotzdem hier. Es ist zwölf Uhr am Mittag. Wir setzen uns an einen Tisch. Sara tippt in ihr iPhone, ich versuche eine Unterhaltung mit Habib:
»Sag mal, hast du einen Lieblingsplatz in Bahrain?«
»Nein.«
»Einen Platz, den du nicht leiden kannst?«
»Nein.«
»Möchtest du denn woanders leben?«
»Ja.«
»Wo?«
»Keine Ahnung.«
Der Kellner bringt zwei Pizzen, so groß wie Wagenräder, belegt mit Käse, Thunfisch und Spinat. Sara bezahlt. Habib greift sich eine Ecke und schüttet ein halbes Fläschchen Tabasco über den Fisch. Er beißt hinein, sein Gesicht zeigt keine Regung. Sara kaut, dann wirft sie ihr angebissenes Stück Käsepizza zurück auf den Teller. »Ich bin satt«, sagt sie und tippt weiter in ihr iPhone.
Wieder daheim, baut sie sich einen Joint. Auch ich rauche, doch als sich Sara eine zweite Tüte drehen will, beschließe ich, nicht mehr mitzumachen. »Du kiffst zu viel«, sage ich, und Sara nickt. Sie nimmt zwei Züge und lässt den Joint ausgehen.

Am Abend wieder Habib. Treffen an der Teestube. »Ich habe mich ausgeruht«, sagt er und lächelt. Wir steigen in seinen BMW, weil in

Saras Zweisitzer kein Platz für drei Personen ist, und reihen uns in endlose Wagenkolonnen ein.

Das ganze Land ist auf den Rädern. Nationalfeiertag. Überall wehen Fahnen, Autos hupen im Takt, Kinder hängen aus Fenstern und singen, Männer hocken auf den Dächern ihrer SUVs, manche tanzen auf der Straße, Frauen klatschen dazu. Eine Stimmung, als hätte Bahrain die Fußball-Weltmeisterschaft gewonnen.

Sara sitzt im Fond und schwenkt ein Fähnchen. Ich winke aus dem Beifahrerfenster und lese Plakate, auf denen geschrieben steht: »Feiern Sie unseren Ruhm, unsere Freude, unser Bahrain!« Auch die Saudis feiern mit, wickeln sich in bahrainische Flaggen und haben ihre Heckscheiben mit dem Konterfei des Königs Hamad bin Isa Al Khalifa beklebt. Habib hupt ohne Unterbrechung, er sprudelt vor Energie, er lacht sogar, scrollt durch YouTube und klickt einen deutschen Gangster-Rapper an, der mit einer Knarre herumfuchtelt und dazu rappt: »Bring deine Alte mit, sie wird im Backstage zerfetzt / Ganz normal, danach landet dann das Sextape im Netz.«

Er versteht nichts, klickt weiter, und wir wedeln mit rot-weißen Plastikfahnen. Zwei Stunden verbringen wir im Feiertagsstau, bis Habib sagt: »Lasst uns in die Wüste fahren!«

Die Wüste in Bahrain ist kein einsamer Ort. Von November bis März ist *High Season*. Freunde und Familien ziehen an den Wochenenden ins Ödland und campen. Sie amüsieren sich, machen Barbecue und donnern mit Quads durch die Gegend.

Es ist dunkel, am Horizont lodern die Flammen der Ölfördertürme wie Fackeln in der Nacht. Die Ölpumpen ähneln riesigen Spechten aus Stahl, die mit ihren Schnäbeln in den Boden picken. Im Jahr 1932 stieß Bahrain auf die erste Quelle, heute fördert das Königreich über 45 000 Barrel Öl pro Tag. Das ist überschaubar. Saudi-Arabien kommt auf rund zehn Millionen Barrel täglich.

Vor ein paar Monaten meldeten internationale Medien, dass der kleine Inselstaat das größte Ölfeld seiner Geschichte gefunden habe. Achtzig Milliarden Barrel sollen es sein. Das wäre fast doppelt so viel wie die gesamten Ölreserven der USA. Für Bahrain ein

Segen, im Staatshaushalt gähnen Löcher. Ob der Rohstoff tatsächlich vollständig erschließbar ist, steht aber noch in den Sternen. Sara und Habib wissen nichts über Öl, ihre Heimat interessiert sie nicht. Sie leben ein Leben zwischen Betäubung und Ernüchterung, auf einer Insel, die ihnen die Luft zum Atmen nimmt. Sie flüchten in den Rausch, weil ihr Dasein so eng ist. Weil sie aufbrechen wollen, aber kleben bleiben. Sie haben keine Ahnung, wer sie sind und wie sie ihre Leere füllen können. Sara wechselt alle drei Monate ihre Haarfarbe und ihren Look gleich dazu; sie ist mal Emo, mal Hipster, mal Nerd, mal Lolita. Sie möchte auffallen. Aber wenn sie angeschaut wird, bekommt sie Beklemmungen. Habib hingegen versucht, sich anzupassen. Er muss Betriebswirtschaftslehre studieren, sein Vater will es so. Habib hasst sein Studium.

Wir parken, laufen vorbei an Partyzelten und Imbissbuden. Kebab brutzelt, und Fruchtsäfte (mit Schuss) werden ausgeschenkt. Menschen trinken und tanzen.

Als wir irgendwann den Rückweg nach Manama antreten, ist es auf den Straßen ruhiger geworden. Habib wirkt jetzt unkonzentriert. Er führt das Lenkrad nur noch mit dem Zeigefinger, mit der anderen Hand nestelt er an seinem Smartphone herum, und deshalb bemerkt er nicht, dass der Geländewagen vor uns das Tempo gedrosselt hat und wir mit hundert Sachen auf ihn zurasen. Erst als ich kreische, schreckt Habib auf und tritt auf die Bremse.

»So läuft das andauernd«, sagt Sara später, als wir in ihrem Zweisitzer nach Hause fahren, »er schluckt alles durcheinander – Schlaftabletten, Tranquilizer, Koffeinpillen, und dann baut er einen Unfall. Er hat schon drei Karren gecrasht.«

Als ich das höre, wird mir flau im Magen. »Warum schenken seine Eltern ihm dann jedes Mal ein neues Auto?«

Sara zuckt mit den Schultern und antwortet: »Weil sie ihn lieben.«

Es ist zwei Uhr nachts, als wir die Treppen nach oben huschen, auf Saras Matratze liegen frisch gewaschene Decken, auf dem Tisch steht eine Schüssel mit Datteln.

ES WAR EINMAL DAS PARADIES

Vor zwölf Jahren wohnte Michael Jackson in Manama. Wenn er vor die Tür ging, dann trug er Abaya und Niqab. Die Bahrainer mochten ihn nicht besonders. Sein Glück fand er hier nicht, obwohl auf der Golfinsel einst der Garten Eden gelegen haben soll. Im Gilgamesch-Epos beschrieben die Sumerer einen Paradiesgarten, den sie Dilmun nannten. Ihre Geschichte mag eine Inspiration für den biblischen Garten Eden gewesen sein, jenen Ort, an dem die ersten Menschen von Gott erschaffen wurden. Doch Dilmun gab es wirklich. Das Reich umfasste die Insel Bahrain, Kuwait, Katar und die Küstenregionen der östlichen Provinz von Saudi-Arabien. So der wissenschaftliche Konsens.

Sie wisse nichts über Bahrains Geschichte, behauptet Sara. Aber sie sei dankbar für Ablenkung. Seit zwei Tagen hat sie weder geraucht noch Benzodiazepine geschluckt. Ich riet ihr, mit ihrem Arzt zu sprechen und die Medikamente ausschleichen zu lassen, doch Sara lehnte ab. »I wanna quit the shit«, sagte sie. Kalter Entzug. Das Mädchen ist tougher als die meisten Kerle, die ich kenne. Sie schwitzt und zittert. Mit Habib möchte sie sich vorerst nicht mehr treffen. »Wenn ich ihn zugedröhnt sehe, will ich auch eine Pille.«

Als Zerstreuung schlage ich vor, eine Reise in die Vergangenheit zu unternehmen. Ich erzähle ihr, dass ihre Heimat vor 100 000 Jahren fruchtbar daherkam, durchzogen von Flüssen und Paläo-Seen. Es gab Grasland mit großen Wiederkäuerherden, Mangrovensümpfen und Wäldern. Arabien war grün. Manche Forscher vermuten sogar, dass die Arabische Halbinsel die Wiege der kulturellen Evolution der Menschheit gewesen sein könnte und dass von hier der Homo sapiens vor 100 000 Jahren nach Innerasien und Europa aufbrach.

Sara und ich schauen uns Pfeilspitzen, Keilschrifttafeln und Stempelsiegel an. Es ist das erste Mal, dass sie das Nationalmuseum besucht, und für ein paar Stunden denkt sie nicht an Pillen.

Ab 5500 v. Chr. entstanden entlang der Golfküste mehr als sechzig markante jungsteinzeitliche Siedlungsplätze. Archäologen fanden heraus, dass zwischen Südirak und den Küstenregionen bereits ein reges Seehandelsnetz bestand. Ein- bis zweitausend Jahre später entwickelte sich dann das Königreich von Dilmun. Unterirdische Süßwasserquellen ließen die Hochkultur erblühen. Die Überreste der Zivilisation gehören zum UNESCO-Weltkulturerbe. Noch ist Arabien eine archäologische Terra incognita. Bisher gab es nur wenige Grabungen. In Bahrain ist man da schon weiter; Qal'at al-Bahrain ist die bedeutendste Ausgrabungsstätte des Archipels. Der heutige Ruinenhügel war einst die Hauptstadt Dilmuns. Tempel, Wohnhäuser und die Stadtmauer sind ausgehoben, drei Viertel der Siedlung liegen jedoch unter dem Wüstensand. Schicht für Schicht stapeln sich die Hochkulturen übereinander – Griechen, Perser, Osmanen. Im 16. Jahrhundert unterwarfen die Portugiesen die Insel, errichteten anstelle der Stadt ein großes Fort und setzten dem Ruinenhügel damit die Krone auf.

Wir laufen durch einen Torbogen. Sara lächelt. Sie hat Glück verdient, denke ich. Wir steigen die Steintreppen hinauf, betrachten Wehrtürme, und Sara stellt mir ein Dutzend Fragen zur Historie Bahrains. Sie erzählt, dass ihr Vater sie vor vielen Jahren hierhin mitgenommen habe, aber sie habe vergessen, wie beeindruckend der Ort sei.

Die Umrisslinie von Manama glitzert ein paar Kilometer weiter. Zwei Hauptstädte liegen sich gegenüber, die eine ist untergegangen, die andere emporgewachsen.

Später fahren wir mit dem Auto nach al-A'ali. Kaum zu glauben, aber in der Stadt und im Umkreis finden sich die flächenmäßig größten prähistorischen Grabstätten des Planeten; 170 000 Hügelgräber aus der Dilmun-Ära formen die Landschaft wie Wellen. In dem Städtchen al-A'ali erheben sich die Totengrüfte mitten zwischen Straßen und Wohnhäusern. Manche Gräber sind rund fünftausend Jahre alt und zwanzig Meter hoch. Als hätte ein Riesenmaulwurf die Erde umgegraben.

Wir parken vor einem Grabhügel, wollen aussteigen, um die Ruhestätte genauer zu begutachten, doch ein Halbwüchsiger spricht uns an. Wir sollten hier besser nicht herumschnüffeln, rät er. Die Regierung befürchte neue Krawalle und die Grüfte seien abgeriegelt, damit sich die Widerständler nicht heimlich versammeln könnten. Unsere Neugier mache uns verdächtig, sagt er und zieht an einer Zigarette. Sara und ich verlassen al-A'ali.

Gegen Mitternacht sind wir zu Hause. Auf Saras Tisch stehen Kekse, Pistazien und zwei Flaschen Wasser.

BABYLON BAHRAIN

Auch wenn der Name der Hauptstadt klingt wie ein berühmter Ohrwurm aus einer Kindersendung, so ist Manama weniger Sesamstraße, sondern mancherorts eher eine Kreuzung aus Bangkok, Dubai und der deutsch-tschechischen Grenze. Ein amerikanisches Männermagazin verlieh Manama den achten Platz in den Top Ten der liederlichsten Citys der Welt. Ob das gerechtfertigt ist, weiß ich nicht. Aber es gibt Rooftop-Bars, Beachclubs und Diskotheken. Und weil hier Alkohol ausgeschenkt wird und Liebesdamen ihre Dienste anbieten, ist der Teufel los im Paradies. Der Vorort Juffair soll besonders berüchtigt sein. Tagsüber Fressmeile, abends Amüsierviertel. Was dem milieubewanderten Europäer allerdings nur ein müdes Lächeln entlockt (wenn überhaupt), versetzt die unfreien Saudis in Ekstase. Für sie ist Bahrain ein modernes Babylon, ein Sündenpfuhl. Hier können sie entgleisen, und das wiederum geht den Bahrainern auf den Senkel. Wenn die saudischen Herrschaften donnerstags über die »Männerbrücke« auf die Insel strömen, verdrehen die Insulaner die Augen.

»Wer mag schon die Saudis?«, meint Sara und schnalzt mit der Zunge.

Wir rollen durch Juffair, ich winke einen Inder zu uns, der vor einem Club herumlungert. Der Inder ist ein Zuhälter. Trotz Freizügigkeit bleibt Prostitution in Bahrain illegal, Gefängnis droht. Es gibt keine offiziellen Laufhäuser, und die Huren sitzen nicht in

Schaufenstern. Vermittelt wird unter der Hand. Weil ich mehr über Bahrains Schattenwelt erfahren möchte, erkundige ich mich nach den Damen, heuchele Interesse. Der Inder schaut mich an, dann Sara, sie lächelt, ich lächle. Er habe eine Russin und zwei Thailänderinnen »im Angebot«, sagt er schließlich. Ich frage nach den Preisen.

»Ein Thaimädchen kostet inklusive Zimmer für eine Stunde 25 Dinar«, erklärt der Lude, umgerechnet rund sechzig Euro.

»Und die Russin?«, klinkt sich Sara ein.

»Die ist mehr wert, das Doppelte«, antwortet er.

»Hast du keine Marokkanerin?«, bohre ich nach.

»Doch, morgen. Die ist aber teurer.«

Wir fahren weiter, und wieder die Bestätigung: Südostasiatinnen werden auch hier wie Holzklasse-Menschen behandelt – billig gefickt und weg damit. NGOs berichten von Zwang und Gewalt. Die Zuhälter mieten zumeist Apartments an, die als geheime Bordelle dienen, quasi Stundenhotels. Die Immobilien, in denen die Thailänderinnen, Russinnen, Philippinerinnen und Chinesinnen anschaffen müssen, gehören häufig Mitgliedern der Königsfamilie, so munkelt man. »Wissen die royalen Eigentümer von den Puffs in ihren Gebäuden?«, frage ich. Sara antwortet nicht. Sie zwinkert bloß und legt den Zeigefinger auf ihre Lippen. Bahrain mag eine Insel sein, aber gewiss keine der Seligen.

Am Horizont funkeln die Wolkenkratzer in Lila und Rot. Die warme Nachtluft wirbelt ins Auto herein. Auf dem Boulevard prangt ein großes Plakat mit dem Konterfei des Königs und seinen Ministern. Darunter steht: »Wir versprechen Erfolg für eine glänzende Zukunft.«

GEH MIT GADDAFI!

Sara zittert noch, aber weniger als vor drei Tagen. Nachts kann sie jetzt ein paar Stunden schlafen. Ich wecke sie jeden Morgen um acht. Dass ich ihr Gast bin und sie sich um mich kümmern muss, scheint ihr Halt zu geben, sie hat eine Aufgabe. Es tut mir leid, dass ich bald weiterziehen werde, Sara ist mir ans Herz gewachsen.

Ich schreibe ihr eine Liste mit Dingen, die sie täglich erledigen soll, wenn ich fort bin: zeitig aufstehen, frühstücken, lesen, sich bewegen, mit ihrer Familie zu Abend essen. Und ich bitte sie, dass sie sich einen Therapeuten sucht. Sie willigt ein.

Am Mittag holen wir ihr Skateboard aus der Garage. Seit zwei Jahren lag es unter Kartons vergraben. Sara war eine gute Skaterin, besser als ihre Kumpels. »Du brauchst nie wieder zu skaten, wenn du nicht magst«, sage ich, »aber schau dir das Board an und denk an den Fahrtwind auf deiner Haut.« Mehr kann ich nicht tun.

The Daily Tribune macht auf mit der Schlagzeile, dass es wirtschaftlich aufwärtsgeht in Bahrain, und im LuLu Hypermarket wurden die Lichter am Weihnachtsbaum angeknipst. Irgendein Scheich hat auf den Knopf gedrückt. Lauter gute Nachrichten heute.

Am Nachmittag erreichen wir Sitra. Das war mein Wunsch. Sara zögerte zuerst, doch jetzt sind wir hier. Auf der kleinen Insel leben Oppositionelle. Knapp siebzig Prozent der Bahrainer sind Schiiten. Während des Arabischen Frühlings kam es im ganzen Königreich, aber insbesondere in Sitra, zu Protesten und Gewalt. Die Schiiten begehrten auf, weil sie sich benachteiligt fühlen, weil sie nur schwer eine Anstellung und bezahlbaren Wohnraum finden können. Staatliche Jobs bei Ministerien, Polizei oder Armee erhalten sie in der Regel nicht. Seit Jahrzehnten schon fördert die Regierung die Einbürgerung sunnitischer Gastarbeiter, um die Majorität zu erlangen. Zudem beschuldigt die sunnitsche Herrscherfamilie den Iran, Unfrieden unter Bahrains Schiiten zu schüren, um Teherans Einfluss auf die Golfregion auszubauen. Es gibt tatsächlich Gruppierungen, die vom Iran Unterstützung beziehen, aber nicht alle bahrainischen

Schiiten mögen die Iraner. Der Konflikt zwischen Königshaus und Bevölkerungsmehrheit ist hausgemacht. Der Aufstand im Februar 2011 war also weniger religiös begründet, sondern basierte auf sozialen Ungerechtigkeiten. Auf dem Perlenplatz in Manama versammelten sich Tausende Menschen und demonstrierten gegen das Königshaus. Das Auswärtige Amt riet allen Deutschen, das Land zu verlassen. Die Ölpreise stiegen. Das Formel-1-Rennen musste abgesagt werden.

Sitra. Ich schaue aus dem Fenster und sehe versiffte Gemäuer, hier glitzern keine Wolkenkratzer, hier hängen Klimaanlagen an den Fassaden, hier gibt es dunkle Ecken. Auf dem Asphalt erkenne ich noch die Brandspuren der Molotowcocktails. Auf Mauern sind Parolen gesprüht, die von der Regierung geschwärzt wurden. Als die Demonstrationen im Land nicht abebbten, rief König Hamad den Ausnahmezustand aus und verhängte das Kriegsrecht. Saudi-Arabien und die Vereinigten Arabischen Emirate schickten Soldaten. Panzer rollten durch die Städte, Streitkräfte eröffneten das Feuer, Menschen starben. Mit der Niederschlagung der Proteste setzte eine Verhaftungswelle ein, Widerständler wurden mit Elektroschocks und Totschlägern misshandelt. Das Parlament beschloss massive Einschränkungen von Versammlungsrecht und Meinungsfreiheit. Seither kam es immer wieder zu Zusammenstößen.

Sara macht sich Sorgen. Sie ist Sunnitin und fürchtet, dass die Schiiten in Sitra ihr das ansehen könnten. Ihre Familie ist königstreu, ihre Vorfahren gehörten zu einem befreundeten Stamm der Al Khalifa. Aus dem Auto steigen will sie nicht. Als wir in eine Seitenstraße einbiegen, sagt sie, ich dürfe hier nichts fotografieren. Das sei zu gefährlich. In den Hinterhöfen sind die Graffitis nicht geschwärzt. Wenn am Flughafen mein Fotoapparat gefilzt werden sollte, bekäme ich Schwierigkeiten. Ich bitte Sara, mir die Parolen an den Häuserwänden zu übersetzen. Sie kurbelt das Fenster hoch. »Nieder mit Hamad!« und »Geh mit Gaddafi!«, liest sie vor und verstummt sogleich. Der libysche Diktator Muammar al-Gaddafi wurde 2011 von seinen Gegnern ermordet.

Die Arabellion hat den Nahen Osten erschüttert, denn als die Völker gegen die Despoten Sturm liefen, spürten Bahrain und die anderen Golfstaaten das erste Mal die eigene Verwundbarkeit. In den Palästen brach Panik aus vor einer Diktatorendämmerung. Die Emire und Scheiche erhöhten die Gehälter der Beamten, versuchten, die Unzufriedenheit mit Geldgeschenken abzudämpfen. Und tatsächlich muckten in den Golfmonarchien nur wenige Menschen auf. In Bahrain hingegen wurde es ernst. Davon zeugen die Häuserfassaden. Was der Arabische Frühling angestoßen hat, ist irreversibel. Das wissen die Autokraten. In den Zivilgesellschaften des Nahen Ostens ist etwas erwacht: Die Infragestellung von Autorität.

Wir fahren zurück nach Manama, der Abendhimmel hängt über dem Land wie ein Damoklesschwert. Morgen reise ich ab. Wir sprechen nicht, hören stattdessen 2Pac, basslastig, laut: »No need for hopin', it's a battle lost.«

Als wir Saras Zimmer betreten, liegt auf dem Tisch ein Zettel. In fein säuberlicher Handschrift hat jemand darauf geschrieben: »Im Ofen steht eine Lasagne für euch.«

VEREINIGTE ARABISCHE EMIRATE

الإمارات العربية المتحدة

EIN POTEMKINSCHES DORF

In meinen Augen explodieren die Farben. Alles ist gerüscht, gestärkt, bestickt, bestrasst, getüllt, beperlt und bonbonbunt. Ob Strings, Babydolls, Panties oder Büstenhalter – jedes Teil knallt. Das Unterwäsche-Label Nayomi entstand in Saudi-Arabien, hält wenig von Bescheidenheit und betreibt mittlerweile Stores in Katar, Bahrain, Kuwait, Libyen, Oman und den Emiraten. Ich streife an den Kleiderbügeln vorbei, befühle die Rüschen. Eine Frau im Niqab prüft ein rosa Bustier aus Spitze, ein junger Mann schleicht um einen BH herum, dessen Schalen wie Cupcakes geformt sind. Er möchte seiner Liebsten etwas schenken und lässt sich von der bekopftuchten Verkäuferin beraten. Ja, das sei jetzt modern, sagt sie und zupft noch ein Négligé mit roten Quasten von der Stange. Ich verlasse den Laden und erfahre leider nicht mehr, wofür sich der Mann entscheiden wird.

Sechzehn Millionen Besucher zieht es pro Jahr nach Dubai, und es sollen noch mehr werden: Dubais Tourismus-Strategie sieht vor, bis 2025 zur weltweit am häufigsten besuchten Stadt aufzusteigen. Heute könnte das hinhauen, denn es ist kurz vor Weihnachten, und deshalb dackeln alle Touristen, die das Emirat hergibt, mit mir durch die *Mall of the Emirates*. Das Einkaufszentrum gehört zu den größten der Erde. Rund 600 Geschäfte locken auf drei Etagen mit Schmuck, Kleidung, Teppichen, Kosmetik, Autos, Parfum und Apple-Krimskrams, es gibt Kinos, Hotels und Theater. In einem

Flügel der Mall steht das riesige Skelett eines Diplodocus, woanders braust ein Wasserfall hinab, in einem Aquarium schwimmen drei altersschwache Haie, Taucher schnorcheln, Menschen knipsen Selfies, es ist nicht normal. An den Eingangstüren hängen zwar Schilder, die die Besucher auffordern, sich »respektvoll« zu kleiden, aber viele Westler tragen trotzdem Tanktops und kurze Röcke. In dem Winterdorf neben der Eislaufbahn schwirren die asiatischen Service-Mädels als Weihnachtselfen umher, in den Hallen erklingt »Driving Home for Christmas«. Ich sehe Araber und Westler mit Einkaufstüten durch die Gänge zotteln, auf der Jagd nach noch mehr Beute. In den über neunzig Restaurants und Cafés futtern sie dann griechisch, italienisch, persisch, oder sie tafeln bei Subway und Starbucks, den Kollateralschäden der Globalisierung. Dort gibt es Einheitsbrei in Plastikbechern.

Kritiker machen aus Dubai »Do buy«. Das ist nicht ganz falsch, denn gekauft wird ständig und alles. Ob Dessous, Bentleys oder Inseln. Und wahrscheinlich lassen sich nirgendwo sonst rund um den Globus derart erquickliche Motive für Satellitenfotos schießen. Da ist zum einen *The Palm*, ein kolossales künstliches Eiland vor der Küste Dubais, auf der viele Hundert Villen, Hotels und Ferienhäuser stehen. Und dann protzt das Emirat mit dem Megabauprojekt *The World* und kleckert 300 Inseln in Form einer Weltkarte ins Meer. Allerdings verursachte die Finanzkrise in den Nullerjahren einen Baustopp, und jetzt versanden die Inselchen zunehmend und versinken wie Atlantis in den Fluten. Zentralamerika ist schon futsch. Und Europa, Afrika und Asien haben sich zu einem Kontinent zusammengeknubbelt, was im Zuge der Völkerverständigung ja irgendwie schön ist. Abnehmer für die Immobilien finden sich jedenfalls kaum. Das macht aber nichts, denn bis zum Jahr 2117 möchten die Scheiche sowieso den Mars besiedeln. Die Welt ist eben doch nicht genug. »Ahlan wa sahlan« im Übermorgenland.

Auch draußen tönt Musik. »Let It Snow«, bei 28 Grad Celsius. Wisch-und-weg-Männer nehmen auch hier Rache an der Gesellschaft, indem sie dort wischen, wo jemand steht. Niemand interessiert sich für sie. Wie überall am Golf. Stattdessen schlecken die Besucher Eiscreme, eine Gruppe Franzosen läuft mit dem Trikot ihrer Nationalmannschaft auf, ein russischer Oligarch lässt sich fotografieren. Zwei Niqabi plaudern mit einer jungen Frau, die ein kirschrotes Kopftuch trägt und dazu eine goldene Beinprothese. Ein deutsches Pärchen brüllt sich an, und der Burj Khalifa spießt die Wolken auf. Die Mall ist ein Raum im Dazwischenreich, eine spiegelblanke Halböffentlichkeit. Ganz Dubai wirkt wie eine gigantomanische Scheinwelt der Kurzweil, obschon eine authentische, weil sie die golfarabische Gegenwart abbildet. Auch Venedig galt im 15. Jahrhundert als künstlich.

Für Einkaufszentren kann ich mich dennoch nicht begeistern, aber ich verstehe ihre Anziehungskraft, denn die Malls sind die kleinen Fluchtorte im reglementierten Alltag und außerdem eine klimatisierte Weiterentwicklung der klassischen Basare. Konsum verführt obendrein. Man darf ja nicht vergessen, dass die Golfstaaten erst vor ein paar Jahrzehnten zu Reichtum gekommen sind. Die älteren Herren in den Dishdashas haben ihre Kindheit noch in Zelten aus Ziegenhaar verbracht, draußen in der Wüste. Heute wachsen vor ihren Augen Wolkenkratzer in den Äther, Inseln werden aufgeschüttet, und sie können in der Halle Ski fahren. Das Zeitalter des beduinischen Konsumismus ist über sie hereingebrochen. Nur der Himmel markiert das Limit. Aber vielleicht ist die dubairische Darbietung von Protz und Pomp auch nur das typische Gebaren eines neureichen Teenagers, der mit seinem Geld noch nicht umgehen kann. Die Finanzkrise ließ ja so manche Illusion verpuffen. Braucht es noch zwei Generationen und eine Finanzkrise mehr, bis ein Zeitalter des Postkonsums anbricht, bis Bodenständigkeit und Normalität Einzug halten, bis Pragmatismus hip wird? Keine Ahnung. Den Autokraten ist der Kommerz jedenfalls ganz recht; lieber Konsumenten als Aktivisten. Wer shoppt, geht nicht protestieren. Die Sucht nach Glitzer ist dennoch kein Etikett, das ausschließlich den Golfarabern anhaftet. Es soll ja auch Fußballer des FC Bayern München geben, die sich in Dubai mit Blattgold überzogene Steaks kredenzen lassen.

Wenn Taxifahrer Abdo erzählt, klingt er wie ein Rapper von der West Coast. Er ist cool, und dass ich Deutsche bin, findet er »tight«. Vor zwei Jahren ist der Sudanese nach Dubai ausgewandert, doch die Bundesrepublik bleibt sein Sehnsuchtsziel. »Ich möchte nach Deutschland, yo, und eine deutsche Frau heiraten«, strahlt er. Nicht, weil wir so toll wären, sondern weil er Bayern München gerne mag. Wie es eben gefällt.

»Yo, gibt's bei euch denn Probleme für Muslime?«, fragt er.

Ich erzähle nichts von der AfD und vom wachsenden Rassismus und lasse ihn in dem Glauben vom gelobten Bayern-München-Land. Was kann ich auf einer fünfzehnminütigen Taxifahrt schon erklären?

»Aight!«, lacht Abdo, gibt mir ein High Five, und wir flitzen durch die Metropole, rechts und links Geschäftshochhäuser und Glaskästen, die wie Pfeiler in den Himmel ragen, als müssten sie ihn stützen. Alles glänzt und funkelt. Dubai sieht aus wie eine operierte Frau.

Wir fahren vorbei am Ministry of Climate Change and Environment. Seit 2016 gibt es dieses Ministerium für Klimawandel. In den vergangenen zehn Jahren zählten die Golfstaaten nicht zu den progressiven Kräften in Sachen prima Klima. Doch langsam sickert die Erkenntnis durch, dass eine Katastrophe droht, wenn nichts unternommen wird. Temperaturen um die 40 Grad Celsius sind der Normalfall. Arabien ist eine Fieberlandschaft. Hinzu kommt, dass sich der Persische Golf durch die intensive Sonnenstrahlung im Sommer stark aufheizt und die Luftfeuchtigkeit den Einwohnern wie ein nasses Handtuch ins Gesicht klatscht. Fünfzehn Milliarden US-Dollar haben die Emirate in die Entwicklung erneuerbarer Energien bisher investiert. Ein Bruchteil dessen, was noch folgen soll. Die Treibhausgasemissionen müssen sinken, gegen die Hitze und die Wasserknappheit entwickeln Wissenschaftler Programme. Bäume werden gepflanzt, obwohl der Sand zu salzig dafür ist. Momentan forschen die Emirate an einer Möglichkeit, Wolken zu säen und sie abregnen zu lassen. Die Zeit drängt, die Zukunft wird knapp. Im letzten Jahrzehnt erlebten einige Staaten im Nahen und Mittleren Osten die größten Dürreperioden seit Beginn der Wetteraufzeichnung. Die ohnehin instabile Region könnte durch den Klimawandel und die daraus resultierenden Konflikte völlig kollabieren. Zudem droht die Gefahr, dass ein baldiges Ende des Öls die Wirtschaft abstürzen lässt. Es muss sich vieles ändern am Golf. Wie wird das Übermorgenland also übermorgen aussehen?

Abdo bietet mir Sesamkekse an, ich frage ihn, ob er glücklich ist in Dubai. »Yo, mir geht's nicht schlecht«, entgegnet er, »aber besser wär mehr tight.« Er lacht wieder, während ich über diese überaus diplomatische Antwort nachdenke.

Fünfundachtzig Prozent der Bevölkerung sind Expats. Banker aus Amerika, Manager aus Deutschland, Ingenieure aus Korea, Händler aus Iran, Taxifahrer aus Indien, Hotelfachleute aus Sri Lanka, Krankenschwestern aus Indonesien, Kranführer aus Pakistan, Dienstboten aus Bangladesch, Bauarbeiter aus Nepal, Touristenführer aus Syrien, Barbiere aus Ägypten, Hausmädchen von den Philippinen. Bis 1963 beschäftigte man noch Sklaven für niedere Tätigkeiten. Und manche Ungerechtigkeiten bestehen bis heute fort. So wie in Kuwait oder Bahrain sind auch hier die Billiglohnarbeiter aus Südasien die Abgehängten. Sie errichten die Wolkenkratzer, fegen den Souq, pumpen Öl aus dem Boden, sammeln Müll ein, bügeln die Wäsche oder putzen die Fenster. Sie jobben in Schichten und schlafen in Baracken, die sie sich mit anderen Malochern teilen. Wenn Feierabend ist, sieht man die Blaumänner in großen Gruppen auf Pendelbusse warten, die sie zu ihren Unterkünften bringen in die *labour camps*, irgendwo abseits. Das Kafala-System ist in den VAE zwar offiziell abgeschafft, aber was heißt das schon? Wer als Wanderarbeiter das Rentenalter erreicht, betrunken auf der Straße tanzt oder seinen Job verliert, wer scheitert, wird aus dem Land geworfen. Daran stört sich niemand, weil sofort der nächste Billiglohnarbeiter nachrückt.

Und selbst Einwanderer aus der dritten Generation, die in den VAE geboren wurden und emiratische Pässe besitzen, bleiben bloß

Locals. Sie gehören nicht dazu. Denn zu den »echten« Emiratern zählen nur die Mitglieder der Stämme. Und die bekommen mitunter ein Haus von der Regierung geschenkt, wenn sie sich vermählen, und genießen alle Vorteile des Petrodollar-Wohlfahrtstaats.

Im Foyer meines Hotels sitzt Luqa, er kennt den Mann an der Rezeption und unterhält sich mit ihm über die Fußball-Asienmeisterschaft, die in knapp zwei Wochen in Abu Dhabi startet. Luqa ist fünfzig, Libanese, arbeitet als Bildhauer und lebt seit einer Dekade in Dubai. Er will die Emirate verlassen, verrät er mir. »Warum?«, will ich wissen.

»Because it's a fucking country«, er lacht, aber in seinem Blick lese ich Verachtung, »in zehn Jahren wurde ich nicht ein einziges Mal von einem Emirater nach Hause eingeladen.« Nun plant er, nach Südafrika zu ziehen und dort eine Bar zu eröffnen. Von Dubai hat er die Schnauze voll.

»Weißt du, was das Schlimmste hier ist?«, fragt er mich. Ich schüttle den Kopf.

»Die Doppelmoral«, schnauft er, »alle beten zu Allah, aber auf den Straßen kannst du dir eine philippinische Nutte kaufen und sie wie Scheiße behandeln.«

Den Vorwurf höre ich nicht zum ersten Mal. Insbesondere Araber von der Levante kritisieren die Janusköpfigkeit der Golfstaaten. Ich bin keine Araberin, ich vermag das nur eingeschränkt zu beurteilen, jedoch wundere auch ich mich über eine gewisse Bigotterie. 2016 installierten die VAE ein Ministerium für Toleranz, im November 2017 weihte Dubai eine »Toleranzbrücke« ein, und Staatschef Khalifa bin Zayed erklärte sogleich das ganze Jahr 2019 zum »Jahr der Toleranz«.

Natürlich sind die VAE damit deutlich weiter als Nachbar Saudi-Arabien. Aber das Label »Toleranz« ist trotzdem nur wenig mehr als wohlfeiles Ländermarketing. Die Emirate setzen dabei auf westliche Touristen. Die sechzehn Millionen Urlauber, die Jahr für Jahr nach Dubai kommen, bringen Geld ins Land, dürfen im Gegenzug feiern und sich im Bikini am Strand rekeln. Solange der sogenannte Wertewesten die Heuchelei bedient und solange er Staaten wie die VAE, Saudi-Arabien oder Katar mit Waffen beliefert, wirken unsere Appelle für Menschenrechte und Frieden schäbig. Und dank unserer eigenen Doppelmoral lässt sich schnell beiseiteschieben, dass die emiratischen Machthaber Autokraten sind, die Regierung repressiv agiert und totale politische Kontrolle vorherrscht. Kritiker werden willkürlich eingeknastet und bisweilen gefoltert. Medien unterliegen der Zensur, soziale Netzwerke werden überwacht. Vergewaltigungsopfer landen wegen »außerehelichen Geschlechtsverkehrs« vor Gericht. Zusammen mit Saudi-Arabien bombardieren die VAE den Jemen zu Klump. Mit unseren Waffen. Sicher, die meisten Bürger können nicht für ihr Regime zur Rechenschaft gezogen werden, zumindest nicht in autokratischen Systemen. Aber kann man als Tourist überhaupt auf ethische Weise in die Golfstaaten reisen? Diese Frage muss auch ich mir stellen.

Luqa meint Nein. Und er schimpft nicht nur über die Regierung, sondern generell über alle Golfaraber, die seiner Meinung nach keine eigene Identität besäßen. »Die machen bloß auf dicke Hose, weil sie keine Geschichte haben. Nicht so wie die Syrer, Jordanier oder die Perser. In Katar und in den Emiraten wurden keine Paläste oder Theater ausgegraben. Es gibt hier gar nichts. Nur Sand. Mit ihren Scheiß-Wolkenkratzern und ihren Scheiß-Ferraris versuchen sie, das Nichts zu kompensieren. Sie importieren bloß Kultur, aber sie haben keine.«

An dieser Stelle sei Vorsicht geboten, denn Luqa ist als Levantiner nicht objektiv, und er will es auch gar nicht sein. Außerdem ist er Christ. Er mag per se keine Golfaraber, keine Muslime, er schert sie alle über einen Kamm. Und das ist falsch! Natürlich darf er seine Geringschätzung so barsch formulieren, wie er es tut, man könnte aber dagegenhalten, dass am Golf Tradition und Glaube mit Moderne und Marktwirtschaft auf eigenartige Weise koexistieren, vielleicht sogar kompatibel miteinander sind. Alles scheint irgendwie unter eine Ghutra zu passen. Im Übrigen haben die Golfstaaten Weltmarken hervorgebracht wie die Fluglinien Emirates oder

Qatar Airways, sie importieren also nicht nur Qualität, sie exportieren sie auch. Den enormen Ritt vom Wüstenzelt bis hin zum Wolkenkratzer innerhalb eines halben Jahrhunderts könnte Luqa bewundernd anerkennen, denn das ist eine Leistung, die man erst einmal vollbringen muss. Binnen vier Jahrzehnten stieg die Lebenserwartung um zwanzig Jahre, die Alphabetisierungsrate ist auf über neunzig Prozent geklettert. In diesen vier Dekaden haben die Emire zig Milliarden Dollar ausgegeben, um ihre jeweiligen Reiche zu modernisieren. In Abu Dhabi, der Hauptstadt der VAE, gab es vorher kaum Straßen, keine Elektrizität, kein Telefon. Die Menschen stürzten von einem Gesternland in ein Übermorgenland. Ein geborgtes Übermorgen freilich, denn die Arbeitskräfte und Architekten, die die schöne neue Welt erbauten, kamen aus dem Ausland. Und gerade deswegen berufen sich die Golfaraber ziemlich entschieden auf eine Identität, nämlich die der stolzen Beduinen, die jahrtausendelang durch die Wüste der Arabischen Halbinsel streiften und der Einöde ihre Subsistenz abtrotzten.

Doch dieses Argument lässt Luqa nicht gelten. Für ihn hat das keinen Wert. Mag sein, dass ihn noch nie ein Emirater eingeladen hat, weil er Ausländer ist – vielleicht liegt es aber auch daran, dass er als Griesgram daherkommt.

1001 BULLSHIT

Zurück in meinem Zimmer blättere ich in einem Reiseführer. Wie immer lese ich irgendetwas über 1001 Nacht, denn im sogenannten Orient ist grundsätzlich alles 1001 Nacht. Dubai, Doha, Muscat. Jedes Reisebüro, jeder Travelblog fadisiert mit Plattitüden. Eine popelige Falafel avanciert zum »Gaumenschmaus aus 1001 Nacht«, das (europäische) Luxushotel wirbt mit einem »orientalischen Ambiente à la 1001 Nacht«. Und die »geheimnisvollen Abenteuer aus 1001 Nacht« warten natürlich im sanierten keimfreien Souq. Das ist strunzdumm, und ich frage mich, wer dem Bullshit tatsächlich Glauben schenkt?

Und trotzdem haben die Anzeigenblätter und Reiseführer auf krude Weise recht mit ihrem »märchenhaften« Kiki, denn die Geschichtensammlung *Tausendundeine Nacht* ist, so wie wir sie heutzutage im Westen kennen, eine Erfindung Europas. Literaturwissenschaftler vermuten, dass die Struktur der Rahmenhandlung ursprünglich im Orient des Orients entstanden sein könnte, also in Indien. In diese Rahmenhandlung sind Schachtelgeschichten eingeflochten, die bisweilen weitere Untererzählungen enthalten.

Kurzer Abriss: Es war einmal ein König, der lebte in Indien oder China oder Samarkand oder irgendwo dazwischen, und er wurde von seiner Geliebten betrogen. Da fasst er den Entschluss, jede Nacht eine neue Frau zu heiraten und sie am Morgen nach der Hochzeitsnacht aus Rache für seine Schmach hinrichten zu lassen. Als im Volk schon fast keine Jungfern mehr zur Verfügung stehen, meldet sich Schahrasad – die blitzgescheite Tochter seines Großwesirs – freiwillig für die Hochzeit mit dem Serienkillerkönig. Einzige Bedingung: Ihre kleine Schwester soll im Brautgemach dabei sein dürfen. Und so verlangt Dinarasad jede Nacht, nachdem der König seine Lust gestillt hat, eine Geschichte von Schahrasad. Und die Blitzgescheite ist nicht nur blitzgescheit, sondern auch eine gewiefte Erzählerin. Sie berichtet von dramatischen Abenteuern in fernen Ländern, von *Dschinn* und fremden Menschen. Im Morgengrauen endet sie stets mit einem Cliffhanger, sodass der König ihre Hinrichtung verschiebt, um in der nächsten Nacht weiterlauschen zu können. Nach tausend Sonnenaufgängen hat sie ihm drei Kinder geboren, und er ist geläutert und gereift. Von da an herrscht er weise über sein Reich, lebt glücklich und zufrieden mit Schahrasad, »isst und trinkt sich satt an den köstlichsten Speisen und Getränken, bis das sichere Ende sie beide ereilt«.

So weit der Plot. Um das 6. Jahrhundert herum wurden Teile der Geschichten ins Mittelpersische übersetzt, um 800 erreichte die Sammlung schließlich Bagdad. Zu diesem Zeitpunkt hatte *Tausendundeine Nacht* schon einige Tausend Nächte auf dem Buckel und war von der persischen Erzähltradition geprägt. Die Araber schmückten die Rahmenhandlung aus und fügten weitere Romanzen, Prinzenmärchen, Erbauliches, Gedichte, Horrorstorys, Allegorien, Erotikkram und Komödien hinzu. Das Werk ist also ein Mix aus verschiedenen Kulturen und Epochen. Die Geschichten dienten zur Belustigung des Volkes wie heute eine Seifenoper. Die Gelehrten rümpften die Nasen. *Alf leyla* – die tausend Nächte – wuchs trotzdem zur Weltliteratur heran.

Anfang des 18. Jahrhunderts gelangten ein paar 300 Jahre alte Bände nach Paris. Der französische Orientalist Antoine Galland übersetzte die arabische Handschrift, die scheinbar nur den Beginn eines stattlicheren Werks lose miteinander verbundener Erzählungen bildete. Er stockte den Text von 282 Nächten – nach denen der dritte Band des Originalmanuskripts abbricht – auf 1001 Nächte auf und nannte die Edition *Les Mille et Une Nuits*. Ein Kassenschlager. Im Laufe der Zeit verschwanden die Reimprosa und die klassischen arabischen Gedichte. Zu schwergängig für die Europäer, befand man. Und es wurde braver, eben »märchenhafter«. So stehen *Aladdin und die Wunderlampe* oder *Ali Baba und die vierzig Räuber* nicht im Original, sondern fanden erst in Paris ihren Weg in das Manuskript. Zwar diktiert von einem syrischen Christen aus Aleppo, aber wo er die Storys genau aufgeschnappt hatte, ist unklar. Kurioserweise wurden diese »europäischen« Märchen ins Arabische rückübersetzt; das Orientbild des Abendlandes konnte somit wiederum Bestandteil der arabischen Überlieferung von *Tausendundeine Nacht* werden und den Orient orientalisieren. Googelt man *Alf leyla*, so stößt man zuallererst auf Hotelresorts in Ägypten, die mit einer »Atmosphäre aus 1001 Nacht« annoncieren. Ein Orient ganz nach okzidentalem Geschmack.

KORANSCHULEN UND FRAUENWRESTLING

Und täglich grüßt der Muezzin. Um fünf Uhr morgens brüllt er nach Allah, und ich sitze aufrecht im Bett. Ein Graus, denn der Mann plärrt und jammert und klingt wie eine Ziege, der bei lebendigem Leib das Fell abgezogen wird. Dabei soll der Ruf doch eine Einladung sein und keine Marter. Tatsächlich bin ich nicht die Einzige, die sich echauffiert. In allen Teilen der islamischen Welt entrüsten sich Anwohner über den Ruf, der mitunter nur als Höllenlärm bezeichnet werden kann. Egal, ob live oder vom Band. In Tunesien hat deshalb die Regierung beschlossen, Gesangsunterricht für Muezzine einzuführen. Irgendein Minister meinte: »Gott will, dass es schön klingt.«

Und ja, gewiss, bisweilen tönt es himmlisch, dann halte ich den Atem an und lausche und bin berührt. Tatsächlich liebe ich den dunkelbunten Sprechgesang, in dem stets ein Sehnen mitschwingt und der sich über die Dächer legt wie eine Patina. Aber meinem Kiez-Muezzin sei angeraten, sich eine andere Beschäftigung zu suchen, am besten eine, bei der er schweigen muss.

Am Mittag lese ich in den *Gulf News*, dass gestern der einmilliardste Passagier am Dubaier Flughafen begrüßt wurde. Der neunjährige Arjun aus Florida durfte die Hand eines Scheichs schütteln. Konfetti und Goldschnipsel regneten von der Decke.

Ich will weg aus Dubai. Dass hier allerhöchstens die Käfige aus Gold sind, bekam neulich Scheicha Latifa bint Muhammad Al Maktoum zu spüren. Sie ist die Tochter von Mohammed bin Rashid Al Maktoum, dem Scheich von Dubai und Premierminister der VAE. Vor ein paar Monaten wagte die Prinzessin die Flucht, wie schon einige Jahre zuvor ihre Schwester Shamsa, die dabei allerdings scheiterte und seitdem von der Bildfläche verschwunden ist. In einem Video, das Latifa vor ihrem Fluchtversuch aufzeichnete, erzählt sie von ihrer Unfreiheit, davon, dass sie in einem Palast gefangen gehalten werde, dass sie nicht studieren dürfe und keinen Pass besitze. »Wenn ihr das Video seht, bedeutet das nichts Gutes für mich«, sagt sie. Ihr erster Ausbruch 2002 misslang. Da war sie sechzehn Jahre alt. Sie sei verhaftet, geschlagen und unter Drogen gesetzt worden, berichtet sie. Im Frühjahr 2018 fasste sie sich ein Herz und floh erneut. Begleitet von einer finnischen Freundin erreichte sie mit einem Jet-Ski die Jacht eines französischen Ex-Spions. Vor der indischen Küste wurden die drei von einem Sonderkommando aufgegriffen und nach Dubai zurückgebracht. Als die internationale Presse von der Flucht erfuhr, ließ der Scheich die beiden Europäer abschieben. Was mit Latifa geschah, ist nicht hinreichend bekannt. Sie sei zurück im Palast und werde mit Medikamenten sediert, heißt es inoffiziell. Im Video sagt Latifa: »Mein Vater würde töten, um seinen Ruf zu schützen.«

Randnotiz: Ein halbes Jahr nach meiner Reise flüchtete auch Prinzessin Haya bint al-Hussein. Sie ist nicht nur die sechste Nebenfrau von Scheich Mohammed bin Rashid Al Maktoum, sondern außerdem die Halbschwester des jordanischen Königs Abdullah II. Zusammen mit ihren beiden minderjährigen Kindern und angeblich 35 Millionen Euro im Gepäck floh sie nicht etwa in ihr Geburtsland Jordanien – sie erbat Asyl in Großbritannien. Und reichte die Scheidung ein.

Zwanzig Kilometer von Dubai entfernt liegt das Schwesteremirat Sharjah. Ich wohne im Stadtkern, in der Nähe des Souqs, in meinem Zimmer riecht es nach Insektenspray. Die Fenster lassen sich nicht öffnen. An der Wand hängt eins dieser scheußlichen Ferienbilder mit Meerblick, in Aquarellfarben. Der *Qibla*-Pfeil zeigt Richtung Fernseher. Sharjah ist stockkonservativ, sein Name bedeutet übersetzt »von der Sonne beschienen«. Ende der 1970er-Jahre öffnete sich Sharjah als erstes Emirat westlichen Touristen. Doch als der Scheich hier kurze Zeit später ein bis heute andauerndes Alkoholverbot einführte, strahlte die Sonne nicht mehr hell genug, und die Urlauber wanderten nach Dubai ab.

Draußen vor der Tür geht's beschaulich zu, in dem Friseursalon neben dem Hotel rasiert ein Barbier einem Mann den Hinterkopf aus, auf der anderen Straßenseite sitzen ein paar Kinder auf den

Amman ist die Hauptstadt Jordaniens. Im frühen 20. Jahrhundert lebten nur 2000 Menschen hier. Jetzt sind es vier Millionen.

In einer Legende heißt es, dass der Mensch zwar die 99 Namen Allahs kenne, der hundertste jedoch nur dem Kamel bekannt sei.

Ad Deir, das »Kloster«, ist das gewaltigste Monument in Petra. Und das schönste. Die Katze sieht's ähnlich.

In Petra wohnten noch bis in die 1980er-Jahre hinein Beduinen, doch als die Stätte zum Weltkulturerbe erklärt wurde, mussten sie umsiedeln.

Ohne die Kamele hätten die Beduinen keine einzige Wüste durchqueren können. Stirbt das Kamel, stirbt der Mensch.

Mamdouh Bisharat unterstützt archäologische Projekte und ist mit seinem Engagement einer der wichtigsten Bewahrer von Kulturgut.

Die Vereinten Nationen zählen Jordanien zu den zehn trockensten Ländern der Erde. Auch das Tote Meer liegt im Sterben.

Wind und Wasser modellierten die Felsen und ließen das Naturwunder Wadi Rum vor etwa dreißig Millionen Jahren entstehen.

Statt himmelschön wird es in Kuwait immer öfter höllenheiß. Der Hitzerekord lag 2016 bereits bei 54 Grad. Tendenz steigend.

Die Shisha gehört genauso zur Arabischen Halbinsel wie die knöchellange Dishdasha und die traditionelle Kopfbedeckung.

Die Italienerin Lidia hat ihr Wohnhaus mit Hunderttausenden Spiegelmosaiken beklebt. Das Gebäude ist eine kleine Attraktion in Kuwait City.

Die Wassertürme sind das Wahrzeichen Kuwaits. Sie piken in den Himmel, und der höchste Turm dient zudem als Aussichtsplattform.

Im Jahr 1932 stieß man in Bahrain auf die erste Ölquelle, mittlerweile fördert das Königreich rund 45 000 Barrel pro Tag.

Der Name al-Bahrain bedeutet »die zwei Meere«, denn vor der Küste mischte sich Süßwasser mit Salzwasser. Heute sind die Quellen versiegt.

Abu Dhabi ist die Hauptstadt der sieben Vereinigten Arabischen Emirate, und die Scheich-Zayed-Moschee gilt als eine der herrlichsten Moscheen der Welt.

Im Emirat Ras al-Khaimah hingegen ist nicht viel los.

Umm al-Quwain wirkt wie nach einer Zombie-Apokalypse.

Nach Saudi-Arabien und dem Jemen ist der Oman das drittgrößte Land auf der Halbinsel. Hier gibt es viel Landschaft und wenig Mensch.

»In der Wüste lernt man wieder sehen, statt zu glotzen«, sagte Bertolt Brecht. Sie ist das verbindende Erbe aller Araber auf der Halbinsel.

Die Rub al-Khali – das Leere Viertel – nimmt nahezu ein Drittel der Halbinsel ein. Sie ist die größte Sandwüste des Planeten.

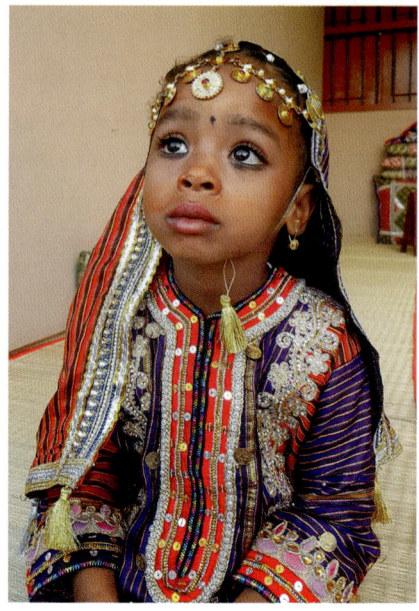

Die meisten Araber sind jung. Im Oman liegt der Altersdurchschnitt bei zwanzig Jahren. Nur im Jemen sind die Menschen noch jünger.

Im Souq wird seit jeher gefeilscht – wie überall im Orient.

Ein Weihrauchbaum und eine Frau beim Walking.

Das kleine Emirat Katar ist nur halb so groß wie Hessen, und die Skyline in der Hauptstadt Doha ist ein beliebtes Fotomotiv.

Rund 88 Prozent der Einwohner in Katar sind Gastarbeiter.

In den Golfstaaten gehört die Falknerei zur Tradition.

2017 brachen die Nachbarstaaten ihre Beziehungen zu Katar ab.
Touristen und Einwohner lässt das Embargo scheinbar kalt.

Stufen einer Moschee. Ich streune umher, in einer Karak-Bude trinke ich Chai, auf einem Stück Bauland spielen Inder gegen Pakistaner Cricket. Später entdecke ich eine *Madrasa*, stelle mich auf die Zehenspitzen und luge heimlich durch das Fenster ins Innere der Koranschule. Ein Imam sitzt auf dem Boden und liest aus dem Koran. Eine Handvoll Jungs hört zu.

Zurück in die Altstadt, irgendwo hier befindet sich das Kulturviertel *Heart of Sharjah*. Das Herz soll an die Zeit vor dem Ölboom erinnern. Ich las von einem kleinen Heimatmuseum, einem Kaufmannshaus und einem Schulmuseum, das man besichtigen könne. Auf der Internetseite steht: »In jeder Stadt gibt es einen Ort, der mit seinem Herzschlag den Puls der Stadt definiert. Das ist *The Heart of Sharjah*.« Für mich klingt das nach »Yallah Action«.

Ich frage einen Inder nach dem Viertel, doch der zuckt mit den Achseln, ich frage einen Afrikaner, der überlegt zweieinhalb Minuten und schüttelt dann den Kopf, ich frage zwei Niqabis, aber sie sind Urlauberinnen aus Saudi-Arabien und kichern bloß. Kein Mensch in Sharjah kennt das »pulsierende Herz« Sharjahs.

Als ich zum dritten Mal in dieselbe Gasse hineinlaufe, entlang der weiß getünchten Mauern, und eine Runde in einem Innenhof drehe, sehe ich einen Mann mit Schnauzbart an einem Hauseingang lehnen. Er winkt mich zu sich und bittet mich einzutreten. Und tatsächlich, es ist das Schulmuseum, und ich bin die einzige Besucherin. Der Mann mit Schnauzbart heißt Ahmad, und weil er kein Geld verlangt, vermute ich, der Eintritt sei frei. Er führt mich herum, die Schule entstand im Jahr 1935 und war die allererste Bildungseinrichtung in Sharjah. Im Klassenzimmer stehen sechs Schülerpulte aus Holz, auf der Ablage der Tafel liegt ein Stück Kreide. Ahmad erklärt irgendetwas, allerdings auf Arabisch. Ich lächle und nicke. Seine Stimme ist so knorrig, als rauchte er täglich fünfzehn kubanische Zigarren. Im nächsten Raum sind Buchstützen aufgestellt, hier lernten die Pennäler den Koran. Im Lehrerzimmer nebenan hängen Schwarz-Weiß-Fotos von Männergesichtern an der Wand, ehemalige Schüler, auf dem Schreibtisch warten Füllfederhalter und Tintenfässchen seit achtzig Jahren auf ihren Einsatz.

Im Anschluss an die Führung bittet mich Ahmad, noch Platz zu nehmen in der Besucherpolsterecke, er reicht mir Qahwa, Datteln und danach Bonbons mit Erdbeergeschmack. Ich frage ihn, ob das Museum zum *Heart of Sharjah* gehöre, doch anstatt »heart« versteht er »hot« und schaltet die Klimaanlage ein.

Nach zehn Minuten Plauderei in einer Sprache, die aufgrund unserer beider Defizite weder dem Arabischen noch dem Englischen zuzuordnen ist, nach drei Tässchen Kaffee, vier Datteln und einem Erdbeerbonbon verabschiede ich mich von Ahmad. Er lacht und winkt.

Als ich gegenüber in das Heimatmuseum hineinspazieren möchte, erfahre ich von dem Jüngling im Eingangsbereich, dass die Besichtigung im gesamten Komplex Eintritt kostet. Zehn Dirham, knapp 2,50 Euro pro Museum. Ahmad hat nichts abkassiert, ich weiß nicht, warum. Vielleicht ist er ja das »Herz von Sharjah«.

Es dämmert. Ich schlendere durch den Souq, sehe Männer in Weiß und Frauen in Schwarz, trinke noch einen Karak und laufe auf dem Rückweg zum Hotel wieder an der Madrasa vorbei. Jetzt stapeln sich Hunderte Schuhe vor der Tür; Sandalen, Sneakers, Flipflops. Im Innenraum liest der Imam immer noch aus dem Koran. Die Buben sitzen auf dem Boden und blicken nun selbst in das heilige Buch. Manche konzentrieren sich, manche träumen, ein kleiner Steppke reibt sich die Augen und gähnt. Ich erinnere mich an meinen Konfirmandenunterricht, muss schmunzeln und schleiche davon.

Im Friseursalon neben dem Hotel stutzt der Barbier einem Mann den Bart. Auf dem Fernseher an der Wand flimmert amerikanisches Frauenwrestling. Eine blonde Amazone in Hotpants greift zwischen die Beine ihrer Gegnerin, hebt sie hoch und lässt sie auf die Matte fallen. Dann brüllt sie in die Kamera und trommelt sich auf die Brust – währenddessen scheppert der Muezzin aus den Lautsprechern. Niemand schaltet den Fernseher aus.

GESTERN UND ÜBERMORGEN

In Kuwait hatte ich sie schon einmal am Flughafen gesehen. In Sharjah sehe ich sie auf der Straße oder in den Malls: Frauen, die nicht nur Niqab tragen, sondern das gesamte Gesicht, einschließlich der Augen, mit einem dunkelschwarzen Gazeschleier verdecken, als gingen sie zu einer Beerdigung. Kommt mir eine Vermummte entgegen, so starre ich sie an, obwohl ich das nicht möchte. Zu erschütternd ist ihr Anblick. Die Frau verschwindet hinter einer Mauer aus Stoff. Niemand kann erahnen, ob sie lacht oder weint, ob sie zustimmt oder ablehnt. Sie wischt als Schatten durch die Welt. Sie existiert nicht mehr.

Später google ich. *Gashwa* oder *Boshiyyah* nennt sich diese strengste Form der Verhüllung. Die Gashwa ist ein dünnes Tuch, das die Frau über den Sehschlitz des Niqab zieht. Das Gesicht wird ein schwarzes Loch. Nicht viele Musliminnen tragen sie. Meistens sind es ältere Frauen. Die Gashwa kommt gestrig daher und bildet eine Ausnahme im Straßenbild. Und tatsächlich interessieren sich die jungen Araber immer weniger für einen restriktiven Konservatismus. Eine Umfrage der *ASDA'A Arab Youth Survey* ergab, dass sich knapp drei Viertel der befragten Jugendlichen in der arabischen Welt eine Reform der religiösen Institutionen wünscht. Die Jugend fordert zudem, dass Religion eine geringere Rolle im öffentlichen Leben spielen soll. Die an der Scharia orientierte (teils streng ausgelegte) Gesetzgebung ist mittlerweile heftig umstritten. Dieses Studienergebnis widerspricht der These von Kriminologin Daniya aus Amman, die eine Zunahme an Religiosität registriert haben will. Aber vielleicht lässt der wachsende Individualismus die Orthodoxie erst einmal erstarken, quasi als letztes Aufbäumen, als Rückzugsgefecht, bis der Dogmatismus eines Tages in sich zusammenbricht. Die Studie jedenfalls bestätigt einen Trend, einen generationalen Wandel, der auf der Arabischen Halbinsel zu beobachten ist. Spiritualität gewinnt an Bedeutung, klerikale Bevormundung wird immer öfter abgelehnt, Säkularisierungstendenzen breiten sich aus. Ein Grund dafür ist das Internet, doch auch Krieg und IS haben Zweifel an der Rechtmäßigkeit von religiösen Autoritäten gesät. Die Hisbollah im Libanon oder die Hamas in den palästinensischen Gebieten verlieren ebenfalls an Zustimmung. Der sogenannte politische Islam steht unter Druck. Tatsächlich dankt er ab. Sogar in Saudi-Arabien. Fundamentalismen schwappen zwar wie eine Welle in die Randzonen der muslimischen Welt, beispielsweise nach Brunei oder Indonesien, aber es ist nicht ausgeschlossen, dass sie auch dort irgendwann verebben.

Auf der Arabischen Halbinsel liegt das Durchschnittsalter bei unter dreißig Jahren. In Jordanien bei dreiundzwanzig und in Oman sogar nur bei zwanzig. Zum Vergleich: Der Durchschnittsdeutsche ist siebenundvierzig Jahre alt. In Arabien ist also vieles in Bewegung. Genauso in Nordafrika oder Iran. Die Jugend sehnt sich nach Veränderung, Frauen streben nach vorne. Die Emanzipation wird in den nächsten Jahrzehnten nicht ohne Folgen bleiben. Es ist nicht der technologische Fortschritt, der den sogenannten Orient vom Morgenland ins Übermorgenland katapultiert, es sind diese jungen Leute, die ihre Länder umkrempeln werden.

Obwohl sich die Jugend gegen religiöse Institutionen stellt, spielt Gott auf der Halbinsel trotzdem (noch) die Hauptrolle. »Gottlos glücklich« scheint auf den ersten Blick ein Paradoxon, nicht denkbar. Schon die arabische Sprache mit all ihren Bezügen zu Allah gibt das nicht her. Glaube ist Teil der Identität. In repressiven Systemen ist es dem Menschen darüber hinaus verboten, sich von Autoritäten (wie im Himmel, so auf Erden) loszusagen, es wird ihm verweigert, Abhängigkeiten aufzukündigen. Am Golf herrscht immer noch soziale Totalüberwachung in einer familiär-tribal strukturierten Gesellschaft. Und das gefällt der Jugend zunehmend weniger. Sie twittert, surft im Netz und lernt alternative Lebensauffassungen kennen. Sie kämpft gegen die eigene Kultur und um die eigene Kultur. Sie ringt mit dem Islam und manchen tradierten Dogmen. In der anonymen Onlinewelt wird nicht unterschieden zwischen *haram* und *halal*, hier erfahren viele junge Menschen zum ersten Mal (Religions-)Freiheit. Es nimmt nicht wunder, dass die Streitschrift *Der Gotteswahn* des Evolutionsbiologen Richard

Dawkins auf der Halbinsel rund dreizehn Millionen Mal heruntergeladen wurde, hauptsächlich in Saudi-Arabien. Illegal natürlich. Es gibt sogar eine inoffizielle arabische Übersetzung. Dawkins schreibt: »Religion ist irrational, fortschrittsfeindlich und zerstörerisch.« Sätze wie Brandbomben. In Hinterzimmern treffen sich die Säkularen und Atheisten und träumen von einer neuen Welt. »Auch Götter sterben, wenn niemand mehr an sie glaubt«, sagte Jean-Paul Sartre. Möglich, aber Atheismus ist kein Allheilmittel.

Und jetzt wird es spannend, denn tatsächlich streiten nicht nur die Gottlosen für Freiheit und Grundrechte, sondern sogar die Strenggläubigen. Man denke nur an die jemenitische Menschenrechtsaktivistin Tawakkol Karman, die der Oppositionspartei al-Islah angehört, einem Ableger der Muslimbruderschaft. Karman trägt ihr Kopftuch tief in die Stirn gezogen. In Deutschland würden einige »Islamkritiker« sie sofort als Islamistin abwerten und ihr damit jegliche Emanzipation absprechen. Doch Karman engagiert sich für Meinungs-, Versammlungs- und Pressefreiheit und wirbt dafür, den Niqab zu überwinden. Sie selbst legte ihn vor fünfzehn Jahren ab. Ihren Aktivismus begreift sie als ihre religiöse Pflicht. Schon vor 2011 protestierte sie in Sanaa furchtlos gegen den autoritären Präsidenten Ali Abdullah Saleh. Sie organisierte Demonstrationen, auf denen sie das Ende von Korruption und Tyrannei und die Freilassung der politischen Gefangenen forderte. Mehrfach wurde sie verhaftet. Während der Arabellion kampierte sie gemeinsam mit Tausenden schwarz verhüllten Demonstrantinnen auf dem »Platz der Veränderung«. 2011 gewann sie mit 32 Jahren und als erste Frau aus dem arabischen Raum den Friedensnobelpreis. Zu ihren Vorbildern zählen Mahatma Gandhi und Nelson Mandela. Sie kämpft für Demokratie und Freiheit. Und trotzdem unterstützt sie die Muslimbrüder. Wie passt all das zusammen?

Tawakkol Karman verkörpert den Aufbruch in eine neue Epoche, auch sie prägt den kulturellen und generationalen Wandel. In ihr sind all die Widersprüche des Nahen Ostens auf wunderliche Weise miteinander vereint. In Arabien steht die Zeit eben nicht still, wie von Touristen ersehnt und von Nörgelfritzen erwartet. In

Arabien rast die Zeit in Schallgeschwindigkeit. Die Frage, welche Sitten und Gebräuche schützenswert sind und welche schon morgen oder übermorgen als Bürde gelten werden, kann niemand beantworten. Erst recht nicht der Westen.

SIEBEN AUF EINEN STREICH

Ich bin konsterniert, denn ich schaue mir auf YouTube den *Musikantenstadl* an. Das allein ist zwar schon verstörend genug, aber 2001 hüpften die Lederhosen tatsächlich in Dubai umher. Auf der Bühne singt die Zillertaler Trachtengruppe Mayrhofner im schlimmschönsten Playback: »Ja, da samma halt 'n Dubai, ja, da spiel'n ma für die Scheichs.«

In der ersten Reihe harren die Emirater in ihren Dishdashas aus und scheinen sich zu fragen, ob alle Menschen im Westen so sind. Eine Bauchtänzerin muss mit den Hüften wackeln, obwohl der Bauchtanz am Golf unüblich ist, und Karl Moik reitet auf einem Kamel durch den Zuschauerraum. Auch er trägt Dishdasha, wahrscheinlich als Ausdruck der Völkerfreundschaft oder so. Die Stoakogler aus der Steiermark trällern »I've been looking for Freibier«, und die Witzigkeit kennt wahrlich keine Grenzen.

Der Dubai-Stadl ist wie ein Autounfall – ich kann nicht weggucken. Zum Glück bin ich keine Österreicherin, ich müsste mich sehr schämen. Ob die Fernsehzuschauer jetzt eigentlich mehr über Dubai wissen, außer dass dort reiche Scheiche herumsitzen und österreichische Entertainer auf Kamelen in die Kameras schallern?

Tatsächlich leben ja Leute auf diesem Erdball, die ernsthaft glauben, die Vereinigten Arabischen Emirate bestünden einzig aus Dubai. Dass es noch sechs weitere Scheichtümer gibt, ist wohl nicht in jeden Hippocampus vorgedrungen. Dabei sind die VAE ein territorialer Flickenteppich. Die sieben Scheiche der einzelnen Emirate gehören jeweils einem Beduinenstamm an und bilden gemeinsam den Obersten Rat. Der beruft das Kabinett und die Nationalversammlung und beschließt Gesetze. Gewerkschaften und Parteien bestehen nicht. In Abu Dhabi sitzen die Al Nahyan am Ruder, in Dubai die Al Maktoum, die Al Nuami in Ajman. Sharjah und Ras al-Khaimah werden von den Familien der Al Qasimi regiert. Der Stamm der Al Mualla beherrscht Umm al-Quwain, und in Fujairah haben die Al Sharqi das Sagen.

Die Hauptstadt eines jeden Emirats heißt so wie das Emirat selbst. Das macht es einfach. Abu Dhabi ist die Hauptstadt aller sieben Emirate und gilt als das größte und reichste Scheichtum. Während Dubai sich als superlativsüchtige Drehscheibe für Tourismus, Handelshäuser und Banken positioniert, steckt Abu Dhabi kräftig Kohle in die Verwertung seiner Ölvorkommen und Gasressourcen. Kronprinz Muhammad bin Zayed Al Nahyan, kurz MbZ, ist seit einem Schlaganfall seines Bruders nicht nur kommissarischer Chef im Treff und Präsident der VAE, er beeinflusst auch Mohammed bin Salman in Saudi-Arabien: MbZ gilt als Mentor von MbS. Das *Time Magazin* listete ihn unter den weltweit hundert einflussreichsten Persönlichkeiten auf.

Die kleinen VAE sind nicht nur die engsten Bündnispartner der Saudis – auch wenn sich aktuell Differenzen in den bilateralen Beziehungen abzeichnen –, sie geben in der Region auch mehr den Ton an, als wir im Westen für gewöhnlich glauben. Seit dem Arabischen Frühling versucht das Land, seine Ideologie der repressiven Systemstabilität der ganzen Halbinsel und Afrika aufzuzwingen, und agiert dabei aggressiver als Saudi-Arabien. Zivilgesellschaftlichen Aktivismus will man um jeden Preis verhindern. Vorsorglich wurden bereits Oppositionelle, Intellektuelle und Islamisten verhaftet. Man kann ja nie wissen. Die VAE wollen außerdem als ein wirtschaftliches Schwergewicht fortbestehen. Alle zwei Jahre findet in Abu Dhabi die bedeutendste Rüstungsmesse des Planeten statt. Dass es so etwas überhaupt gibt, stimmt nachdenklich. Auf der Verkaufsschau werden Panzer, Schnellfeuergewehre und Drohnen ausgestellt, und die Fachbesucher bestaunen die neuesten »Trends«. Die Messe wirbt mit dem Slogan: »Für eine sicherere Welt«.

Was die Städtearchitektur betrifft, so prahlt Abu Dhabi weniger als Dubai, es setzt stattdessen lieber auf Beständigkeit. Und so ließ der vormalige Scheich Zayed bin Sultan Al Nahyan über hundert Millionen Bäume und Palmen pflanzen, und er schuf auf der Insel Sir Bani Yas ein Schutzreservat für bedrohte Wüstentiere wie die Oryxantilope. Der mittlerweile verstorbene Zayed wird von der gesamten Bevölkerung noch immer tief verehrt. Er gilt als Gründer der Emirate, weil die Föderation hauptsächlich auf seine Ghutra ging. Scheich Zayed war ein Mann mit Weitsicht und blitzenden Augen. Er besaß Strahlkraft. Nach dem Rückzug der Briten 1971 holte er alle Scheiche an einen Tisch und überzeugte sie von seinem Plan der Vereinigung, um an Stärke zu gewinnen.

Für die nächsten Tage will ich mir nach Dubai und Sharjah die restlichen fünf Emirate vorknöpfen. Angeblich soll in jedem der sieben Fürstentümer der Sand in einer anderen Farbe schimmern. Manche Emirate sind fipsig, manche sind provinziell, manche mögen überraschen. Es ist mein Bestreben, mich doch noch für das Land zu erwärmen. Es ist die Suche nach einer Stelle, die zur Wirklichkeit wird. Ich kann hier sonst nicht echt werden.

Um halb zehn morgens nehme ich den Bus nach Ras al-Khaimah. Das Emirat fördert zwar kaum Erdöl, hat sich aber als Speisekammer der Föderation hervorgetan, denn es liefert den anderen sechs Emiraten Datteln, Gemüse und Milchprodukte. Die Häuser in der Innenstadt zerfallen, ein paar Shops reihen sich auf, dazwischen eine Moschee. Im Nationalmuseum betrachte ich vergilbte Fotos, Türschlösser, Wimpel, Tonvasen, Seile, Muscheln, Gewehre und lebensgroße Puppen mit verfilzten Bärten. Ras al-Khaimah ist als letztes Emirat den Vereinigten Arabischen Emiraten beigetreten, und der Name bedeutet übersetzt »Spitze des Zeltes«. Weil es im Norden und damit weit ab vom Schuss liegt. Doch es will aufholen und plant neue Hotels, Jachthäfen, Shoppingmalls. Der ganz normale emiratische Wahnsinn eben. Davon sehe ich jedoch nichts. Die Urlauber verbringen ihre Zeit wohl lieber am Strand in einem der Hotelbunker außerhalb des Zentrums. Hier in der Innenstadt hocken Pakistaner neben Häuserskeletten und warten auf Arbeit, die (noch) fehlt. Sie starren mir nach, ich bin der einzige Westler, der durch die Straßen läuft.

Die Busfahrt ins Schwesteremirat Umm al-Quwain ist so deprimierend wie das Emirat selbst. Ich schaue aus dem Fenster und wundere mich über Zäune in der Ödnis, die ein Stück Ödnis einzäunen. Traurige Trampeltiere am Straßenrand. Sogar die Palmen sind geknickt. Das kleine Umm al-Quwain darbt auf einer Landzunge zwischen Sharjah und Ras-al-Khaimah vor sich hin. Seit 5000 Jahren leben hier Menschen, allerdings nicht sehr viele. Erdöl gibt es nicht, das Emirat lebt vom Länderfinanzausgleich. Die Altstadt wirkt wie nach einer Zombie-Apokalypse. Überall häufelt sich der Abfall, es stinkt. Flaschen, Autoreifen, Unrat, Bauschutt. Die Läden sind verschlossen und vernagelt, Fensterscheiben zersprungen. Eine Ziege frisst eine Plastiktüte, Katzen wühlen in Müllcontainern und fauchen mich an.

Das Sonderbarste: Es fahren zwar Fernbusse in das Emirat hinein, aber nicht mehr heraus. Und so stehe ich irgendwann in einer Parkbucht in der Peripherie und warte zusammen mit einem Inder auf weitere Fahrgäste, damit uns einer der acht pakistanischen Taxler, die um uns herumschwirren, zurück nach Sharjah, Ajman oder Dubai kutschieren kann. Die Methode nennt sich »Sammeltaxi«. Man harrt so lange aus, bis die Karre voll ist und der Preis dadurch erschwinglich wird.

Jingesh wohnt in Dubai und hat Glück, denn das Leben meint es gut mit ihm. Er arbeitet für eine deutsche Firma und wurde letzte Woche zum Assistenten des Personalleiters befördert. »Nur meine Familie in Indien fehlt mir«, sagt er.

Ranveer kommt hinzu, ebenfalls Inder, und er hat Pech. Der Supermarkt in Umm al-Quwain, in dem er jobbte, muss jetzt schließen, und Ranveer ist ab morgen arbeitslos. Die Regierung will die Altstadt abreißen, erklärt er, Hotels sind geplant, der Ortskern soll in den nächsten Jahren schick ausschauen und Touristen anlocken.

Die Bewohner, hauptsächlich Billiglohnarbeiter aus Asien, werden umgesiedelt. Sie verlieren ihr Zuhause, und niemand weiß, wie es weitergehen soll. Ranveer seufzt. »Ich möchte zurück nach Indien. Ich bin enttäuscht.« Er zeigt mir Bilder seiner Heimat auf dem Handy. Sonne, Strand, Kokospalmen. »Aber man verdient dort nix.« Er lächelt kraftlos.

Ajman ist das flächenmäßig kleinste Emirat und komplett von Sharjah umschlossen, die Übergänge sind fließend. Es dient als Schlafemirat für Arbeiter, weil die Wohnungen hier preiswerter sind als anderswo. Emirater leben hier kaum. Seit knapp fünfzehn Jahren führt Ajman eine Städtepartnerschaft mit Erlangen. Warum, weiß ich nicht.

Im Zentrum ragen ein paar Wolkenkratzer in die Höhe. Auf dem Trottoir verteilen Südasiatinnen Visitenkarten an Männer. Manche stecken die Karten in die Hosentasche, andere werfen sie in den Straßengraben. Ich hebe ein Kärtchen auf. Eine junge Asiatin mit langen schwarzen Haaren lächelt mir entgegen, sie trägt bauchfrei. Unter ihr steht in rosa Buchstaben »Vip Massage Center« und eine Telefonnummer.

Am nächsten Tag sitze ich im Bus nach Fujairah, ein Emirat an der Grenze zu Oman, wir tuckern durch das Hajar-Gebirge, Felsen türmen sich auf, ich klebe am Fenster.

Der Busfahrer kommt aus dem Maghreb, und er schimpft mit einem pakistanischen Passagier auf Arabisch. Der zetert in Urdu. Das geht fünf Minuten hin und her, bis der Fahrer plötzlich auf die Bremse tritt und den Pakistaner am Arm packt. Der gestikuliert noch herum, kassiert dann eine Ohrfeige und wird aus dem Bus gebolzt. Er landet irgendwo im Nirgendwo. Der Fahrer gibt Gas. Wunderliche Erdbewohner.

Fujairah besitzt keine eigenen Ölquellen, die Festung ist die größte touristische Attraktion des Emirats. Sie wurde im 16. Jahrhundert aus Lehmziegeln errichtet und ist wahrscheinlich das älteste Fort in den VAE, ein stolzer steinerner Koloss. Die Burg sollte die Region vor Invasoren verteidigen und protzt mit einem dicken Wachturm. In einem Schießschacht gurrt ein Taubenbaby.

Am Nachmittag spaziere ich am Strand von Kalba entlang. Die Küstensiedlung liegt ein paar Kilometer von der Festung entfernt. Kalba war einmal ein eigenständiges Emirat, doch das ist siebzig Jahre her. Heute ist es eine Exklave Sharjahs.

Vor mir glitzert der Golf von Oman. Arabische Familien picknicken im Sand, oder sie sitzen in ihren SUVs und blicken von dort aus aufs Meer. Es sind 27 Grad. Morgen ist Heiligabend, und übermorgen reise ich nach Abu Dhabi. Im Land komme ich dennoch nicht an, finde keine Verbindung. Ich traf zwar Museumswärter aus Ägypten, Taxifahrer aus dem Sudan, Kellnerinnen aus Indonesien und Teeverkäufer aus Indien, aber Einheimische sah ich selten. Und so bringe ich es tatsächlich fertig, in sechs Tagen mit keinem einzigen Emirater gesprochen zu haben.

POLITIK IST EINE HURE

Im Bus neben mir sitzt Masoud. Er will nach Abu Dhabi, so wie ich. Alle Plätze sind besetzt, die Nachmittagssonne müht sich durch die Wolken. Masoud ist Mitte dreißig, wohnt seit einigen Jahren in Schweden, arbeitet dort als Ingenieur, spricht die Sprache fließend. In den Emiraten besucht er Freunde. »Ich möchte feiern«, sagt er, und schwarze Locken fallen in seine Augen. Vor dreieinhalb Monaten hat er die schwedische Staatsbürgerschaft erhalten, er lächelt.

Dass er überhaupt noch lebt, ist Glück, denn er musste fliehen. Aus Homs, jener Stadt in Syrien, die zu Asche gebombt wurde. Granatsplitter brannten sich in seine Wangenknochen. Man sieht sie noch. Masoud erzählt, seine Stimme ist ruhig, vor dem Fenster zieht die Landschaft in staubigen Ockertönen vorbei. »Zuerst bin ich in die Türkei geflohen, von dort nach Libyen, na ja, und dann mit dem Boot übers Mittelmeer Richtung Italien.«

Der Schlepper kostete 8000 Euro, vor dem Krieg war Masouds Familie wohlhabend, besaß ein paar Häuser in der Stadt. Jetzt stehen sie nicht mehr. Seine Eltern und seine Schwestern flüchteten nach Saudi-Arabien, aber Masoud wollte nicht aus dem einen Regime entfliehen, um dann im nächsten zu landen. »Ich habe mich nach Freiheit gesehnt«, sagt er.

Dreihundert Menschen passten auf den ausrangierten Fischkutter, siebenhundert gingen an Bord. »Es war so eng, dass wir kaum atmen konnten«, erzählt Masoud und hält sich die Hand an die Kehle. »Wer mehr bezahlt hatte, bekam den besseren Platz und eine Rettungsweste, die anderen hockten aufeinander, wie Hühner im Käfig.«

»Wer waren die anderen?«, frage ich.

»Frauen, Männer, auch Kinder aus Somalia und Eritrea.«

Eineinhalb Tage trieben die Vertriebenen auf hoher See, der Dieselmotor rauchte. Als sie in der Ferne einen Tanker erblickten, hofften sie auf Rettung. »Plötzlich standen die Leute auf, das Boot begann zu schaukeln«, Masoud reibt sich die Stirn, »sie konnten sich nicht festhalten.« Er holt Luft, bevor er den Satz beendet. »Mindestens hundert Menschen fielen ins Meer.«

Der Tanker drehte ab, nicht alle schafften es zurück ins Boot. »Stundenlang hörte ich ihr Weinen und ihre Schreie«, sagt Masoud und schluckt, »aber irgendwann wurde es leiser, und dann schrie niemand mehr.«

Der Kutter hatte Schlagseite, Wasser drang ein, der Motor war ausgefallen, Masoud schloss mit seinem Leben ab. »Was hast du gedacht?«, frage ich ihn.

»Du denkst nichts«, antwortet er, »da ist nur der Himmel über dir und das Meer unter dir.«

Er erinnert sich nicht, ob es Stunden oder Tage dauerte, doch irgendwann tauchte ein dänischer Frachter am Horizont auf. »Es war ein Wunder«, sagt Masoud, als könnte er es immer noch nicht fassen. Das Schiff hielt Kurs und nahm die Flüchtlinge auf. Masoud überlebte, Abertausende andere nicht. Das Mittelmeer ist ein Massengrab geworden.

»Die Schreie kann ich nicht vergessen«, sein Blick verliert sich in der Landschaft. Die Nachmittagssonne tunkt die Wüste in ein Licht aus flüssigem Bernstein. Masoud schätzt, dass sechzig Frauen, Männer, Kinder ertranken. Jene Menschen, die sich nur die billigen Plätze und keine Rettungswesten hatten leisten können. Wir schweigen, schauen aus dem Fenster. Nach einer Weile frage ich ihn, was er über Syrien denkt. Über Russland, Iran, die Türkei, die USA. Über die Kurden, Daesh, Assad. Über all die Akteure, die seine Heimat zu dem gemacht haben, was sie jetzt ist. »Politik ist eine Hure«, entgegnet er, »sie ist bloß an Geld und Macht interessiert. Nichts weiter.«

Der Bus biegt in den Hauptbahnhof ein, Plastiktüten rascheln, Handys klingeln.

»Was war für dich der schönste Moment in Freiheit?«, will ich noch wissen, bevor wir aussteigen. Masoud antwortet prompt: »Als ich das erste Mal wählen gehen durfte.«

Er lächelt.

GANZ IN WEISS

Tabish gehört zu jenen Pakistanern im Land, die es geschafft haben. Er schindet sich nicht auf dem Bau, sondern er hat studiert und arbeitet als IT-Manager in einem Softwareunternehmen. Auch das gibt es. Nicht jeder Gastarbeiter vom Subkontinent ist arm. Manche führen Hotels oder Läden, sind Goldhändler oder Filialleiter und haben ein gutes Auskommen. Tabish kenne ich über Facebook, er ist so alt wie ich, und als er hört, dass ich durch die Emirate reise, lädt er mich ein. »Du kannst bei mir übernachten, wenn du magst«, schreibt er, und weil ich neugierig auf ihn bin und meine Kohle knapp wird, sage ich zu.

Er holt mich vom Busbahnhof ab, wir begrüßen uns mit einem Handschlag. Er trägt Fünftagebart und ein offenes Lächeln. Die erste Sehenswürdigkeit, die er mir zeigen will, ist die Scheich-

Zayed-Moschee. Sie ist die größte Moschee in den Vereinigten Arabischen Emiraten und die achtgrößte der Welt und gewiss eine der schönsten. Schneeweiß leuchtet sie in der Sonne. Männer in Sandalen schlurfen umher, Frauen in Abayas lassen sich knipsen. Der Innenraum ist mit Lapislazuli verziert, mit Perlmutt, Blattgold und Swarovski-Edelsteinen. Es ist, wie es ist: Religion erschafft himmelschöne Architektur.

Tabish wohnt außerhalb des Zentrums, im Erdgeschoss eines Mietshauses, ich darf sein Schlafzimmer benutzen, er selbst zieht auf die Couch. »Kein Problem«, meint er. Auf seiner Kommode stehen zwei Dutzend Parfumfläschchen, über seinem Bett hängt eine eingerahmte Koransure. Tabish kocht *Kitchari*, ein pakistanisches Gericht aus Linsen, Reis, Zwiebeln, Curry und Kreuzkümmel. Dazu serviert er *Naan*, ein Brot aus gesäuertem Teig.

Seit einer Dekade lebt er in Abu Dhabi, und auch die nächste plant er in den Emiraten. »Ich mag es hier«, sagt Tabish. Nach Pakistan will er vorerst nicht zurückkehren. »Ich habe in Abu Dhabi viele Freunde gefunden, wir gehen oft in Bars, haben Spaß.«

Vor zwei Jahren starb sein Vater. Seitdem trinkt Tabish keinen Alkohol mehr. »Es war sein Wunsch«, sagt er, »und mein Versprechen halte ich.«

KUNST

Ich liebe es, Menschen zu beobachten, die Kunst beschauen. Wie würden die Betrachter wohl auf die Skulpturen und Gemälde wirken, wären diese belebt?

Im November 2017 eröffnete der Louvre Abu Dhabi. Fast eine Milliarde Euro kosteten die Leihgaben und die Rechte an dem Namen »Louvre«. Dreißig Jahre darf sich das Kunsthaus am Golf jetzt so nennen. Es gab viel Kritik. Wegen der Geldgeschäfte. Wegen der Arbeitsbedingungen auf der Baustelle. Es hieß, die Kunst werde für politische Zwecke missbraucht. Künstler riefen zum Boykott auf. Und doch, am Ende fließen Sonnenstrahlen durch das Kuppelnetz des Museums. Ein Geflecht aus Stahl spannt sich über die Galerien wie eine Baumkrone. Menschen mäandern umher. Manche staunen, manche fotografieren, manche reden wie Sachverständige, manche wären gern woanders. Die Säle sind golfuntypisch schlicht gehalten, in Grau und Weiß. Kunst wird begafft und gafft zurück, in einem Land, in dem die Kunstfreiheit beschnitten ist. Ich laufe durch die Räume, betrachte die Betrachter. Ein Mann mit Gipsarm bewundert die tanzende Shiva. Der sitzende Ramses II. schaut von seiner Empore auf einen Mann im Rollstuhl hinunter. Ein Paar unterhält sich in Schwyzerdütsch, doch Ludwig XIII. blickt an ihnen vorbei. *Die fügsame Leserin* von René Magritte liest ihr Buch, davor steht eine junge Frau und stiert in ihr Handy.

Das Museum ist nicht in Epochen eingeteilt, sondern verschiedene Kulturen und Stilrichtungen sind jenseits von Geografie, Nationalität und Geschichte nebeneinander ausgestellt, als führten sie ein Gespräch. Ich gehe weiter, flaniere von Saal zu Saal. Napoleons Pferd bäumt sich auf, und die Japanerin neben mir zückt schnell den Fotoapparat. Dickbäuchige Herren in Shorts begutachten einen griechischen Männertorso. Voltaire lächelt ein arabisches Mädchen an, es lächelt zurück. Jemand spricht Schwäbisch. Vor der *Jungfrau mit Kind* von Giovanni Bellini schreibt eine Niqabi in ein Notizbuch. Die Brünette im Sommerkleid beschaut nur sich selbst, sie macht Selfies für Instagram, im Hintergrund *Portrait of a Woman* von Picasso.

Der Louvre Abu Dhabi ist das erste Kunsthaus mit universellem Anspruch. Auf 6000 Quadratmetern sollen die Gemeinsamkeiten der Kulturen betont werden, in einem Land, das sich gesellschaftlich abgrenzt. Ich setze mich auf eine Bank. Ein römischer Ehrenmann rafft seine Tunika, ein arabischer Ehrenmann rafft seine Dishdasha. George Washington sieht niemand an. *Salvator Mundi* bleibt verschwunden. Eine Menschentraube umringt stattdessen die französische Mätresse *La Belle Ferronière* von Leonardo da Vinci, irgendwer erklärt irgendetwas, ein anderer gähnt. Ich gehe in den nächsten Raum. An Isis rollt ein Kinderwagen vorbei. Die Göttin stillt einen Säugling, der Junge im Buggy patscht auf ein iPad. In einer Ecke bezirzt die schönbusige Nymphe einen Teenager in Dishdasha, er grinst, aber traut sich nicht, sie abzufotografieren.

KREMPEL

Am Nachmittag laufe ich einige Kilometer die Strandpromenade entlang, es sind milde 25 Grad, ein Lüftchen weht, die Sonne strahlt von einem wolkenlosen Himmel herab.

Irgendwann stehe ich vor dem Kempinski Emirates Palace. Mit seinen (inoffiziellen) sieben Sternen gilt es als eines der teuersten Hotels der Welt. Herrgott, wie viele Superlative haben die Emirate noch zu bieten? Die 114 Kuppeln der Luxusabsteige sind alle mit echtem Gold überzogen, und zu jedem Zimmer gibt es den eigenen Butler gleich dazu. Sämtliche Reisehandbücher schwärmen von der Pracht und dem Pomp. Marmor, Gold, irgendetwas mit 1001 Nacht, edle Hölzer, Rosenduft – schon die Eingangshalle sei an Herrlichkeit kaum zu überbieten, schwadronieren sie. Als Bundeskanzlerin Angela Merkel 2007 im Hotelpalast nächtigte, soll ihr das Gepränge etwas zu viel gewesen sein, zischeln Insider.

Ein titanischer Weihnachtsbaum ragt ins Gewölbe, in der Bar serviert ein Kellner Kamelmilchschoklade und Kamelfleischburger. Ich mustere die Marmorböden und die Kronleuchter – 1002 sollen hier hängen –, und ich empfinde nichts. Vielleicht bin ich kaputt.

Im Foyer spielen drei Damen in Abendkleidern Klavier, Geige und Cello. Ein paar Dutzend Menschen bilden einen Halbkreis um sie. Als ich mich dazugeselle, stimmen die Musikerinnen *My Heart Will Go On* an. Ein chinesisches Mädchen schließt die Augen und legt die Hände an sein Herz. Aufregender wird es nicht mehr. Ich verlasse das Hotel.

Da Tabish den Ersatzschlüssel für seine Wohnung nicht finden konnte, bin ich darauf angewiesen, dass er mich nach seiner Arbeit einsammelt. Wir verabreden uns für achtzehn Uhr in der Marina Mall, um siebzehn Uhr bin ich da. Eine halbe Stunde streife ich durch das Warenhaus, aber alles, was ich sehe, hasse ich. Ich bekomme Kopfschmerzen, suche den Ausgang und setze mich draußen auf eine Bank. Zerschlagen fühle ich mich, mir ist schwindelig.

Tabish schreibt eine WhatsApp. Er müsse länger arbeiten, er wolle sich wieder melden.

Es dunkelt jetzt, die Luft ist frisch. Ich habe keine Jacke dabei und gehe zurück in die Mall, laufe durch die Gänge. Kinder schreien, Männer bieten Abayas von Chanel feil, Frauen möchten mich mit Parfum besprühen, überall Krempel, den kein Mensch braucht. Ich rieche Kaffee und Plastik, und meine Beine sacken weg. In einem Café trinke ich einen Kakao, esse ein Sandwich, hoffe auf Besserung. Aber nichts wird besser, in mir dreht sich alles, Brechreiz steigt auf, der Schmerz knallt mit dem Schwung einer Abrissbirne gegen meine Schädeldecke. Ich bilde mir Fieber ein.

Als mich Tabish zwei Stunden später abholt, bin ich nur noch ein Häufchen Elend. Die Autofahrt wird zur Tortur, vierzig Minuten, doch für mich dauert sie Jahre. Tabish schaltet die Musik aus. Ich spreche nicht, stütze den Kopf mit meinen Händen. Mir ist speiübel, und ich konzentriere mich darauf, oben und unten alles zusammenzukneifen.

In der Wohnung eile ich auf die Toilette, ich muss mich zwar nicht übergeben, aber mein Darm marschiert durch. Danach schlucke ich zwei Schmerztabletten, nehme eine heiße Dusche, und für eine halbe Stunde scheint das Schlimmste überstanden. Doch als Tabish kocht und auftischt, kann ich keinen Bissen essen, und der Geruch von Reis und Curry setzt eine Kettenreaktion in Gang. Als Tabish kurz darauf ins Badezimmer geht, um sich die Hände zu waschen, geschieht es: Der Kakao und das Sandwich aus der Mall schießen in meine Speiseröhre, ich schmecke die Säure, beginne zu würgen, weiß nicht, wohin mit mir, renne in die Küche und kotze in die Spüle. Das ist der Tiefpunkt meiner Reise, denke ich noch und drehe den Wasserhahn auf.

LOST IN TRANSPIRATION

Am nächsten Morgen fühle ich mich ausgelaugt, meine Stirn glüht, aber ich schwindle, sage, alles sei in Ordnung, und Tabish fährt mich zum Busbahnhof.

In Dubai habe ich mir ein billiges Zimmer gemietet. Ich brauche Ruhe, muss gesund werden. Und ich möchte Tabish nicht zur Last fallen, auch wenn es ihm nichts ausgemacht hätte, aber wir kennen uns kaum. Zwei Tage gebe ich mir für die Genesung, dann will ich von Dubai aus den Fernbus nach Muscat nehmen und die Emirate verlassen. Es wird Zeit. Das Land und ich gehören nicht zusammen. Wir reimen uns nicht.

Das Hotel ist einfach, aber sauber, es steht im Souq von Deira, in einem der ältesten Stadtteile von Dubai. Doch ich ziehe die Gardinen zu und die Bettdecke über meinen Kopf. Ich kann Tageslicht nicht ertragen und schlafe ein.

Als der Muezzin ruft, wache ich auf. Es ist dunkel. Das Kissen ist nass. Meine Muskeln schmerzen, mein Zahnfleisch brennt. Ich nicke weg. Friere. Schwitze.

Ich öffne die Augen, liege siedend und klamm auf dem Leintuch. Draußen ist es hell, Licht sprudelt durch die Gardinen, und schlagartig bin ich davon überzeugt, dass die Sonne der Grund ist für meine Malaise. Ich google »Sonnenstich«, aber ich döse mit dem Telefon in der Hand ein.

Am Mittag ertönt das Freitagsgebet von allen Minaretten der Welt, Millionen Muslime drehen sich jetzt wie eine Kompassnadel in dieselbe Richtung, im Badezimmer läuft die Spülung. Schweiß tropft aus meinen Kniekehlen, und ich schleppe mich in die Dusche. Das Wasser ist warm, und ich bleibe unter der Brause hocken.

Irgendwann zurück ins Bett, ich schließe die Augen und träume von geflügelten Pferden, rezitiere Koransuren, die es nicht gibt, muss die Krallen eines Falken schneiden, plötzlich erscheint Ramiz, der schöne Beduine aus Wadi Rum. Wir sitzen zusammen in einem Zelt mitten in der Wüste, sein weiß-roter Shemagh leuchtet im Schein des Feuers, wir treten hinaus, er hält meine Hand, und wir laufen eine Allee entlang. Bäume wiegen sich im Wind, Ramiz lacht, und dann verschwindet er. Spurlos. Ich suche ihn, rufe seinen Namen und flenne, bis ich ihn nach Stunden endlich wiederfinde – auf meinem USB-Stick. Er ist darin gefangen, wie der Dschinn in der Wunderlampe.

Ich erwache, es ist Nacht. Mein T-Shirt klebt am Rücken. Und ich kann es einfach nicht fassen.

DER NEUNUNDDREISSIGSTE TAG

Seit fünfeinhalb Wochen reise ich jetzt durch die »leuchtenden Länder«, auf der Suche nach meiner Blauen Blume, von der Levante bis nach Südarabien und weiter, bis die Geografie verschwimmt. Ich habe noch immer Fieber, aber in drei Stunden fährt der Bus nach Oman. Ich muss aufstehen, bin bleich und verblüht wie eine Untote, aber ich fühle mich besser als gestern.

Taxifahrer Yussuf bringt mich zur Busstation. Mutter, Vater, zwei Brüder, eine Schwester, eine Tochter und die Ehefrau leben in Bangladesch. Niemand arbeitet. Yussuf ist Alleinverdiener. Seit sechs Jahren schuftet er in Dubai. Freunde hat er nicht, denn er malocht sieben Tage die Woche siebzehn Stunden lang. Auf Provision. Am Monatsende hat er immerhin 1200 Euro raus, so schätzt er, das ist mehr, als viele andere Arbeiter hier verdienen. Die Hälfte geht in die Heimat. »Sie heißt Rifah«, Yussuf zeigt mir ein Foto seiner Tochter auf dem Handy. Ein kleines Mädchen mit dunklen Löckchen. »Sie ist jetzt eineinhalb Jahre alt«, setzt er hinzu. Nur zweimal hat er sie bisher in den Armen halten können.

»Wie lange willst du in Dubai bleiben?«, frage ich ihn.

»Noch fünf Jahre.« Dann, so hofft er, hat er genug Geld für ein eigenes Geschäft in Bangladesch gespart. »Kosmetik und Schmuck«, erklärt Yussuf, während er das Foto seiner Tochter betrachtet. »Das Leben ist nicht schön«, sagt er schließlich und steckt das Handy zurück in seine Brusttasche.

Sechs Stunden soll die Fahrt von Dubai nach Muscat dauern, heißt es. Realistisch sind neun. Zwei Busunternehmen konkurrieren um Passagiere. Das eine wirbt mit bequemen Sitzplätzen und Handy-Ladestationen, in dem anderen kauere ich. Keine Beinfreiheit, lumpige Polster, der Bus ist bumsvoll.

Wir verlassen Dubai. Am Horizont die Skyline, die ausschaut wie eine holprige Herzkurve. Dann Sand und Staub und Berge, Kamele am Straßenrand. Die Inderin neben mir schlummert ein. Dreißig Minuten später liegt ihr Kopf auf meiner Schulter.

Irgendwann erreichen wir die Grenze. Wir warten. Autos stehen in Schlangen, nichts rührt sich. Nach einer Stunde ruft unser omanischer Busfahrer ein paar Worte auf Arabisch; die Golfaraber sollen zuerst aussteigen, danach der Rest. Er scheucht uns zu den Schaltern. Fünfunddreißig Dirham Ausreisegebühr sind fällig. Am Counter nebenan folgt der Stempel der Emirate. Zurück in den Bus, der Fahrer zählt durch.

Zu diesem Zeitpunkt bin ich schon mit den Nerven am Ende. Zu viele Stunden sind vergangen, in denen ich im Netz zu viele Reisewarnungen las. Ein Klick ergab den nächsten. Von der obligatorischen Alkoholprohibition über das Verbot von Paracetamol bis hin zu Mohnbrötchen, die einen Schweizer am Dubaier Flughafen in Bedrängnis brachten. Ich las von omanischen Drogenspürhunden, Bluttests und der Terahertz-Spektroskopie, und in mir surren jetzt Nöte umher wie aufgeschreckte Wespen in ihrem Nest. Ich denke an Sara und wie wir in bahrainischen Hinterzimmern Joints geraucht haben. Und vielleicht ist es das Fieber oder meine Paranoia, aber plötzlich bilde ich mir ein, dass die Grenzer an meinem Rucksack Cannabiskrümel finden werden. Die Vorstellung ist idiotisch und kann der Faktizität kaum standhalten, zumal ich ja ohne Probleme in die Emirate eingereist war, aber die Angst ist jetzt in mein Hirn gepflanzt. Denn ich weiß, dass gleich der Drogenspürhund auftreten wird.

Ein paar Kilometer gondeln wir durchs Niemandsland, dann stoppt der Bus an der omanischen Grenzkontrolle. Wir steigen wieder aus, die Sonne knallt auf unsere Köpfe. Ein Grenzbeamter sagt irgendwas, wir hieven Taschen und Koffer aus dem Busbauch und stellen das Gepäck in einer langen Reihe auf, mein Rucksack ist der vorletzte. Der Schäferhund prescht los, wedelt mit dem Schwanz, schnuppert kurz am ersten Koffer, läuft zum nächsten. Ein tiefer Schnaufer, weiter. Die beiden Mädchen neben mir kichern, die Hundenase streift den dritten Koffer, dann zum vierten, weiter. Zwei Rucksäcke, eine Plastiktüte, zwei Sporttaschen. Der Busfahrer schaut auf die Uhr, ein Mütterchen seufzt. Das fünfzehnte Gepäckstück, das sechzehnte. Nasse Hände. Zwanzig, dreiundzwanzig. Ein Kind plärrt. Achtundzwanzig, dreißig. Weiter. Mein Rucksack. Schnauben, einatmen, schnauben. Schnauze in die Seitentaschen stecken. Schnauben. Bleiben.

Es gibt Momente im Leben, an die wird man sich immerfort erinnern. Weil sie mit Emotionen verbunden sind, mit Liebe oder Trauer, mit Glück oder Furcht. Das hier ist ein solcher Moment, denn mein Herz hört auf zu schlagen. Für einige Sekunden nehme ich nicht mehr an der Gegenwart teil, bin ausgelagert. Alles in mir steht still, das Hirn, der Atem, die Gedanken, das Fieber. Ich bin aus der Welt gefallen.

Plötzlich packt der Grenzbeamte den Hund am Halsband und zerrt ihn weg, der sträubt sich, will weiterschnuppern, aber er bellt nicht, kratzt nicht, schlägt nicht an, und schließlich fügt er sich. Die Kontrolle ist vorbei. Die Reisenden laufen zu ihren Koffern, manche lachen erleichtert, während sie ihr Gepäck zurück in den Busbauch wuchten.

Es gibt Momente im Leben, an die wird man sich immerfort erinnern. Als mein Herz wieder zu schlagen beginnt, weiß ich, was Erlösung bedeutet.

Der Oman fängt an. Das Licht ist hier anders. Mehr Gold vielleicht. Einige Kilometer hinter der Grenze parkt der Fahrer den Bus vor dem *Hormoz Café*, einer kleinen Burgerbude irgendwo an einem Highway. Wir bestellen »bibbsi«, also Pepsi, und Shawarma. Es schmeckt nach einem neuen Anfang. Im Oman möchte ich eine bessere Reisende sein als in den Emiraten, mich einlassen, mir Zeit geben anzukommen.

Nach vierzig Minuten hupt der Busfahrer, ein paar Stunden bis zur Hauptstadt liegen noch vor uns, meint er. Die Nacht bricht herein, alle zehn Kilometer blinken Fast-Food-Restaurants, eins heißt *007 Ranch Burger*, das nächste wirbt mit einem riesigen Hasen, der völlig zugedröhnt dreinschaut – darunter steht »Hungry Bunny«. Entlang der Schnellstraße lese ich Warnschilder: »Don't text and drive«. Die Omaner gelten nicht als die weltbesten Autofahrer, kaum jemand hält sich an die Verkehrsregeln, oder man kennt sie gar nicht erst. Angeblich sind die Beduinen von der Führerscheinpflicht befreit. Ob das stimmt – keine Ahnung. Auf vier Millionen Einwohner kommen immerhin 700 Tote jährlich. In Deutschland starben 2018 bei achtzig Millionen Menschen rund 3000 Verkehrsteilnehmer.

Gegen Mitternacht stehe ich mit meinem Rucksack am Busbahnhof in Muscat. Ein Taxifahrer, alt wie Methusalem, mit Rauschebart und Lachfalten, chauffiert mich zum Hotel. Weil sich aber mein Verstand bereits vor 101 Stunden ins Delirium verabschiedet hat, lasse ich mich von dem Opa so dreist abzocken, wie es mir in meinem gesamten Taxireiseleben noch nie zuvor passiert ist. Selbst dem Inder an der Hotelrezeption steht der Mund offen, als ich ihm den Preis nenne. »Die Strecke kostet eigentlich nur ein Zehntel dessen, was Sie bezahlt haben, Ma'am«, sagt er. Und weil der Inder ein netter Mensch ist und ich auf ihn restlos behämmert wirken muss, schenkt er mir sein Mitgefühl und ein Upgrade. Aus dem Zwanzig-Quadratmeter-Zimmer wird ein Sechzig-Quadratmeter-Appartement.

Ein Halbreifling mit Flaum auf der Oberlippe trägt mein Gepäck in den dritten Stock, ich gebe Trinkgeld, und als ich den Rucksack auspacke, weiß ich, warum der Drogenschäferhund an meinem Ranzen hängen blieb: Er roch ein Schokocroissant, das ich schon längst vergessen hatte.

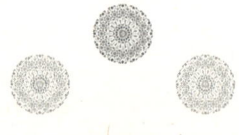

OMAN

عمان

WO BITTE GEHT'S ZUM ORIENT?

Die Sonne glüht hoch am Himmel, als ich erwache. Ich will raus, das Andersweltliche erfahren, aber ich traue mich nicht. Ich schiebe mein Zipperlein vor, damit ich nicht muss. Weil ich Angst habe vor der Fremde. Weil sie mich plötzlich einschüchtert. Ich kann mir nicht erklären, woher das Muffensausen kommt.

Stattdessen setze ich mich auf den Balkon, mein Blick fällt auf einen Kreisverkehr, in seiner Mitte steht auf einem Sockel eine riesige Kaffeekanne, aus der sich Wasser in ein Bassin ergießt. Ich schaue dem Plätschern zu. Mehr als Glotzen schaffe ich heute nicht.

»Reisen ist Leben. Wie umgekehrt das Leben Reisen ist«, sagte Jean Paul, und manchmal ist das Leben unergründlich.

Die Leute behaupten, Oman sei so alt wie die Zeit. Ein Arabien aus dem Bilderbuch sozusagen, irgendwo am östlichen Rand der Halbinsel. Oman erscheint dem Europäer wie ein Relikt eines längst versunkenen romantisierten Orients. Morgenlandfahrer aus verschiedenen Epochen suchten hier das Glück, ihre Blaue Blume.

Nach Saudi-Arabien und dem Jemen ist Oman das drittgrößte Land auf der Arabischen Halbinsel. Im Oman gibt es viel Landschaft und wenig Mensch. Das Sultanat ist etwas kleiner als Deutschland, doch nur dünn besiedelt. Es reicht von der Exklave Musandam im Norden, die aufgrund ihrer Fjorde als »Norwegen Arabiens« bezeichnet wird, bis tief im Süden an die Grenze des

Jemen, vorbei an Bergen, Wadis und Wüsten. Bis zur Mitte des 19. Jahrhunderts war Oman Kolonialmacht. Die Insel Sansibar in Ostafrika galt als größter Besitz. Danach ging es erst einmal abwärts, im 20. Jahrhundert sah es düster aus im Land. Oman steckte bis zum Scheitel in der Vormoderne, sowohl technologisch als auch gesellschaftspolitisch. Seit 1970 sitzt Sultan Qaboos ibn Said Al Said auf dem Thron. Ein filigraner Herr mit ebenmäßigen Gesichtszügen, der Backen-Kinn-Bart schneeweiß und sauber gestutzt. Als junger Mann besuchte er die Königliche Militärakademie Sandhurst südwestlich von London und diente anschließend in der britischen Rheinarmee im westfälischen Minden.

Vor dem 23. Juli 1970, so steht's in allen Reisehandbüchern, galt Oman als eines der rückwärtsgewandtesten Länder der Welt. Der damalige Sultan Said bin Taimur gebärdete sich als Feind des Fortschritts. Lediglich elf Kilometer Straße waren verlegt. Autos, die per Schiff eintrafen, mussten zum Palast getragen werden. Die Stadttore von Muscat wurden jeden Abend geschlossen. Nur in drei Koranschulen fand Unterricht statt, aber nicht für Mädchen, und bloß zwei Prozent der Bevölkerung konnten lesen und schreiben. Es existierte keine Stromversorgung, das Trinkwasser musste in Eimern aus Brunnen geschöpft werden, Krankheiten wurden mit Kräutern behandelt, Wunden mit Feuer ausgebrannt. Radio und Sonnenbrillen waren verboten. Ein Vorvorgesternland.

Als Qaboos Mitte der 1960er-Jahre nach Oman zurückkehrte, schockierte ihn die Rückständigkeit seiner Heimat. Und als in der Südprovinz Dhofar kommunistische Rebellen die Monarchie bedrängten, setzte der kaum dreißigjährige Prinz seinen Vater mithilfe britischer Offiziere in einem unblutigen Staatsstreich ab. Der Alte wurde ins Exil eines Londoner Fünfsternehotels geschickt, und der neue Sultan leitete das Zeitalter der omanischen »Renaissance« ein. Zu Qaboos' ersten Taten gehörte die Abschaffung der Sklaverei, die Aufhebung der Ausreisebeschränkungen und die Gleichstellung der Geschlechter. Nur ein Jahr nach seiner Thronbesteigung hatte Qaboos bereits fünfzehn Schulen und einige Dutzend Kliniken eröffnet.

Heute durchzieht Oman ein Netz von Highways, und in Muscat steht das vortrefflichste Opernhaus der Halbinsel. An der Universität musste mittlerweile eine Männerquote eingeführt werden, weil die Mädchen die Jungs aus dem Sattel heben. Frauen besetzen sogar staatliche Führungspositionen.

Am nächsten Tag traue ich mich vor die Tür. Ich möchte die Hauptstadt sehen. Bewohnt war die Gegend schon im zweiten Jahrtausend vor Christus. Doch erst 1971 wuchs Muscat endgültig zur Kapitale heran. Der Name kommt trotz der vielen Gewürze im Land nicht etwa von der Muskatnuss, sondern bedeutet im übertragenen Sinne »Ankerplatz«, von hier stachen die Fischerboote in See. Die strategisch günstige Lage am Eingang des Golfs brachte der Stadt Reichtum, aber bescherte ihr auch Scharmützel. Perser, Franzosen, Engländer, Portugiesen, Holländer, Saudis und omanische Stämme versuchten sich an einer Eroberung – mal mehr, mal weniger erfolgreich. Großbritannien sicherte sich durch Verträge schließlich die Vormachtstellung.

Für den Neuaufbau vom Oman ließ der Sultan in den 1970er- und 1980er-Jahren viele Fachkräfte aus dem Ausland heranholen: Ingenieure aus Deutschland, Lehrer aus dem Libanon, Ärzte aus Indien, Bauarbeiter aus Pakistan, Berater aus England. Allerdings machte Qaboos nie einen Hehl daraus, dass diese Maßnahmen lediglich als Übergangsphase zu verstehen seien. Um die Einheimischen in Brot und Lohn zu bringen, ordnete der Monarch Anfang der 1990er-Jahre die sogenannte Omanisierung an, ähnlich der Kuwaitisierung in Kuwait und der Saudisierung in Saudi-Arabien. Firmen müssen sich verpflichten, immer mehr inländische Arbeitskräfte einzustellen. Die Initiative soll die Zahl der Gastarbeiter reduzieren, und deshalb sind in Oman offiziell alle Buslenker und Taxler Einheimische.

Ich fahre inoffiziell. Kenula karrt mich von Ruwi bis in den Vorort Mutrah. Der Singhalese erzählt mir von seinen finanziellen Problemen. »Es wird immer schwieriger, Geld zu verdienen. Die Omaner glauben, dass wir ihnen ihre Jobs klauen.«

Ich laufe die Corniche entlang, links der Golf von Oman, Bötchen dümpeln auf dem Wasser, und Kreuzfahrtschiffe liegen im Hafen. Irgendwo auf der anderen Seite des Meeres erstreckt sich Iran. Rechts erheben sich die Handelshäuser pakistanischer Kaufleute aus dem 19. Jahrhundert, perlweiß, mit Balkonen aus Holz und Spitzbogenfenstern. Die landeseigene Baupolitik hält strenge Auflagen bereit. Nichts soll hier aussehen wie in den Glitzermetropolen der Emirate. Im Gegensatz zu seinen Nachbarn fehlt Oman jegliche Hoffart. Der alles bestimmende Leitbegriff lautet *heritage architecture*. Die Häuser sind weiß oder pastellfarben, die Fenster abgerundet. Kein einziger Wolkenkratzer schraubt sich in den Himmel, Kreisverkehre werden durch überdimensionale Weihrauchbrenner oder Kaffeekannenbrunnen aufgemöbelt, Blumenbeete blühen am Straßenrand, und Autos dürfen nicht schmutzig sein, sonst droht eine Geldbuße. So will es der Sultan, und er nennt die aufgezwungene Ästhetik *beautification*.

Der 78-jährige Qaboos gilt als Schöngeist. Er hat einen Zweitwohnsitz in Garmisch-Partenkirchen, liebt Hunde und klassische Musik. Er ist entrückt und volksnah zugleich. Jedes Jahr bereist er mit seinen Ministern Oman, um direkt mit den Bürgern zu sprechen. Er lässt zwar demokratische Tendenzen zu, sein Land regiert er dennoch absolutistisch. Er ist Staatschef, Außenminister, Verteidigungsminister, Chef der Streitkräfte und der Zentralbank. Sein Wort ist Gesetz. Seine Porträts hängen in sämtlichen Shawarma-Buden. Parteien sind verboten, politische Berichterstattung unerwünscht. Laut Reporter ohne Grenzen ist der Zugang zum Journalismus staatlich reglementiert, Selbstzensur verbreitet. Artikel über Korruption oder Homosexualität werden aus Angst vor Sanktionen selten veröffentlicht. Kritik am Sultan kann Gefängnis bedeuten.

Die meisten Omaner verehren Qaboos trotzdem wie einen Vater, denn er hat sie aus ihrer Drangsal befreit. Er sei gütig, klug und progressiv, sagen seine Untertanen, und sie übertreiben nicht. Qaboos verwaltet sein Reich tausendundeinmal redlicher, als es seine Nachbarn tun. In der 1996 verabschiedeten Verfassung sind Religionsfreiheit sowie eine Zusicherung von Bürgerrechten und

Verbote von Diskriminierung bei Geschlecht und Herkunft fixiert. Ob all das in der Realität immer umgesetzt wird, steht freilich auf einem anderen Blatt. Qaboos versucht aber weiterhin den Spagat zwischen Tradition und Fortschritt, und das ist oft nicht leicht. Oman ist eine Stammesgesellschaft. Die Strukturen sind patriarchalisch. Des Sultans Entscheidungen müssen im Einklang stehen mit den Interessen wichtiger Familien. Insgesamt sind bei den Behörden 500 bis 600 Stämme und Clans registriert. Doch die Moderne schreitet voran, Stammesstrukturen lösen sich langsam auf, und die Digitalisierung kann zur Herausforderung für althergebrachte Herrschaftsformen werden. Das Internet verändert alles. Eine Demokratie nach westlichem Vorbild möchten hier indes die wenigsten. Gleichwohl gingen auch im Oman 2011 zahlreiche Menschen auf die Straße. Ein Regimewechsel stand zwar nie zur Debatte, aber die Demonstranten forderten bessere Lebensbedingungen und protestierten gegen die Korruption im Land. Der Sultan reagierte sofort. Er versprach den Erwerbslosen eine Summe von umgerechnet knapp 300 Euro im Monat, er stellte Stipendien für Studenten bereit, und er kündigte an, 50 000 neue Jobs zu schaffen. Die Lage beruhigte sich, doch der Staatshaushalt wird seitdem strapaziert. Im Gegensatz zu den anderen Golfstaaten ist der Wohlstand ein bescheidener, Öl und Gas strömen nicht im Überfluss.

Ich bummle durch den Souq, das Reisehandbuch verspricht überraschenderweise »ein Flair wie aus 1001 Nacht« und verrät nicht, dass der Orient inszeniert ist. Die Gassen sind gefegt, die Gewürzsäcke dünken wie Requisite, Funzellicht flackert. Die Tücher und Wunderlampen sind *made in China*, die Händler *made in Pakistan*. Manche Männer tragen den *Khanjar* in der Schärpe, den Krummdolch, doch die Folklore überzeugt nicht. Der Souq – eine Theaterkulisse. Eine bildschöne, das ja, aber wo bitte ist der Orient? Der echte?

Natürlich, ich weiß schon; er hat nie existiert. Vermutlich ist die Shisha-Bar in Düsseldorf-Friedrichstadt mit ihren bunten Sitzkissen und den Apfeltabakrauchschwaden wahrhaftiger, als es das

Morgenland je war. Der »echte« Orient ist der Orient der westlichen Fantasie. »Wer reist, wird enttäuscht«, schrieb Ilija Trojanow.

Mit dem Bus fahre ich zurück Richtung Hotel, gehe in die Mall nebenan, kaufe eine Simkarte und drei Instantsuppen. Ein Inder kommt mir entgegen. Auf seinem T-Shirt steht in feuerroten Worten: »Will work for fun«. Ich hoffe, das stimmt.
 Am Abend zappe ich durch das Fernsehprogramm. Es läuft eine arabische Sendung. Verhüllt bis zur Wimper sitzt eine Niqabi neben einer Frau, die Kopftuch und High Heels trägt. Ihnen gegenüber dann eine Unverschleierte mit langen schwarzen Locken. Das Studio ist wie ein Wohnzimmer ausstaffiert, die Sessel sind aus Leder, und im Hintergrund steht ein Bücherregal. Die drei Damen lachen und erzählen, und jede akzeptiert die andere so, wie sie ist. Ganz easy. Wie gerne würde ich Arabisch verstehen.

DER EINUNDVIERZIGSTE TAG

Heute endet das Jahr 2018. Am Kaffeebrunnen vor meinem Hotel finde ich eine Spielkarte. Die Pik-Dame liegt allein im Gras. Jemand muss sie verloren haben. Ich stecke sie ein.
 Später trödle ich die Corniche entlang, verliere mich im Souq. Ob inszeniert oder nicht – Muscat ist hinreißend. Die Häuser sind hübsch. Die Menschen lächeln, Kinder winken mir zu. Der warme Wind trägt den Geruch von Zimt und Weihrauch durch die Gassen. Omaner, Asiaten, Europäer und Amerikaner mischen sich unter die Golfaraber aus den Emiraten, und plötzlich wirkt das irdische Dasein so einfach und harmonisch. Als könnten alle Erdbewohner trotz kultureller Andersartigkeiten miteinander auskommen. Als gäbe es keine Zerwürfnisse auf der Welt und keine Glaubenskriege.
 Im Oman diskutiert beileibe niemand die Unterschiede zwischen Sunniten und Schiiten. Die meisten Einheimischen zählen

zu den Ibaditen. Und die *Ibadiya* ist älter als die Sunna-Shia-Fehde. Die Omaner leben traditionell und wertkonservativ. Gegenüber anderen Glaubensrichtungen sind sie aber tolerant. Sie zeichnen sich durch Pragmatismus aus, so wie es im Islam de facto üblich war und ist. Nur die Verbohrten propagieren den »wahren Islam«. Darin unterscheiden sich Islamisten und Populisten nicht. Im Ibadismus müssen Lehrmeinungen fortwährend überdacht und modifiziert werden. Fundamentalismus ist im Oman ein Fremdwort, und der Sultan spricht sich gegen religiöse Radikalität, Intoleranz und Gewalt aus. Oman gleicht einer Insel der Stabilität, die Menschen fühlen sich sicher. Natürlich gibt es eklatante gesellschaftliche Probleme und grobe Ungerechtigkeiten, die unbedingt zu lösen sind. Doch die soziale Progressivität in Verbindung mit Tradition und Großmut erscheint bei all dem vorbildverdächtig. Ist nicht Dubai, sondern Oman das tatsächliche Übermorgenland?

Ähnlich freigeistig wie in ihrer Religion agieren die Omaner auch in ihrer Außenpolitik. Das Sultanat hat im saudisch-iranischen Konflikt schon oft eine Vermittlerrolle eingenommen und verhält sich uberdies in der gesamten Region neutral. Bei den Verhandlungen um das Atomabkommen mit Iran war Oman als Mittler beteiligt. Zudem verdanken etliche Geiseln im Nahen Osten Qaboos' Unterhändlern ihre Befreiung. Und im Oktober 2018 besuchte sogar Israels Ministerpräsident Benjamin Netanjahu das Sultanat. Es war der erste Besuch eines israelischen Regierungschefs seit mehr als zwanzig Jahren. Qaboos ist ein Politiker der leisen, aber deutlichen Töne, Oman kann mit allen gut.

Zwei Minuten vor Mitternacht sitze ich auf meinem Balkon, höre die Beatles und trinke einen Avocado-Milchshake. Nichts ist los. Keine Böller, kein Feuerwerk. Zehn Sekunden nach Mitternacht schütteln sich am Kaffeebrunnen drei Menschlein die Hand.

Im Internet lese ich dafür schon jetzt die beste Nachricht des neuen Jahres: Eine erste systematische Analyse hat ergeben, dass die brutale Genitalverstümmelung bei Mädchen evident zurückgegangen ist. Statt wie früher 58 Prozent werden nur noch 14 Prozent der Frauen in Nordafrika beschnitten, in Westafrika sank die Rate von 74 auf 25 Prozent und in Ostafrika gar von 71 auf 8 Prozent. Sicher, jedes beschnittene Mädchen ist ein Mädchen zu viel, aber die Aufklärungsarbeit scheint Wirkung zu zeigen. Wir halten die Welt für hoffnungsloser, als sie ist.

SINDBADS HEIMAT

Ich besaß einmal eine Hörspielkassette. Das ist lange her, irgendwann in den 1980er-Jahren muss das gewesen sein, damals, als man noch das Wort »Bandsalat« kannte. Auf der Kassette erzählte ein Mann mit einer tiefen Stimme seine Lebensgeschichte. Sindbad war sein Name. Orientalische Musik klimperte im Hintergrund, und Sindbad sagte: »Von einer ganz besonderen Reise will ich euch heute berichten, hört gut zu, denn sie ist die fantastischste von allen.«

Ich lauschte aufgeregt und entdeckte zusammen mit Sindbad eine unbewohnte Insel, die mit Goldstaub überzogen war und von Schlangen bewacht wurde. Natürlich entkam Sindbad. Er kehrte betucht und glücklich in seine Heimat zurück.

Nach vier Tagen Muscat beschließe ich, in das Fischerdorf Sur weiterzuziehen. Es liegt im Osten, dreieinhalb Busstunden von der Hauptstadt entfernt. Hier wohnen Seebären und Bootsbauer. Und manche Omaner behaupten, Sur sei Sindbads Geburtsstadt. Wikipedia meint, es sei Sohar, und in der Story selbst lebt Sindbad gar nicht im Oman, sondern in Bagdad, über 2000 Kilometer weiter nordwestlich, in einem anderen Land. Aber das stört hier niemanden. Die Omaner sind ein Seefahrervolk, und Sindbad war ein Seemann, also wurde Sindbad ein Omaner. Im Märchen ist alles möglich. Und im Märchenland Arabien ohnehin.

Das Busticket lässt sich nur via Kreditkarte bezahlen, Cash akzeptiert der Omaner hinter dem Schalter nicht. »Alles klar«, entgegne ich und zücke meine Visakarte, »aber was wäre gewesen, wenn ich bloß Bargeld gehabt hätte?«

»Dann hätten wir etwas arrangiert«, versichert mir der Mann lächelnd und überreicht mir mein Ticket. Ich liebe die arabische Flexibilität.

Busfahrt nach Sur. Ich lese. Die *Times of Oman* vermeldet wie jeden Tag Verbrechen von Expats (gemeint sind die südasiatischen). Ein paar Dutzend Frauen wurden wegen »unmoralischen« Verhaltens verhaftet, irgendwer schmuggelte Drogen, ein anderer schickte Mädchen auf den Strich. Die Abschiebung erfolgt, sobald sie in ein paar Jahren den Knast verlassen und 20 000 Euro Strafe bezahlt haben.

Ich lasse das Handy in meine Tasche gleiten und schaue aus dem Fenster, braune Berge wehen vorbei. Die Inder im Bus ziehen die Gardinen zu. Im Sitz vor mir schreibt ein greiser Omaner Textnachrichten auf seinem Smartphone. Um seinen Kopf ist ein bunter Turban gewickelt. Ich linse zwischen den Lehnenpolstern hindurch und sehe, dass der Alte ein Herzchen verschickt.

Sur spielte bereits im 6. Jahrhundert eine wichtige Rolle im Seehandel mit Afrika, Indien und China. Die Omaner kannten im Handel weder kulturelle noch religiöse Barrieren. Das sei bis heute der Grund für ihre Toleranz anderen Glaubensrichtungen gegenüber, heißt es. Handel und Wandel sorgten für Aufgeschlossenheit. Im 17. Jahrhundert und nach der portugiesischen Besatzung blühte Sur so richtig auf. Der Sklavenhandel machte das Fischerdörfchen reich. Nachdem die Briten die Sklaverei aber im 19. Jahrhundert untersagten und dann auch noch der Suezkanal eröffnet wurde, verlor Sur an Bedeutung.

Heute geht nicht viel. Trotzdem mag ich das Dorf. Es duselt im Dornröschenschlaf vor sich hin, im Ortszentrum buhlen ein paar Restaurants und Saftläden um die wenigen Gäste. Über ein Drittel der Dörfler stammt ursprünglich aus Belutschistan, ihre Vorfahren wanderten vor mehreren Generationen ein. In dem Viertel Al Ayjah wirken die Fassaden verwelkt und erinnern mit ihren geschnitzten Holztüren an Sansibar. Draußen auf dem Meer schunkeln Boote, und am Strand lassen die Fischer ihre Netze trocknen. Ich beschaue den Leuchtturm und die weiß gekalkten Häuschen, streife durch die Gässchen. Auf dem Kopfsteinpflaster entdecke ich abermals eine Spielkarte. Diesmal Herz-Bube. Die Karte ist *made in India*, und der Bube trägt eine Ghutra. Ich stecke ihn ein.

Auch in Sur sind die Bewohner liebenswert. Ich sehe Väter mit ihren kleinen Töchtern über den Spielplatz hüpfen, Jungs kicken. Sie winken mir zu, Frauen lächeln mich an. Ich las, dass Sultan Qaboos seinen Bürgern Freundlichkeit verordnet hat.

Am Straßenrand recke ich den Daumen in die Luft, Suleiman gabelt mich auf. Aus Nettigkeit, denn er ist kein Taxifahrer, sondern auf dem Weg zur Arbeit. Golfaraber sind nicht alle wohlhabend; Suleiman hat zwei Jobs, ihm gehört ein Lampengeschäft, und weil der Kleinbetrieb zu wenig Moneten abwirft, arbeitet Suleiman zusätzlich noch in einer Werkstatt und bemalt Keramikvasen. Fünf Kinder muss er durchbringen. Und obwohl mein Hotel in der entgegengesetzten Richtung liegt, fährt er mich zurück. »Du sollst einen guten Eindruck von Oman mit nach Hause nehmen«, sagt er.

Fünf Tage möchte ich in Sur verweilen, und deshalb brauche ich jemanden, der mich führt. Der Hotelrezeptionist empfiehlt mir seinen Kumpel. Am späten Abend holt mich Wahid ab. Um seinen Kopf ist ein Turban gebunden, der im Oman *Massar* heißt, dazu trägt er den traditionellen Wickelrock *Wizaar* und darüber ein Metallica-Shirt. Wahid ist Fischer, aber manchmal zeigt er Touristen die Gegend, um sich ein paar Rial hinzuzuverdienen. Heute darf ich ihn noch bezahlen, aber schon morgen wird er mein Geld ablehnen und mich überallhin einladen.

Ich klettere auf den Beifahrersitz. Im Fond seines Land Rovers hocken bereits zwei Japaner und ein Österreicher. Wir fahren zum östlichsten Punkt vom Oman. Wahid kennt einen Strandabschnitt, weitab vom Touristentrubel, an dem Meeresschildkröten in der Nacht ihre Eier ablegen. Tausende Tiere wandern jährlich von den Küsten des Persischen Golfs, des Roten Meers und Somalias an die

Ostküste des Sultanats. Im Sommer sammeln sich hier über 200 Riesenschildkröten, erzählt Wahid.

Als wir am Ufer entlanglaufen, glitzert der Schaum unter unseren Füßen wie die Sterne am Himmel, kleine blaue Tupfen funkeln um uns herum. »Nachtlaternchen« nennt man die leuchtenden Einzelleralgen. Welch schönes Wort.

Eineinhalb Stunden suchen wir den Strand ab, bis Wahid endlich eine Kriechspur entdeckt. Einen Meter breit ist sie. Ich zeichne mit meinen Fingern den Abdruck des Bauchpanzers nach, ertaste die Furchen im Sand. Ein magischer Moment. Wir folgen der Spur, und dann erspähen wir sie in der Dunkelheit: Die Riesenschildkröte sucht einen Ort für ihre Eiablage. Es ist berührend, sie dabei zu beobachten. Ihre Flossen benutzt sie wie Schaufelräder, und für ein paar Meter braucht sie Ewigkeiten. Bis zu 500 Kilogramm können die Tiere wiegen.

»Sie ist noch jung«, flüstert Wahid, »vielleicht 45 Jahre.« Wie viele Kilometer sie in ihrem Leben wohl schon zurückgelegt hat? Und wie anstrengend muss es für das massige Weibchen sein, sich den Strand hinaufzuschleppen, auf dem es selbst vor vier Jahrzehnten aus dem Ei gekrabbelt ist? Alle zwei bis drei Jahre nehmen die Reptilien diese Schinderei auf sich. Wunderliche Erdbewohner.

Wir gehen, bevor die Schildkrötendame ihre Eier vergraben hat. In einigen Wochen werden die Babys schlüpfen. Und es hoffentlich bis zum Wasser schaffen.

WIR HABEN DIE ROMANTIK VERLOREN

In wenigen Tagen beginnt die Fußball-Asienmeisterschaft, der wichtigste Wettbewerb des Kontinents. Das Motto des diesjährigen Asian Cup lautet: »Asien zusammenbringen«. Schaut man sich die Teams an, beschleichen einen Zweifel, ob das Vorhaben gelingen mag. Stehen doch unter anderem folgende Nationen auf der Liste: China, Turkmenistan, Nordkorea, Irak, Iran, Saudi-Arabien, Katar,

Jemen, Syrien, Vietnam und Palästina. An Wunder darf man dennoch glauben.

Heute Mittag sitze ich mit Wahid am Strand. Er hat mir ein paar Dörfer gezeigt, ich trank zu viel Karak, er ging beten, und jetzt blicken wir auf das Arabische Meer. Tiefblau und unmöglich zu bestimmen, wo das Wasser aufhört und der Horizont anhebt. Als wäre der Himmel ins Meer gefallen.

Gestern düsten wir durch die Wahiba Sands, eine Wüste im Osten, die im Gegensatz zu ihrer großen Schwester Rub al-Khali gut erschlossen ist. Sie wird deshalb Anfängerwüste genannt. Rub al-Khali bedeutet hingegen »Leeres Viertel«, und damit ist alles erklärt.

In der Anfängerwüste trafen wir Holländerinnen, die im Sand stecken geblieben waren, Wahid ließ etwas Luft aus ihren Reifen und manövrierte das Auto wieder hinaus. Später hörten wir Musik, und Wahid sang ein Lied. Als es dunkel wurde, meinte er, ich solle seinen Land Rover durch die Wüste zurückfahren. Ich protestierte, denn das letzte Mal, dass ich hinter einem Lenkrad gesessen hatte, war eine Dekade her. Wahid lachte und sagte: »Egal, hier kann niemand Auto fahren.« Als uns dann eine Kamelherde in der Finsternis entgegentrottete und ich ausweichen musste, zuckte er trotzdem zusammen und lachte nicht mehr.

Wahid ist seit fünfzehn Jahren mit seiner Cousine verheiratet. Die Ehe läuft gut, sie haben zwei Söhne und schätzen sich sehr. Aber manchmal denkt Wahid an eine andere Frau, die er einstmals kannte. Lange vor seiner Hochzeit. Sie war Französin, ein wenig älter als er, und sie reiste durch Oman. Sie verliebten sich ineinander. »Ich wollte sie heiraten«, offenbart Wahid, »aber in meinem Land ist eine Hochzeit mit einer Ausländerin ohne staatliche Genehmigung nicht erlaubt.«

Er musste sich von ihr trennen, weil Politik und Gesellschaft ihre Beziehung nicht akzeptiert hätten. Die Französin verließ Oman, Wahid ließ sich mit seiner Cousine vermählen, und die beiden Liebenden sahen sich nie wieder. Aus und vorbei. »*Khallas*«, sagt er, was so viel wie »basta« bedeutet, und dabei klatscht er die Handflächen aneinander, als müsste er sich Sand von den Händen klopfen. Oder die Vergangenheit.

In der Ferne wippen Fischerboote auf dem Meer, immer noch keine Wolke am Himmel. »Wir haben die Romantik verloren«, sagt Wahid auf einmal, und ich bin mir nicht sicher, ob er seine Geliebte und sich meint oder sein Land.

DER ABSTURZ

Als ich am Morgen erwache, weiß ich noch nicht, dass ich am Abend verzweifelt sein werde. Ich bin mit Matteo und Valentina verabredet. Das Pärchen stammt aus Italien, verbringt drei Tage in Sur und hat bereits Bekanntschaft mit Wahid gemacht. Der fischt heute ein paar Makrelen im Meer, deshalb dürfen wir uns seinen Land Rover ausleihen. Unser Ziel heißt Wadi Shab; das Wadi gehört zu den schönsten im Oman. Es liegt grün und satt in einer Schlucht, umgeben von hohen Felswänden. Am Ende des Wadis soll sich eine Höhle befinden, in der ein Wasserfall herabbraust. Nur wer schwimmt und sich durch eine schmale Felsspalte zwängt, erlebt das Naturwunder.

Wir wandern am Flussbett entlang, klettern zwischen Steilhängen hindurch und tauchen unsere Füße in erbsengrünes Wasser. Wir lauschen dem Gemecker der Bergziegen und hoppeln über Bäche. Palmen umkränzen das Wadi wie ein Paradies, es riecht nach Kieseln und Blättern, wir lachen viel, und die Sonne scheint.

Ich schaue die Felswände hinauf, erzähle irgendetwas, bin für eine Sekunde unachtsam, und plötzlich passiert es: Ich rutsche aus, stürze, mein linker Fuß verkeilt sich zwischen zwei Steinen, ein Knacken, und dann jagt der Schmerz mit der Wucht von tausend Volt durch meinen Knöchel. Mir wird schwarz vor Augen, und für einen kurzen Augenblick glaube ich, meinen Körper verlassen zu haben.

Matteo und Valentina kommen auf mich zugeeilt, fragen, ob ich okay sei, und ich höre mich Sätze sagen wie »Nichts passiert« und »Geht schon«. Aber ich ahne, dass nichts mehr geht, dass dieser Unfall das Ende der gesamten Reise bedeuten könnte. Das Gelenk pocht. Matteo zieht mich hoch, ich versuche aufzutreten. Der Fuß schwillt an, doch noch immer behaupte ich, es sei nicht schlimm, weil ich Matteo und Valentina nicht den Urlaub versauen möchte. Die Höhle ist nah, die beiden haben sich darauf gefreut, und ich will nicht, dass sie meinetwegen kurz vor dem Ziel abbrechen müssen. Also beteuere ich: »Es tut fast gar nicht weh.«

Die nächsten dreißig Minuten verlaufen besser als erwartet, denn wir schwimmen, und das kalte Wasser dämpft den Presslufthammer im Gelenk für eine Weile. Irgendwann zwänge ich mich durch den Felsspalt, und wahrscheinlich ist die Höhle toll und auch der Wasserfall und alles drumherum, aber ich habe jetzt keine Sinne mehr frei. Ich sehe nichts, keine Palmen, keine Felsen, keine erbsengrünen Pools. Ich rieche keine Kieselsteine, lausche keinen Bergziegen. Ich fühle nichts außer Schmerzklumpigkeit. Das Paradies wird zu meiner persönlichen Hölle. Mittlerweile ist mein Knöchel dick und blau. Der Rückweg durch das Wadi dauert zwei Stunden, und Matteo muss mich stützen. Als uns Wahid am Nachmittag in Sur in Empfang nimmt, kann ich den Fuß kaum regen, der Schmerz sticht, als wäre meine Fessel in Stacheldraht eingeschlagen, und ich bin den Tränen nahe.

»Die Krankenhäuser hier sind für Ausländer sehr teuer«, erklärt Wahid, »sie werden dich untersuchen, röntgen und dein komplettes Bein eingipsen. Das wird dich viel Geld kosten.« Er schaut mich besorgt an. Zwar habe ich eine Auslandskrankenversicherung abgeschlossen, aber die springt nicht sofort ein, sondern erstattet die Auslagen erst Wochen später. Wenn ich jetzt mit ein paar Hundert Euro in Vorkasse treten muss, dann reicht das Geld nicht mehr für Katar. Dann ist die Reise vorbei.

»Es gibt noch eine andere Möglichkeit«, sagt Wahid, als ich mir mit dem Zipfel meines Hemdärmels die Tränen trockne, »im Nachbardorf wohnt ein alter Medizinmann. Ich bringe dich hin.«

Ibrahim öffnet die Tür. Mit seinem langen Bart und seinen Falten im Gesicht erinnert er mich an den Druiden Miraculix. Ich hoffe auf einen Zaubertrank, der mich wieder heile macht. Ibrahim bittet uns hinein in sein *Majlis*, das Empfangszimmer, und ich lege mein Bein in seinen Schoß. Seine Dishdasha ist blütenweiß, und an meinem Fuß hängen Erde und Staub. Ich schäme mich deswegen, aber der Greis lächelt milde. Er tastet meinen Knöchel ab, biegt ihn nach links und rechts, nach oben und unten, ich beiße mir auf die Lippen. Er befühlt meine Hände, bewegt meine Finger, dann klopft er mein Schienbein ab, und wieder beugt er meinen Fuß in alle Himmelsrichtungen.

»Es ist nichts gebrochen«, sagt Ibrahim, »aber die Bänder sind gerissen.«

Er schmiert meine Fessel mit einer Salbe ein, sie kühlt und brennt zugleich, dann wickelt er einen Druckverband um meinen Fuß, nur die Zehen bleiben frei. Fünf Tage soll ich die Kompresse tragen und mich ausruhen, rät der Steinalte. Ich soll Milch trinken und Fisch essen. Und ganz wichtig – Ibrahim zwinkert –, tanzen möge ich die nächste Zeit besser unterlassen.

Nach der Behandlung reicht jemand Kaffee, gewürzt mit Kardamom, und dazu Datteln. Die Männer tauschen noch Dorftratsch aus. Ich blicke auf meinen Fuß, der verschnürt ist wie ein Paket. Hoffnungslosigkeit steigt in mir auf, denn ich habe keinen Schimmer, wie ich damit weiterreisen soll. Werde ich es überhaupt bis ins Leere Viertel schaffen? Oder nach Katar?

Plötzlich fliegt die Tür auf, und ein junges Mädchen mit Zöpfen kommt hereingestürmt. Sie ist Ibrahims Urenkelin, und sie berührt die Nase ihres Opas mit ihrem Näschen, dann hopst sie zu Wahid und gibt auch ihm ein Nasenbussi. Schließlich läuft sie zu mir und stupst ihre Nase sanft gegen meine. Auf so viel Nähe bin ich nicht vorbereitet, und bevor ich registrieren kann, was passiert, flitzt die Kleine schon wieder hinaus.

Es heißt, dass sich die Araber das Nasenküssen als Begrüßungsritual bei den Kamelen abgeschaut hätten. Und irgendwie liegt in dieser Geste etwas zutiefst Tröstendes.

KAFFEE MIT SADDAM HUSSEIN

Drei Tage später. Der Druckverband drückt, meine Zehen sind blau. Im Fernsehen läuft Fußball. Oman verliert gegen Usbekistan 1:2. Ich bin in Bahla, einem Oasendorf, das in eine dramatische Berglandschaft eingebettet ist. Es gibt Dattelgärten, Palmenhaine und Häuschen aus Lehm. Ein Bus brachte mich hierher, dann ein Taxi, dann humpelte ich durch eine Hotellobby. Seit 48 Stunden habe ich mein Bett nicht mehr verlassen. Vinod, der indische Rezeptionist, beschafft mir Schmerzmittel, lässt mir Sandwiches aufs Zimmer bringen und besorgt mir Verbandszeug aus der Apotheke. Ich entscheide, den Wickel noch vor der Zeit zu wechseln, und packe den Fuß aus wie ein Geschenk. Doch es gefällt mir nicht. Der Fuß ist dick geschwollen und leuchtet in Regenbogenfarben.

Am fünften Tag wage ich mich nach draußen, um im Supermarkt ein paar Joghurts, Käse und Fladenbrot einzukaufen. Ich hinke zwar wie der Glöckner von Notre-Dame, aber ich kann mittlerweile auftreten.

In der Pizzeria am Ende der Straße ist viel Betrieb. Ein Omaner verstaut 120 Pizzen und 200 Tütchen Ketchup in seinem Auto. Ich frage ihn, ob er das alles alleine essen möchte. »Nein«, er lacht, »meine Schwester hat sich verlobt.«

Wenig später fährt ein Mercedes vor. Zwei Omaner steigen aus und tragen kurz darauf dreißig Pizzen in den Kofferraum. Kindergeburtstag, sagen sie. Die Pizzabude ist der Hit im Dorf.

Als ich zurück in der Lobby bin, erkundigt sich Vinod nach meinem Befinden. Obwohl er täglich zwölf Stunden im Hotel roboten muss und nur einen Tag im Monat frei hat, kümmert er sich um mich wie eine Mutter. Und er hat eine Idee: »Der kleine Bruder meines Kumpels ist arbeitslos«, erzählt er, »wenn du magst, fährt er dich für ein paar Rial mit seinem Auto herum und zeigt dir die Landschaft.«

Ich sage zu, denn ich befürchte, ansonsten von meiner Mutlosigkeit niedergestreckt zu werden.

Der Schlaf ist bleiern. Irgendwann in der Nacht wache ich auf und zweifle. Welchen Sinn hat diese Reise noch? Jede Treppe ist ein unüberwindbares Hindernis. Flanieren auf der Corniche ist unmöglich, über Bäche springen undenkbar, durch die Wüste marschieren oder auf Berge kraxeln – hoffnungslos. Was tun? Soll ich abbrechen? Aufgeben? Zum ersten Mal fühlt sich das Alleinreisen beschissen an.

»Wenn man scheitert, scheitert man eben. Was macht's?«, schrieb Freya Stark. Aber ich will nicht scheitern.

Ein nächster Tag. Amir wartet in der Lobby. Er ist der kleine Bruder, von dem Vinod erzählte. Amir ist 23 Jahre jung, trägt eine königsblaue Dishdasha und eine bunt bestickte *Kumma*, die runde Kappe der Omaner. Er spricht nur wenige Sätze Englisch und ist schwer schüchtern. Länger als zwei Sekunden traut er sich nicht, in meine Augen zu schauen.

In seinem Pick-up fahren wir durch das Akhdar-Gebirge. Der Jebel Shams, der Sonnenberg, ist mit seinen 3009 Metern der höchste Berg Omans. Mit Allradantrieb kurven wir über Schotterpisten bis auf 2000 Meter hinauf. Weiter kommen wir nicht, denn auf dem Gipfel steht eine Radarstation des Militärs, die das Gebiet als Sperrgebiet ausweist. Die Felswände fallen steil talwärts ab, die Luft ist frisch. Unser Blick schweift über Schluchten, Oasen und Bergdörfer. Nach fast einer Woche lächle ich endlich wieder. Per WhatsApp schicke ich Wahid in Sur ein Foto von der Aussicht. Er sendet einen Smiley zurück und fragt, ob das Deutschland sei. Wunderliche Erdbewohner.

Amir hat Elektrotechnik studiert, aber er findet keine Stelle. So wie viele junge Omaner. Eine Freundin hat er nicht, aber ohne Job kann er sich eh keine Hochzeit leisten. Er holt eine Picknickdecke von der Ladefläche, schlägt sie an der Felskante aus, dann tischt er Qahwa und Datteln auf. Ich lasse arabische Musik von meinem Handy abspielen. Wir hören *Ya salam*. Amir freut sich, er mag Nancy Ajram, und er verehrt Saddam Hussein. Letzterer hat zwar keine Songs geschrieben, aber »he want unite Arab«, sagt Amir.

Die Utopie des Panarabismus, die Idee, alle Araber vom Atlantik bis zum Persischen Golf in einen gemeinsamen Nationalstaat zu vereinen – das ist Amirs Traum. Den Diktator hat er als Hintergrundbild auf sein Smartphone gebannt, wie einen Posterboy. »All Omani love Saddam.« Amir strahlt wie die Sonne. Seine Behauptung ziehe ich zwar insgeheim in Zweifel, aber wissen kann ich das nicht. Um die Frage zu diskutieren, reichen jedoch unsere linguistischen Fähigkeiten nicht aus. Was ich weiß, ist, dass Oman 1990 der anti-irakischen Koalition angehörte und sich unter Federführung der USA mit knapp tausend Soldaten am Krieg gegen Irak beteiligte.

Das Thema ist schnell vergessen, denn die Landschaft ist wunderherrlich. Wir sitzen auf der Decke, trinken bitteren Qahwa, essen süße Datteln und schauen in die Ferne. Zweieinhalb Stunden sind mittlerweile vergangen, und Amir hält jetzt meinem Blick stand. Er will sogar ein Selfie von uns machen, im Hintergrund das Bergmassiv, über uns der Himmel. Sein Display leuchtet auf, und Saddam Hussein lächelt uns entgegen.

DIE ENTSCHEIDUNG

Tage in Bahla. Der Fuß schmerzt. Auf *Zeit Online* lese ich, dass deutsche Firmen im Jahr 2018 allein von Januar bis Oktober Kriegswaffen im Wert von 160 Millionen Euro nach Saudi-Arabien geliefert haben sollen. Damit lag der Wert der Exporte bereits in den ersten zehn Monaten um rund fünfzig Millionen Euro höher als im Gesamtjahr 2017.

Am Mittag holt mich Amir ab. Er hat sich extra für mich die neuesten Lieder von Nancy Ajram auf sein Handy geladen und mir Cola gekauft. Es ist rührend, wie er sich um mich kümmert, wie er versucht, mich rauszuholen aus meiner Lethargie und mich abzulenken von meinem Dilemma. Wir fahren durch das Wadi Nakhar, den Grand Canyon Arabiens, dann hinauf ins Gebirge, direkt an der abfallenden Kante entlang. Einer Straßenhändlerin kauft Amir ein Armband ab und schenkt es mir. An einer Felswand machen wir wieder ein Kaffee-Dattel-Picknick.

Hier im inneren Oman, in der Region Ad Dakhiliyah, gibt es vielleicht die reizvollsten Dörfchen des Landes. Sie kleben an Berghängen, eingestreut in Terrassenanlagen. Manche Örtchen sind verlassen, denn die jungen Omaner ziehen lieber nach Muscat, anstatt eine beschwerliche Existenz in den Bergen zu führen. Das mag uns Europäer, die wir ja stets eine Schwäche haben für pittoreske Rückständigkeit, enttäuschen, aber die Menschen im Oman empfinden die Modernisierungen des Sultans als positiv. Das Leben ist leichter geworden.

Nach unserem Ausflug in die Natur möchte mir Amir sein Heimatdorf Al Hamra zeigen. Im neuen Viertel reihen sich Shops und weiße Wohnhäuser nebeneinander wie gewohnt, aber im Ortskern atmen wir Geschichte, denn hier stehen einige der ältesten Lehmhäuser des Landes. Manche ragen zwei, drei und sogar vier Stockwerke in die Höhe. Sie erinnern an den Jemen. Die Dächer sind mit Palmwedeln und Stroh bedeckt. In den Häusern leben keine Menschen mehr. Die Fassaden bröckeln zwar, aber ihre goldgelbe Farbe wirkt, als hätten sie das Sonnenlicht eingefangen.

Amir und ich gehen durch die verwinkelten Sträßchen, niemand sonst ist hier, es riecht nach Stein und Staub, und obwohl im Souq kein Händler mehr sitzt und kein Kunde um Waren feilscht, so flirrt doch die Fantasie. Wie geschäftig es hier einst zugegangen sein mag? Ich stelle mir vor, wie jemand dort hinten seine Datteln anpreist, ein anderer hämmert Töpfe, und das Klopfen schallt durch die Gassen. Bunte Tücher hängen herab, Frauen promenieren umher und schäkern mit den Händlern, ein Mann hat seine Honiggläser zu einer Pyramide aufgetürmt, doch er ist eingeschlafen und schnarcht. Kinder huschen in einen Hauseingang und quietschen, eine Katze döst auf dem Treppenabsatz, und irgendwo ruft ein Muezzin.

»This is house of my grandfather«, sagt Amir, als wir an einem zweistöckigen Wohnhaus hinaufblicken. Auf dem gestampften

Lehmboden im Erdgeschoss stand das Vieh, im ersten Stock wohnte die Familie. Hier wurde Amirs Großvater geboren, und hier starb er vor vielen Jahren. Hier heiratete Amirs Mutter, hier war eine andere Zeit. Das Haus ist verfallen. Die Stiegen sind eingebrochen, die Wände blättern. Aber Amir hält die Hand an sein Herz.

Vinod sieht müde aus, und dennoch bringt er mir Schokolade und Schmerzmittel auf mein Zimmer. Der Fuß bläkt. Es wird nicht besser. Und wieder der Zweifel. Soll ich kapitulieren? Heimreisen? Ich muss eine Entscheidung treffen. Und zwar sofort.

Mein Verstand sagt, fahr zurück nach Düsseldorf, mein Herz will, dass ich in Arabien bleibe. Mein Verstand hat recht, aber ich muss meinem Herzen folgen. Es funktioniert nur so. Seit fünfzig Tagen bin ich unterwegs, es ist zu früh, um aufzugeben, weil immer etwas geht. Und dann ist da noch eine Sache: Ich weiß, dass ich daheim in ein Loch fallen würde, in die Leere in mir. Um dieser Dunkelheit zu entsteigen, bräuchte ich hundert Sonnen voll Licht und fünfhundert Tonnen Kraft. Mit einem Bänderriss über die Halbinsel zu humpeln ist dagegen eine Petitesse. Also beschließe ich weiterzumachen. »Man muss Tiefschläge wegreisen«, schrieb Matthias Politycki.

Vernünftig ist meine Entscheidung nicht. Kluge Menschen brechen ab und kommen irgendwann zurück. Ich bin nicht klug. Ich will nicht umkehren. Nicht hier. Nicht jetzt. Nicht bevor ich den Sand im Leeren Viertel durch meine Finger habe rieseln lassen. Nicht bevor ich in Katar zuschauen konnte, wie die Wüste das Meer küsst, am Ende der Welt. »Was man nicht erfliegen kann, muss man erhinken«, sagte der arabische Dichter al-Hariri. Nun denn.

Zwei Tage später reicht mir Vinod die Hand zum Abschied. Er hat sich entschlossen, nächsten Monat nach Indien zurückzugehen. Zwölf Stunden Plackerei pro Tag sind zu viel. Er kann nicht mehr.

WO DIE GÖTTER WEINEN

Arul fährt das Taxi, illegal. Drei Kinder in Bangladesch hat er zu versorgen. Seit vier Jahren arbeitet er im Oman. »Was ist das für ein Leben?«, fragt er mich, und ich weiß keine Antwort. Bei illegalen Taxlern sitze ich vorne, im Fond wäre ich schnell als Kunde entlarvt. Ich zahle außerdem schon während der Tour und nicht erst am Ziel. Denn wenn die omanischen Taxifahrer Verdacht schöpfen, hagelt es Prügel für den Bangladescher. Arul ist das einmal passiert. Seitdem ist er vorsichtig.

Das Internet behauptet, dass in einer halben Stunde ein Bus nach Salalah startet. Hinter dem Counter in der kleinen Busstation lächelt mich ein Omaner an.

»Fährt von hier ein Bus nach Salalah?«, will ich von ihm wissen.

»Inshallah«, antwortet er und lächelt.

»Heute?«

»Inshallah.«

»In einer halben Stunde?«

»Inshallah.« Er lächelt, und ich setze mich auf eine Bank.

Ein Ja ist zwar besser als ein Inshallah, aber ein Inshallah erscheint mir hier immer noch besser als ein Nein. Also warte ich. Und der Bus biegt 35 Minuten später um die Ecke.

Zwischen der Region Ad Dakhiliyah und Salalah liegen knapp 900 Kilometer. Eine zweispurige Straße führt pfeilgerade durch die Wüste. Zehn Stunden lang. Der Blick aus dem Fenster bleibt nirgendwo hängen. Die Augen fasten. Links und rechts erstreckt sich Ödnis in Gelb und Grau. Nach eineinhalb Stunden sehe ich eine Kamelherde vorbeiziehen. Nach drei Stunden sichte ich zwei Arbeiter, die im Staub schlafen. Eine Trasse soll gebaut werden. Wie die Männer hier hingekommen sind und wer sie abholen wird, ist ungewiss. Kein Auto weit und breit.

Nach vier Stunden Pause. Das Mädchen neben mir trägt eine Abaya mit Adidasstreifen, es isst eine Falafel, ich trinke Cola, schlucke eine Schmerztablette. Der Busfahrer hupt. Weiter geradeaus, rechts und links nichts.

Nach sechs Stunden erblicke ich ein Stoppschild, das jemand in den Sand gesteckt hat. Doch im Ödland verläuft keine Straße.

Nach sieben Stunden ragt wie eine Fata Morgana mitten aus der Wüste ein Spielplatz empor, mit Schaukeln, Klettergerüst und einer Rutsche. Rundherum nur Einsamkeit. Keine Kinder. Die Sonne taucht das Land in Purpur.

Wenn der Busfahrer schneller als 120 Stundenkilometer düst, piepst es. Alle Autos im Sultanat sind mit diesem unerbittlichen Kontrollsystem ausgerüstet, das nicht abzuschalten ist. Doch der Signalton stört den Fahrer mitnichten, und so piepst es zehn Stunden lang. Die meisten Leute im Bus schlafen trotzdem, Omaner, Inder, Pakistaner. Die roten Gardinen sind zugezogen. Als ein Baby schreit, erwacht plötzlich die Greisin im Sitz vor mir, klappt ihre Gashwa hoch und fängt ebenfalls an zu greinen. Sie wickelt ihren Kopf in die rote Gardine und plärrt wie ein Klageweib. Wunderliche Erdbewohner.

Nach neun Stunden ist die Wüste tintenschwarz, vom Himmel strahlt der Halbmond auf uns herab.

Nach zehn Stunden erreichen wir Salalah, die Hauptstadt des Dhofar, der größten Provinz Omans, tief im Süden.

In vergangenen Zeiten war Salalah die Metropole der Händler, denn im 10. Jahrhundert vor Christus entstand in Dhofar die Weihrauchstraße. Sie war neben der Seidenstraße eine der wichtigsten Handelsrouten des Altertums.

Der Karawanenweg führte von hier aus in den Jemen, von dort durch Saudi-Arabien bis nach Petra, dann weiter nach Gaza, Damaskus und verzweigte sich bis nach Europa. Was der Arabischen Halbinsel heute das Erdöl ist, war ihr damals der Weihrauch. »Tränen der Götter« nannten die Pharaonen das Harz. Umso heller die Farbe, umso edler die Ausbeute, und die gesamte antike Welt schätzte den Weihrauch als religiöse Opfergabe und als Pharmazeutikum. Später lösten Schiffe die Karawanen ab, und die Wege verloren an Bedeutung. Seit dem Altertum ist es nicht gelungen, den Weihrauchbaum in Kultur zu halten. Die Pflanzen müssen nach wie vor abgewandert und die Rinde muss über einige Wochen hinweg eingeritzt werden, um dann endlich den getrockneten Duftharz abschlagen zu können. Das ist mühsam. Allerdings hängt von dem Harz nicht mehr der Wohlstand des Oman ab. Die Göttertränen sind aber noch Bestandteil des teuersten Parfums der Erde. Seit fast einem halben Jahrhundert wird im Oman der Duft Amouage komponiert. Er besteht aus Weihrauch und 120 anderen Ingredienzien. Hundert Milliliter kosten dreihundert Euro. Ein stolzer Preis, und doch verdient man dieser Tage besser am Tourismus. Im Sommer pustet der Südwestmonsun *Khareef* Geld in die Kassen, denn die Nebelschwaden bringen Regen, machen die Bäume grün und lassen den Dhofar erblühen. Mit dem Khareef kommen die Gäste aus den Emiraten und Saudi-Arabien. Sie tanzen in patschnassen Dishdashas durch die Pfützen, freuen sich über schlechtes Wetter, picknicken knallvergnügt unter Dattelpalmen im feuchten Gras und knipsen Fotos von Regentropfen. Alle Hotels in Salalah sind dann ausgebucht, viele Omaner ziehen in Zelte und vermieten ihre Häuser für 500 Euro pro Tag.

Der Bus parkt, ich steige aus. Dhofar war seit jeher enger mit dem Jemen verbunden als mit dem omanischen Kernland. Bevor Sultan Qaboos den Thron bestieg, war Dhofar jedoch eine vernachlässigte Region. In den Fünfzigerjahren des 20. Jahrhunderts wanderten viele Dhofarer in arabische Nachbarländer ab und verdingten sich dort als Gastarbeiter auf Baustellen, oder sie ließen sich als Söldner anheuern. Dort schnappten sie marxistische Ideen auf und schlossen sich zu Guerillagruppen zusammen, um Dhofar vom Regime Sultan Saids zu befreien.

1965 begann der sogenannte Dhofar-Aufstand. Die Revoluzzer erhielten Unterstützung vom sozialistischen Südjemen und rückten immer weiter östlich vor, sodass einzig Salalah von der omanischen Regierung kontrolliert wurde. Als Qaboos seinen Vater 1970 stürzte, versuchte er sogleich, die Sympathien der Dhofarer zurückzugewinnen, indem er dort ebenfalls die Lebensbedingungen der

Bevölkerung verbesserte, Schulen gründete, Krankenhäuser eröffnete, eine Infrastruktur schuf und Sachgeschenke machte. Militärisch gewann Qaboos auch dank britischer und iranischer Unterstützung immer mehr die Oberhand über die Rebellen. 1975 erklärte der junge Sultan den Dhofar-Aufstand offiziell für beendet.

Google Maps vermeldet, dass die Wohnung, die ich angemietet habe, nur vierzehn Autominuten entfernt liegt. Ein Schwarm Taxifahrer flattert um mich herum. Sie offerieren mir unverschämte Preise. Ich war schon immer eine lausige Verhandlerin, aber ich habe Schmerzen und keine Lust mehr, den Quatsch hier typisch deutsch hinzunehmen, nur weil das Feilschen in unseren Breitengraden als unlauter empfunden wird. Der alte Taxifahrer in Muscat fällt mir ein, und ich ärgere mich erneut, wie rotzfrech er mich an meinem ersten Tag im Oman schröpfte. Und so beschließe ich, ab jetzt mit den gleichen harten Bandagen zu kämpfen, wie es die Araber tun.

Ein Bursche fordert acht Rial, ich lache ihn aus und sage Nein. Ein Dicker verlangt sechs Rial. Ich sage Nein. Er sagt fünf, ich sage zwei, er sagt drei, ich sage zwei, er sagt Nein, ich sage Nein, er schimpft und dampft ab. Ein dritter Taxifahrer hat die Szene verfolgt. Majid heißt der Pfiffige, er schlägt zwei Rial vor, und ich steige ein.

Die Wohnung gehört zu einem Appartementkomplex. Nikul döst hinter der Rezeption, sein Kopf ist so rund wie eine Kanonenkugel. Als er mich sieht, blinzelt er. Seine Frau lebt im indischen Bundesstaat Kerala, Nikul arbeitet tagaus, tagein und schickt ihr die Hälfte seines Geldes.

Er führt mich durch das Treppenhaus, das etwas zu penetrant nach Weihrauch riecht. Mein Appartement hingegen stinkt nach Mottenkugeln, doch es ist spottbillig, und in der Küche steht eine Waschmaschine, die mit kaltem Wasser wäscht.

Am Morgen erwache ich mit Bissen auf der Haut. Auf dem Laken sehe ich sie hocken: *Cimex lectularius*, die gemeine Bettwanze.

Nikul ist die Sache peinlich. »Ich entschuldige mich aufrichtig, Ma'am, immerhin sind Sie Deutsche, Ma'am«, argumentiert er. Ob ihm Wanzen bei einer Chinesin weniger leidgetan hätten, frage ich nicht. Er trägt meinen Rucksack ein Stockwerk höher in ein anderes Appartement, doch die darauffolgenden Nächte schlafe ich unruhig.

Im Fernsehen läuft die Wiederholung der Gruppenphase. Oman verliert 0:1 gegen Japan. Nikul schaut keinen Fußball, sein Kanonenkugelkopf ruht neben der Tastatur. Er ist eingenickt.

BERGMENSCHEN

Die Tage in Salalah. Eines Mittags fahre ich per Anhalter in die Innenstadt. Abdul will im Souq jemenitischen Honig verkaufen. Er hat ein charmant hässliches Gesicht, in das sich viele Lebensjahre eingegraben haben. Wann er geboren wurde, weiß er nicht. »Vielleicht bin ich 63, vielleicht aber auch schon 65«, sagt er und lacht.

Abdul ist ein *Jebbali*, ein Bergmensch. Die *mountain people* zählen zu der Urbevölkerung Südarabiens. Als Kind lebte Abdul mit seinem Clan noch im Gebirge, in Höhlen, irgendwo zwischen Felsen. In Dhofar gibt es Dutzende solcher Bergstämme, doch jetzt besitzen die Jebbali Häuser und lenken Jeeps. Die Bergbewohner sprechen eigene Sprachen mit dialektalen Differenzierungen, die allen anderen Arabern unverständlich sind. Jeder Jebbali ist stolz auf seine Herkunft. Das Wissen um die Traditionen der Bergmenschen geht allerdings von Generation zu Generation verloren – ganz im Sinne der omanischen Regierung. Denn der ehemals rebellische Dhofar kann somit leichter arabisiert werden, und Oman wächst letztendlich zu einer Einheit zusammen.

Abdul gehört zu den al-Mashani, so wie die Mutter des Sultans, Mazoon al-Mashani. Rund 5000 Familienmitglieder zählt seine Sippe, schätzt Abdul, und sie halten regelmäßig Kontakt zueinander und tauschen sich aus.

»Wie das?«, frage ich.

»Wir haben eine WhatsApp-Gruppe«, antwortet er. Als Qaboos seinen Vater vom Thron putschte, halfen ihm die al-Mashani dabei, erzählt Abdul. Er macht sich allerdings Sorgen um die Zukunft. »Der Sultan ist ein guter Mann, aber er hat keine Frau, keine Kinder, und er ist schwer krank.«

Zwar heiratete Qaboos 1976 seine Cousine, doch die Ehe wurde rasch geschieden. Seitdem lebt er allein. Er erkrankte an Darmkrebs und ließ sich 2015 in Deutschland behandeln, mit Erfolg, so heißt es offiziell. In einem geheimen Brief soll er notiert haben, wer sein Erbfolger wird, sofern sich die Herrscherfamilie nach seinem Tod nicht einigen kann.

»Warum hat er keine Frau?«, will ich wissen.

»Vielleicht ist er nicht an Liebe interessiert«, meint Abdul.

»Oder er mag Männer«, sage ich gewollt provokant, denn dass der Sultan schwul sein könnte, ist ein Gerücht, das seit langer Zeit in Arabien kursiert. In seiner Palastgarde dienen angeblich nur hübsche Herren. Homosexualität ist im Oman jedoch illegal.

»Aber wenn man Männer liebt, kann man auch Frauen lieben. Sie sind doch viel schöner«, kontert Abdul mit entwaffnender Naivität. Er selbst ist seit vierzig Jahren verheiratet und hat erwachsene Sprösslinge.

»Wie viele Kinder haben Sie?«, frage ich.

»Ein paar«, entgegnet Abdul.

»Wie viele genau?«

Er überlegt und sagt dann: »Vier oder fünf.«

Knapp ein Jahr nach meiner Reise stirbt Sultan Qaboos an Krebs. Mit 79 Jahren. Die Omaner trauern aufrichtig. Seine Nachfolge tritt sein Cousin an, der frühere Kulturminister Haitham bin Tariq Al Said. Das war Qaboos' Wunsch.

BIG BUSINESS

Die Haut der Omaner im Süden ist dunkler als anderswo im Land. Südarabien war schon früh besiedelt. Es wird angenommen, dass der Homo sapiens vor etlichen Tausend Jahren aus dem Gebiet des heutigen Äthiopien eingewandert ist. Möglicherweise setzte er in Einbaumbooten über. Damals war die Meerstraße Bab al-Mandab wesentlich schmaler als heute. Wenn die Menschen an der Küste von Dschibuti übers Wasser blickten, konnten sie den Jemen sehen.

Jahrtausende später kamen wieder Afrikaner auf die Halbinsel – diesmal aber nicht aus freien Stücken. Die Vorfahren vieler Omaner waren Sklaven. Durch den orientalischen Handel wurden von 650 bis 1920 zwischen elf und siebzehn Millionen Afrikaner als Ware in die islamischen Kernländer und bis nach China verschleppt, so schätzen manche Historiker. Doch die Quellenlage ist dünn, die Zahlen lassen sich schwerlich verifizieren und müssen deshalb mit einem Fragezeichen versehen werden.

Auch die Europäer gingen bekanntlich jahrhundertelang auf Menschenjagd. Papst Nikolaus V. gab 1452 seinen christlichen Segen, Ungläubige in die »ewige Knechtschaft zu zwingen«. Und so machten arabische und osmanische Händler, persische Kaufleute, portugiesische und englische Unternehmer Big Business in Afrika. Sogar Afrikaner beteiligten sich aus Profitgier an der Verfolgung.

Hauptumschlagplatz der Araber war vom 17. bis zum 19. Jahrhundert das omanische Sultanat Sansibar, im heutigen Tansania. Dort fanden Sklavenmärkte statt, und Schwarze schufteten auf Gewürznelkenplantagen. Ganze Landstriche Ostafrikas wurden entvölkert.

Zwangsarbeit, ob in der Landwirtschaft, in der Perlenfischerei oder im Haushalt, gab es schon lange vor dem Islam. Judentum, Christentum und andere Religionen billigten sie. Zu Zeiten des Propheten Mohammed war Sklaverei Alltag, wie vielerorts in West und Ost. Indes empfiehlt der Koran an mehreren Stellen die Freilassung von Leibeigenen. So schenkte Mohammed wenige Wochen vor seinem Tod seinen 63 Sklaven die Freiheit. Die Abschaffung der Leibeigenschaft stand zwar nie zur Diskussion, gleichwohl fordert der Islam Barmherzigkeit ein, die in der Realität jedoch oft nicht umgesetzt wurde, und viele Gelehrte sahen darin kein Problem. Stattdessen shoppten die Herrschaften ihre Diener am liebsten entmannt, in gleicher Weise, wie man heutzutage kastrierte Hunde und Katzen bevorzugt, um Scherereien zu vermeiden. Und weil der Islam das Verstümmeln von Sklaven untersagt, erledigten die Drecksarbeit eben nichtmuslimische »Spezialisten«.

Auch in den Märchen von *Tausendundeine Nacht* treten regelmäßig Sklaven auf. So betrog die Gemahlin des Königs Shahriyar ihn mit einem schwarzen Sklaven, der von einem Baumwipfel herabsprang, »ihre Waden hob, sich zwischen ihre Oberschenkel warf und sie beschlief«.

Im 19. Jahrhundert verboten die europäischen Kolonialmächte den arabischen Sklavenhandel in Ostafrika, allerdings weniger aus Menschenliebe, sondern vielmehr aus imperialistischen Gründen. Das Big Business flaute dadurch ab. Zudem erwies es sich als kostspieliger, Menschen zu fangen und zu bewachen, als sie in niedriger Lohnarbeit »freiwillig« beschäftigt zu halten. Inoffiziell bestand der Sklavenhandel aber bis ins 20. Jahrhundert fort. 1924 wurde die Sklaverei dann im Irak abgeschafft, 1937 in Bahrain, 1949 in Kuwait, 1952 in Katar, 1962 in Saudi-Arabien und im Jemen. 1970 folgte endlich Oman.

Es ist Abend. Ich lasse mich zum Gold-Souq chauffieren, auch hier floriert das Business, wie erfolgreich, vermag ich nicht einzuschätzen. Aber dafür wird es heiter, denn Taxifahrer Bassam berichtet mir, dass er unlängst deutsches Bier getrunken habe. Zum ersten Mal in seinem Leben. »Das aus der grünen Flasche.«

Nach der Hälfte gab er auf. Ihm wurde schwindlig, und er musste sich ins Bett legen. »Ist das normal?«, fragt er mich.

Als er mich am Souq absetzt, will er kein Geld. Ich hake mehrmals nach, weil ich seine Verneinung als Höflichkeitsfloskel interpretiere, doch Bassam besteht auf der Freifahrt.

DIE RÜCKSEITE DER STADT

Salalah bedeutet »Sonnenstrahl«, doch wo Sonne ist, da ist auch Schatten. Der Gold-Souq lockt mich nicht, und auch die schicken Hotelresorts am Strand lassen mich ungerührt. Stattdessen drehe ich die Stadt auf links und humple durch Hinterhöfe und finstere Gassen, durchstreiche all jene Winkel, die nicht beschienen werden.

Hier ist es tatsächlich dunkel, denn es brennen keine Laternen, und die Menschen lächeln nicht. Abseits der Boulevards zeigt sich die Vergeblichkeit des Lebens. Ich blicke in Hausflure, die sich als Wohnstuben entpuppen, weil das Geld nicht für eine richtige Bleibe reicht, sehe fleckige Matratzen, auf denen sich Männer betten, meist Pakistaner oder Nepalesen. Sie kamen irgendwann als Glücksritter nach Oman, um Geld zu scheffeln, und endeten in Korridoren. Ich schaue sie an, doch sie bemerken mich nicht, denn um uns herum ist Nacht. Manche Häuser stehen leer, die Fenster sind zerschlagen, der Putz löst sich. Nur Katzen wohnen hier noch. Mülltonnen dampfen. Ich gehe weiter und spähe in ein Kellerfenster hinein, ein Junge bügelt Hemden, eine Frau wäscht Teller in einem Eimer. Das ist die Rückseite der Stadt. Hier scheint keine Sonne, hier leben die Abgehängten und die Hoffnungslosen. Es riecht nach Weihrauch und Pisse.

Als ich aus der Dunkelheit in den hell erleuchteten Souq zurückkehre, finde ich auf dem Trottoir eine Spielkarte. Jemand muss sie verloren haben. Herz-Zehn. Im Tarot verheißt sie Glück.

Am nächsten Morgen wickle ich den Verband auf. Mein Fuß ist abgeschwollen.

ALLES ANDERS

Es ist immer alles anders, wenn man denkt. Und irgendwann stellt jeder Reisende die eigene Kultur infrage. Wertvorstellungen passen nicht mehr. Haltungen werden neu beurteilt. Rätsel bleiben. Wie bewege ich mich, wie grüße ich? Wirke ich zu harsch oder zu fad? Bin ich zu offensiv oder zu kühl? Wie bedanke ich mich, wie sitze ich? Was schenke ich, wann gehe ich?

Mir fällt auf, dass ich in Arabien vielmehr gestikuliere als in Deutschland. Die Worte erhalten plötzlich Gewicht. Jeder fremde Ort macht etwas mit dem Reisenden.

Die Golfstaaten sind anders, als wir im Westen oft meinen. Die allerwenigsten Männer sind reiche Ölscheiche, die Falken, Autos und Ehefrauen sammeln, die in München shoppen und ihre Gören auf britische Internate schicken. All das sind Klischees, die mit der Realität kaum etwas zu tun haben. Aber weil es dem Reisenden nicht leicht gemacht wird, mit Golfarabern aus Kuwait oder den Emiraten in Kontakt zu treten, können Stereotype schwerlich ausgeräumt werden.

Erst recht die Welt der Frauen scheint verriegelt. Dabei sind die Golfaraberinnen nicht unsichtbar. Sie studieren häufiger als die Männer, sie gründen Start-ups, arbeiten als Ärztinnen, Designerinnen oder Ingenieurinnen. Schminke und Schönheit sind den Golfaraberinnen zwar wichtig, aber die oberflächliche, hohlköpfige Tussi wird missbilligt. Die Mädchen möchten gebildet sein, sie wollen partizipieren und beeinflussen. Manche Frauen bekleiden Spitzenpositionen, auch in Ministerien und in der Justiz, sie geben sich aber stets feminin und eignen sich keine maskulinen Eigenschaften an, wie wir das aus Europa kennen. »Mannsweiber« mit Kurzhaarschnitt werden in Arabien nicht ernst genommen.

Im Gegensatz zu den Europäerinnen ist das Miteinander unter den Golfaraberinnen durch eine stärkere Frauensolidarität geprägt. Das mag der Geschlechtertrennung geschuldet sein, man hilft und unterstützt sich eher. Außerdem gibt es für einheimische Mädchen staatliche Förderprogramme, und die Regierungen bemühen sich immerhin um Wertschätzung und Respekt. Und so hat sich die Lage der Frau in den VAE, in Kuwait, Bahrain, Katar oder Oman in den letzten Jahren enorm gewandelt und ist mit der Situation in Saudi-Arabien nicht zu vergleichen, auch wenn dort momentan Aufbruchsstimmung herrscht.

Natürlich gelten für einheimische Frauen andere Regeln als für ihre Brüder und Cousins. Konservative Familien betrachten den Schutz der Frau als Pflicht des Mannes. Ehe und Kinder sind nicht bloß erwünscht, sondern werden erwartet. Der Mann darf theoretisch mehrere Frauen heiraten. Es heißt, dass die Regelung in frühislamischer Zeit Frauenrechte stärken sollte. Denn nach dem Tod ihres Ehepartners konnte sich die Witwe mit ihren Kindern von dessen Bruder aufnehmen lassen, sogar wenn dieser bereits eine Familie hatte. Die Witwe war abgesichert. Der Mann ist zudem verpflichtet, alle seine Frauen und Nachkommen gleich zu behandeln. Ob das Mehrehe-Modell heute noch notwendig ist, mag indes diskutabel sein. Verursacht es doch nicht selten Herzeleid und Unfrieden bei allen Beteiligten.

Ausländer zählen übrigens nicht zu den bevorzugten Heiratskandidaten; über Braut und Bräutigam entscheidet häufig die Verwandtschaft, und auch der Mann steht unter sozialem Druck. Er kommt nur als Gemahl infrage, wenn sein finanzieller und gesellschaftlicher Background genehm ist. Er soll überdies ein guter Vater sein, Karriere machen, den Kinderwagen schieben, und er ist in häuslichen Dingen seiner Ehegattin untergeordnet.

Die golfarabische Frau wird hingegen oft wie eine Prinzessin behandelt, sie bekommt überall einen Sitzplatz zugewiesen, Herren müssen weichen. Damit sie niemand betatschen kann, braucht sie nicht mit Männern in der Schlange zu warten. Sie gilt als kostbares Kleinod, das der Behütung bedarf. Doch Protektion bedeutet am Ende Paternalismus. Und Schutz entpuppt sich als Unfreiheit.

Auch ich erlebe Bevormundung. In den Restaurants zwischen Muscat und Salalah werde ich ins Familienseparee gesetzt, ledige Männer essen nebenan, abgeteilt von den Frauen, hinter Vorhängen und Stellwänden. Als ich einmal aus Versehen den falschen Eingang benutze, eskortiert mich ein aufgehuschter Kellner flugs zurück in die *family section*. In den Fernbussen muss ich vorne Platz nehmen, die Männer heckwärts. Das ist nicht unbedingt schlecht, denn niemand glotzt mich an.

Und damit kommen wir zum Casus knacksus, zum eigentlichen Problem: Denn die Geschlechtertrennung verstärkt eher Begehrlichkeiten, als sie zu drosseln. Am härtesten trifft es auch hier die Gastarbeiter. Die südasiatischen Männer leben entweder weit weg von ihren Ehefrauen oder dürfen, falls sie ungebunden sind, offiziell keine außerehelichen Beziehungen eingehen. Das ist in den Golfstaaten nicht erlaubt, und viele Arbeitsmigranten sind Muslime. Dass die armen Schlucker ohnehin kaum Chancen haben, eine Frau kennenzulernen, verschärft ihre Situation. Hunderttausende Pakistaner, Nepalesen und Bangladescher sind zur Abstinenz gezwungen, zur sexuellen Frustration. Sie müssen stillhalten. Die Folge: Gaffen. Allerorts durchbohren mich ihre Blicke, denn ich trage keinen Schleier wie die Golfaraberinnen. Die Männer sagen nichts, lächeln nicht, sie grapschen nicht, denn sollten sie einer Frau an den Hintern langen, fliegen sie aus dem Land. Aber sie starren. Und das ist mitunter so unangenehm, dass ich mir zuweilen einen Niqab wünsche.

Die geheime Angst vor der Macht weiblicher Sexualität ist nicht der alleinige Grund für die Geschlechtertrennung, die im Oman nicht gesetzlich vorgeschrieben ist. Tatsächlich wird den Frauen damit auch Privatsphäre eingeräumt, die sie fernerhin einfordern. Denn wer behütet aufwächst, fühlt sich schnell bedroht. Also verbringen sie ihre Zeit lieber unter sich.

Trotz *family section* genieße ich als westliche Frau dennoch das Privileg, Zugang zur männlichen und weiblichen Welt gleichermaßen zu haben, denn ich bin Gast. Das gilt für weite Teile des Nahen und Mittleren Ostens.

Gewiss, in den Emiraten ist mir überhaupt kein Kontakt zu den Einheimischen gelungen, aber Oman wirkt ungeachtet seines Konservatismus wesentlich aufgeschlossener als seine Nachbarn. Hier weht ein wärmerer Wind. Die Omaner sind neugierig und sprechen mich an, sie fragen mich, woher ich komme und wohin ich möchte, sie zeigen mir den Weg, laden mich auf einen Tee ein und erzählen von ihrem Leben. Als alleinreisende ausländische Frau bin ich den arabischen Männern hier in vieler Hinsicht näher als den arabischen Frauen. Denn ich bin frei. Sogar freier als jeder Mann.

NURA

Sie trägt eine schwarze Abaya, roten Nagellack und ein Kopftuch aus Spitze. Wenn sie lacht, dann tief aus der Kehle. Zwischen ihren Schneidezähnen blitzt eine Lücke. Nura ist der einzige weibliche Tourguide in ganz Dhofar. Früh am Morgen holt sie mich ab, wir trinken Karak im Auto. Unser Ziel liegt weit im Südwesten, am Ende des Oman, denn ich möchte in den Jemen hineinblicken.

Nuras Eltern waren zuerst skeptisch, als sie verkündete, Fremdenführerin werden zu wollen. Sogar der Beamte, der ihr die staatliche Lizenz ausstellen sollte, äußerte Bedenken. »Ich habe allein studiert, warum soll jetzt mein Ehemann für mich unterschreiben?« Das war Nuras Reaktion, und der Beamte überreichte ihr kleinlaut die Autorisierung.

»Sind die Männer denn ernsthaft besorgt? Oder trauen sie den Frauen einfach keine Selbstständigkeit zu?«, will ich wissen.

Nura überlegt. »Beides«, antwortet sie dann, »die alten Kerle sind oft Chauvinisten, aber das ist mir egal.« Sie lacht ihr Lachen und fügt hinzu: »Im Oman ist das Leben für Frauen trotzdem sehr angenehm und sicher. Nicht wie in Saudi-Arabien. Diese Hardliner dort versauen das Image aller Muslime.«

Nuras Ehemann unterstützt sie in ihrem Job. Er ist Polizist. Sie lernten sich auf der Polizeiwache kennen, weil Nura mit ihrem Auto zu schnell unterwegs war. Die Eltern sind inzwischen stolz auf den Beruf ihrer Tochter.

Zwei Dromedare kommen uns entgegen. Nura muss um sie herumfahren, die beiden machen keinen Platz und grinsen bloß. Im Oman gibt es keine wild lebenden Kamele mehr. Jeder Höckerträger lässt sich per Brandzeichen einem Besitzer zuordnen. Die Bedu erkennen ihre eigenen Tiere sogar an den Fußspuren.

Wir passieren das Fischerdorf Mughsayl. Hier liegt einer der herrlichsten Strände Omans. Ich sehe Palmen und Felsklippen, aber keine Menschen, keine Hotelbunker, keine Plastikstühle. Das Wasser glitzert türkisblau wie in der Karibik, und der Puderzuckersand ist so blendend weiß, dass ich eine Sonnenbrille aufsetzen muss. Nura atmet die Salzluft ein. »Ich liebe es hier«, sagt sie, schießt ein Foto und strahlt der Sonne entgegen.

Nura ist die Jüngste in der Familie, alle ihre Schwestern verdecken das Gesicht mit dem Niqab. Nura nicht. »Warum hast du dich dagegen entschieden?«, frage ich.

»Als ich in die Pubertät kam, waren meine Schwestern schon längst verheiratet und aus dem Haus«, erklärt sie, »ich bin mit Jungs aufgewachsen und musste mich durchsetzen. Neun Brüder habe ich. Wenn sie von mir verlangten, den Niqab anzuziehen, antwortete ich: Hängt euch doch selbst einen um.«

Die meisten Araberinnen am Golf tragen Niqab oder zumindest Sheila und Abaya. Ihre Kleidung wirkt zwar wie eine Rüstung, an der die Welt abprallt, aber der *Hijab* – die islamische Verhüllung – darf hier nicht antifeministisch gedeutet werden. Tradition und Emanzipation stehen nicht im Widerspruch zueinander. Der Niqab ist außerdem nicht religiös begründet, sondern birgt einen soziokulturellen Hintergrund. Frauen dürfen bei der Umrundung der Kaaba sogar weder Gesichtsschleier noch Handschuhe tragen. Der Niqab ist kein Produkt des islamischen Rechts, er entstammt ursprünglich der Beduinenkultur. Schon in vorislamischer Zeit benutzten Männer und Frauen Tücher, um Körper und Gesicht gegen Sonne, Sand und Insekten zu schützen.

Auf der Halbinsel gehört die Verhüllung zur Kultur, und auch der Mann ist unter Dishdasha und Ghutra verborgen. Oft werden Frauen in den Niqab hineingezwängt, sie leiden unter der Suppression, und oft beschließen sie freiwillig, das Tuch anzulegen. Obwohl der Islam den Gesichtsschleier nicht vorschreibt, wollen sie Gott näher sein. Oder sie fühlen sich unter der Kutte entspannter und souveräner, der Niqab ist ihre Oase, ein Zufluchtsort, in dem sie selbstbestimmt leben können – ohne Schönheitskonkurrenz.

Die Verschleierung ist ein anderer Umgang mit Intimität in der Öffentlichkeit, als wir Westler es gewohnt sind. Und in einer Gesellschaft, die durch Familienbande eng verzahnt ist, wo gemustert und getratscht wird, symbolisiert der Niqab ein Stück Privatheit. Er verleiht Anonymität und damit paradoxerweise Freiheit.

Ohne meine Reisen hätte ich das nicht verstanden. Ich musste erst lernen, dass weder Niqab noch Sheila als Gradmesser für Emanzipation herhalten können. Denn wer ausschließlich Bücher von Islamkritikern liest, der schrammt an der Realität muslimischer Lebenswelten vorbei. Der sitzt unvollständigen, teils falschen Behauptungen auf. Das passiert schnell. Das ist mir auch passiert. Aber ich sehe viele Dinge heute anders. Kritik ist wichtig, doch sie muss auf Fakten basieren und nicht auf Halbwahrheiten. Reisen kann als Korrektiv dienen. Reisen kann bilden. Und die richtigen Bücher und Quellen ohnehin. Also: Der Schleier sagt nichts über die Emanzipation der Frau aus. Nura ist das beste Beispiel dafür. Und tatsächlich ist es ja die Bibel und nicht der Koran, die das Kopftuch als Symbol der weiblichen Unterdrückung definiert. Im 1. Korinther 11,6–7 heißt es: »Der Mann aber soll das Haupt nicht bedecken, denn er ist Gottes Bild und Abglanz; die Frau aber ist des Mannes Abglanz.«

Im Gegensatz zum Christentum kennt der Islam auch die Verteufelung der Fleischeslust nicht. Der Sex, der eheliche, soll Männlein und Weiblein Pläsier bereiten. Im Christentum dient der Beischlaf einzig der Fortpflanzung und ist immer Sünde.

Vor der großen Einwanderungswelle wanden sich Frauen oft in farbige Stoffe mit Blumenmuster, und über den Haaren lagen transparente Tücher. Ende der 1970er-Jahre gewannen in Saudi-Arabien die ultrakonservativen Wahhabiten mehr Einfluss, und im Iran wurde ein Gottesstaat errichtet. Das alles hatte Auswirkungen auf die

Garderobe. Schwarz wird überdies als »schick« erachtet. Die Städterin unterscheidet sich damit von der Nomadin. »Schwarz macht schlank«, meint Nura und streicht über den Stoff. Die Abaya ist zu einem Fashion-Statement geworden, ihr Schnitt, ihre Stickereien, ihr Material spiegeln das Modebewusstsein der Trägerin wider.

Abgesehen vom Zeitgeschmack mögen Niqab, Abaya, Dishdasha und Ghutra obendrein eine Angst vor Überfremdung ausdrücken, die Sorge vor dem Verlust von Brauchtum und Identität. Die Golfaraber wollen sich abgrenzen von den Einwanderern, sie wollen das Eigene bewahren. Es ist die selbst gewählte Isolation einer privilegierten Minderheit.

Manchmal legt auch Nura den Gesichtsschleier an. Sie ist gläubige Muslimin, aber den Niqab trägt sie aus Kalkül. »Wenn ich mit meinen Freundinnen ausgehe, erkennt mich niemand unter dem Tuch. Das ist sehr praktisch.« Ihr Lachen kommt wieder tief aus der Kehle, und ich kichere mit.

Nuras Souveränität ist nicht allen Omanerinnen gegeben. Zwar sind sie den Männern gleichgestellt, die Frauen sind bildungshungrig, keine Branche ist ihnen verschlossen, aber erst seit fünfzig Jahren. Bis sie sich auch tatsächlich gleichberechtigt fühlen können, braucht es noch ein paar Generationen.

»Meine sechzehnjährige Tochter ist schon jetzt viel selbstbewusster als ich«, sagt Nura grinsend, »und eines Tages wird meine Enkeltochter noch tausendmal wagemutiger sein.«

DIE GRENZE

Wir schlängeln uns die Zig-Zag-Road hinauf. In Haarnadelkurven windet sich die Straße durch das Kalksteingebirge Richtung Jemen. Unser Blick reicht vom Arabischen Meer im Süden bis zu den Bergketten im Norden.

Zwei Checkpoints liegen auf dem Weg. Am ersten Militärposten schaut der Soldat in unsere Gesichter, Nura lächelt, ich lächle. Nura erklärt ihm auf Arabisch, dass ich eine Touristin aus Deutschland bin und sie mir das kleine Fischerdorf Dalkut zeigen möchte. Dalkut ist das vorletzte Dorf, bevor der Jemen beginnt. Der Soldat verlangt unsere Pässe, verschwindet damit in einem Kabuff, kommt nach fünf Minuten zurück und sagt: »Genehmigt. Aber nur nach Dalkut, nicht nach Sarfayt.«

Wir nicken. Und lügen, denn ich bat Nura, mich bis nach Sarfayt zu bringen, das letzte Dorf im Oman, dort befindet sich der Grenzübergang, und den will ich sehen. Schon immer haben mich Grenzen fasziniert. Ein Schlagbaum ist eine Zäsur, meistens zwischen zwei Ländern, und manchmal zwischen Welten. Grenzen sind einschüchternd und abweisend. Und sie locken. Jedes Mal will ich so nah wie möglich ran, will hineinlinsen in die Fremde und mich fragen, was sich hinter dem Stacheldrahtzaun und den Maschinenpistolen verbirgt. Und jedes Mal schaudere ich. Als Omanerin dürfte Nura in den Jemen einreisen, aber ich darf es aufgrund des Krieges nicht, deshalb die Ermahnung des Soldaten.

Nach wenigen Kilometern erreichen wir einen zweiten Checkpoint. Drei Bewaffnete im Tarnfleck wollen unsere Pässe sehen. Nura erzählt von einer Tasse Tee in Dalkut, danach würden wir sofort nach Salalah zurückkehren. Die Männer blicken in unsere Gesichter, Nura lächelt, ich lächle. »Nun gut«, sagt ein Gefleckter, »aber nur bis nach Dalkut, nicht nach Sarfayt.« Wir nicken wieder, lassen Dalkut links liegen und fahren weiter nach Sarfayt.

An einer Tankstelle am Ortseingang stoppen wir. Neben uns parkt ein Minibus mit zwölf Frauen, schwarz verschleiert bis zum Unterlid. Sie lugen durch geblümte Gardinen, das Nummernschild ist jemenitisch. Die Frauen haben Verwandtschaft im Oman besucht, erzählt uns der Busfahrer, als er draußen eine Zigarette raucht. Er soll die Jemenitinnen zurück in ihre Heimat bringen, nach al-Ghaydah. Die Stadt liegt in der sagenhaften Region Hadramaut, da, wo vor vielen Jahrhunderten die Hochhäuser erfunden wurden und wo die Weihrauchstraße hindurchführte.

Arabia Felix, Glückliches Arabien, nannten die Römer den Süden der Halbinsel. In der Antike war es hier grüner als dieser Tage,

und die Südspitze konnte im Gegensatz zu den Wüstengebieten in Zentralarabien landwirtschaftlich genutzt werden. Zahlreiche Geschichten und Märchen erzählt der Landstrich. Im Jemen soll der Legende nach die Königin von Saba residiert haben. Sowohl die Bibel als auch der Koran berichten von ihr. Städtenamen wie Aden oder Shibam klingen in den Ohren wie Musik, und in Sanaa erinnern die Gebäude mit ihren Zuckerbäckerfassaden an Lebkuchenhäuschen. Die Stadt ist Weltkulturerbe. Und die würdevollen Menschen gehören dazu.
Heute ist aus dem glücklichen Arabien ein unglückliches geworden. Der Jemen krepiert. Und weil das Land geografisch und militärisch abgeschottet ist, gibt es keine Flüchtlinge. Und wo keine Flüchtlinge sind, schreckt Europa nicht auf. Deshalb interessiert sich im Westen kaum jemand für den bettelarmen Staat, irgendwo am Südzipfel der Arabischen Halbinsel. Man ist ja mit Syrien beschäftigt.

Nura und ich rollen durch Sarfayt, bloß ein Dutzend Häuser, eine Straße, zwei, drei Shops. Vor der Dorfmoschee hat sich eine Menschenschar versammelt, ich sehe Kinder und Greise. Eine Beerdigung findet statt. Am Straßenrand zerfließt ein riesiger Haufen Kamelgedärm, ein Bagger schaufelt Fell und Gekröse in einen Container. Innereien kleben auf dem Asphalt. Obwohl es Schlachthäuser gibt, metzgern die Leute immer noch daheim, weil dem Blut eine reinigende Kraft nachgesagt wird und böse Geister vertreiben soll.
Zum Grenzübergang fahren wir nicht, denn da darf ich nicht durch. »Hinter dem Berg liegt der Jemen«, sagt Nura und zeigt mit ihrem Finger gen Westen. Nur der Minibus tuckert an uns vorbei, der Fahrer hupt. Niemand sonst will auf die andere Seite.

Die Saudis versprachen 2015 einen schnellen Sieg gegen die Huthi-Rebellen. Die Huthis sind eine Bürgerkriegspartei, ursprünglich stammen sie aus dem Nordjemen. Ihre Zwistigkeit mit der Regierung in Sanaa gärt schon seit über einem Jahrzehnt. Sie fühlten sich übergangen, forderten mehr Unterstützung für ihre Region.

Als dann 2011 im Zuge des Arabischen Frühlings bis zu eine Million Jemeniten gegen den Langzeitdiktator Ali Abdullah Saleh protestierten und dieser die Macht an seinen schwachen Vize Abed Rabbo Mansur Hadi abtrat, nutzten die Huthis ihre Chance, um zusammen mit anderen Stämmen den Präsidentenpalast zu stürmen und die Hauptstadt zu erobern. Hadi floh nach Saudi-Arabien und sitzt seitdem in einer Exil-Villa. Für die Saudis gelten die Huthis als verlängerter Arm des Iran. Das Königreich fühlt sich umzingelt vom großen Erzrivalen; im Libanon lauert die Hisbollah, in Syrien und Irak patrouillieren schiitische Milizen. All das geschieht direkt vor der eigenen Haustür. Iran liefert zwar kein schweres Kriegsgerät in den Jemen, aber immerhin Raketenteile. Er schickt Militärberater, hilft wohl beim Schmuggel von Munition, und die Hisbollah sorgt für strategisches Know-how.

Religion spielt eher eine untergeordnete Rolle, auch wenn der Krieg mittlerweile zum gottgegebenen Gefecht zwischen Schiiten und Sunniten hochstilisiert wird. Dabei gehören die Huthis zur *Zaidiya*. Die Zaiditen bilden zwar einen Zweig der Schiiten, aber sie verfügen über eine eigene Rechtsschule und agieren unabhängig. Der Konflikt ging ja auch ursprünglich aus einem innerjemenitischen Zwist hervor und nicht aus religiösen Animositäten. Die Huthis nahmen erst spät die Hilfe des Iran in Anspruch. Sie waren und sind keine lenkbaren Erfüllungsgehilfen. Dafür sind sie sowieso zu stolz. Aber durch die saudisch geführte Militärallianz samt ihren Luftangriffen und Seeblockaden mag sich die Verbindung zwischen Iran und den Huthis intensiviert haben und Iran profitiert von der Partnerschaft, kann er doch damit seinen Einfluss auf die Arabische Halbinsel ausbauen. Kronprinz Mohammed bin Salman hat sich jedenfalls verzockt. Das internationale Recht ist zwar aufseiten Saudi-Arabiens, aber der Krieg entwickelt sich zu einem saudischen Vietnam, zur größten humanitären Krise der Gegenwart; 10 000 Soldaten, Frauen und Männer starben, 85 000 Kinder sind verhungert und verdurstet, so schätzen NGOs. Über 22 der 28 Millionen Einwohner hängen von Hilfsorganisationen ab. Vierzehn Millionen Jemeniten sind akut von einer Hungerkatastrophe bedroht. In manchen Gebieten essen die Menschen Blätter, weil sie nichts anderes mehr haben. Das UN-Welternährungsprogramm erreicht nach eigenen Angaben die Hungrigsten nicht mehr. Hinzu kommt die Cholera. Dann das Dengue-Fieber.

Zusammen mit den Vereinigten Arabischen Emiraten, Bahrain, Ägypten, Kuwait, Jordanien, dem Sudan und Senegal – bis 2017 Katar und bis 2019 Marokko – zerbombt Saudi-Arabien das Land. Granaten treffen Hochzeitsgesellschaften und Schulbusse, Mädchen und Jungen werden in Stücke gerissen. Nahezu alles, was die Koalition bisher auf den Jemen abgefeuert hat, stammt aus amerikanischer oder europäischer Produktion. Die USA, Frankreich und Großbritannien leisten zudem Aufklärung und Logistik. Und dennoch sitzen die Huthis fest im Sattel, kontrollieren Sanaa und weite Landesteile, ja, sie häufen sogar im Mafia-Stil Vermögen an, während die Preise für Grundnahrungsmittel steigen und die Bevölkerung den Hungertod stirbt.

Inzwischen haben sich auch Separatisten aus dem Südjemen eingeschaltet, die für einen eigenen Staat kämpfen und von den VAE unterstützt werden. Und dann sind da natürlich die Dschihadisten der globalen al-Qaida-Franchise, verschiedene Milizen, dazu die jemenitische Muslimbruderschaft und noch ein Ableger des IS.

»Der Jemen ist verloren«, sagt Nura. Seit jeher galt das Land als Armenhaus Arabiens. Der einzige Wirtschaftssektor, der ohne Schwierigkeiten funktioniert, ist der Handel mit *Qat*, einer Pflanze, die berauscht und das Hungergefühl betäubt.

Oman war klug genug, sich aus dem Krieg herauszuhalten, Kuwait versucht sich einstweilen als Vermittler, Katar dürfte aufatmen, dass seine Armee von den Saudis ausgeschlossen wurde, und Marokko hat von sich aus hingeschmissen. Aber auch die restlichen Bündnispartner wanken. Ägypten und Bahrain beschränken sich nunmehr auf logistische Unterstützung, und die VAE haben einen Großteil ihrer Truppen abgezogen. Ein Jahr nach meiner Reise zeichnet sich erstmals eine Entspannung der Situation ab. Die Saudis erkennen, dass der Krieg auf allen Ebenen ein Verlustgeschäft für sie ist. Sie führen Friedensgespräche mit den Huthi-Rebellen und die Zahl der Luftangriffe geht zurück. Doch wer soll wissen, was die Zukunft bringt.

»Am Ende sind alle Araber auf der Halbinsel miteinander verwandt«, sagt Nura, »wir sind doch eine Familie.«

Ein paar Augenblicke lang schauen wir auf die Grenzstation. Der Motor läuft. Der Jemen liegt vor uns wie eine offene Wunde. Daheim blätterte ich durch einige Fotobände, sah Dokumentationen, bestaunte die Architektur, las über die Geschichte. Ach, ein wunderhübsches Land mit erhabenen Menschen. Jetzt nur zehn Minuten entfernt und doch unerreichbar. Der Jemen und die Grenze zwischen uns. Tatsächlich sieht es auf beiden Seiten gleich aus. Berge, ein ausgetrocknetes Flussbett, braune Büsche, eine Straße, die sich durch die Landschaft pflügt. Derselbe blaue Himmel.

Nura meint, wir sollten umkehren, wir würden sonst Misstrauen erwecken. Und doch ist da dieses Verlangen in mir, einfach weiterzureisen, über die Grenze hinweg, stetig vorwärts. Von der einen Fremde in die nächste, das Meer überqueren, einen Kontinent durchwandern, dann wieder Meer und Land und immer so fort. Der eigenen Endlichkeit entkommen.

ATLANTIS DER SANDE

Jeden Morgen verbrennt Abu Salif Weihrauch an seiner Türschwelle, um die Dschinn, die garstigen Geister, abzuwehren. Auch seine Dishdasha und seine Kumma beduftet er mit Rauch. Der Familienvater ist fünfzig Jahre alt, hat fleischige Lippen, und obwohl er einen Geländewagen fährt und in einem Haus mit Spitzbogenfenstern wohnt, fühlt er sich immer noch als Bedu. Sein Onkel zog einst mit dem berühmten britischen Forscher Sir Wilfred Thesiger durch die Rub al-Khali. Thesiger war einer der letzten echten Abenteurer unserer Zeit. Ihm gelang eine komplette Durchquerung des Leeren Viertels, der größten Sandwüste der Erde; 680 000 Quadratkilometer voller Sedimentkörner erstrecken sich über Teile Saudi-Arabiens, Omans, der Vereinigten Arabischen Emirate und reichen bis nach Hadramaut im Jemen. Die Rub al-Khali ist fast zweimal so groß wie Deutschland, sie nimmt nahezu ein Drittel der Arabischen Halbinsel ein. Die Temperaturen schwanken zwischen sechzig Grad und dem Gefrierpunkt. Ihre Dünen sind so hoch wie Berge.

Ende der 1940er-Jahre durchwanderte Thesiger zusammen mit den Bedu das Leere Viertel, ständig bedroht von Wassermangel und Stammesfehden. Seine Reiseberichte erzählen von einem Arabien, wie es war, bevor Ölsucher, Lastwagen und westliche Importe es in die Moderne schleuderten.

Thesiger starb hochbetagt im Jahr 2003. Abu Salif bewundert ihn. Heute ist er es, der durch die Sande zieht, allerdings nicht, um Pionierarbeit zu leisten, sondern um Touristen zu führen. Die Rub al-Khali bleibt ein weißer Fleck auf der Landkarte, sie zählt zu den unzugänglichsten Gebieten des Planeten. Sogar die Beduinen meiden sie, und auch ich werde nur ihren Rand streifen.

Auf dem Weg in die Wüste raucht Abu Salif eine halbe Schachtel Zigaretten. Er hüstelt und rasselt wie ein alter Verbrennungsmotor. Mir fällt Georg Christoph Lichtenberg ein und sein wunderbarer Satz: »Er hustete so hohl, dass man in jedem Laut den doppelten Resonanzboden Brust und Sarg mitzuhören glaubte.« Genauso klingt Abu Salif.

Vor 2000 Jahren marschierten noch Kamele am Saum der Wüste entlang, beladen mit Weihrauch und Gewürzen, doch die Desertifikation dehnte sich im Laufe der Zeit aus und erschwerte die Handelsreisen. Die Rub al-Khali wurde unwegsamer, das Leere Viertel leerer, und auch das sagenumwobene Ubar versank im Sandmeer. Lange galt die Stadt als eine Fata Morgana. T. E. Lawrence nannte Ubar das »Atlantis der Sande«, weil niemand wusste, wo sie untergegangen war.

Abu Salif zündet sich an der alten eine neue Zigarette an, dann tritt er aufs Gaspedal. »Auf nach Ubar!«, sagt er und hustet. Eineinhalb Stunden fahren wir durch die Eintönigkeit. Ein totes Kamel liegt am Straßenrand.

Einen ersten präzisen Hinweis, wo die antike Handelsstadt gelegen haben könnte, erhielt wieder ein Brite. Bertram Thomas war der erste Mensch aus dem Westen, der in den 1930er-Jahren das Leere Viertel querte. Sein arabischer Begleiter führte ihn nach Ubar, aber Thomas deklarierte die Ruinen als uninteressant. »Allenfalls ein paar Hundert Jahre alt«, notierte er.

1992 entdeckte ein Team aus amerikanischen und britischen Hobbyforschern mithilfe von NASA-Bildern und den Aufzeichnungen Thomas' die Überreste einer untergegangenen Karawanserei, die sie als Ubar identifizierten. Sie fanden hellenistische Bronzestatuen und Steingefäße aus China, römische Keramikscherben und ein antikes Schachspiel aus Indien. Weil sich Sand und Gestein abgesenkt hatten, war der Ort vom Erdboden verschluckt worden. Das Forscherteam mutmaßte, dass Ubar mit der im Koran erwähnten Stadt Iram gleichzusetzen sei. Sie wird als pompöse Metropole aus Säulen beschrieben. Schahrasad erzählt ab der 277. Nacht von Iram. Wie die Einwohner der biblischen Städte Sodom und Gomorrha gaben sich auch die Männer und Frauen von Iram Zügellosigkeiten hin, und Gott vernichtete sie allesamt.

Abu Salif parkt das Auto. Vor 5000 Jahren soll Ubar errichtet worden sein. Heute befindet sich hier das Oasendorf Shisr, ein paar einstöckige Häuser stehen herum, wenige Läden, eine Moschee. Einhundertfünfzig Menschen leben in dem Örtchen, hinter Dattelpalmen liegen die Ruinen. Touristen aus Italien, Frankreich und Deutschland fotografieren Steine. Die Ausgrabungsstätte ist unspektakulär. Bloß Trümmer und ein gewaltiges Erdloch zeugen von einer Katastrophe aus längst vergangenen Zeiten. Mehr gibt es nicht zu sehen. Während ich mich umschaue, raucht Abu Salif zwei Zigaretten und verschwindet in die Moschee, um zu beten.

Im kleinen Museum nebenan läuft auf der Leinwand ein Film über die Geschichte der Stadt. Sinan bedient den Projektor. Sein Urgroßvater war Bedu vom Stamm der Bait Kathir, und vor knapp neunzig Jahren ritt er mit Bertram Thomas durch die Rub al-Khali.

»Was war Thomas für ein Typ?«, frage ich Sinan.

»Mein Uropa sagte, er sei ein redlicher Mann gewesen«, antwortet er.

Der Film zeigt nichts Neues. Ob die legendäre Metropole Iram mit Ubar gleichzusetzen ist, bleibt umstritten. Viele Wissenschaftler bezweifeln, dass Iram eine tatsächlich existierende Stadt war. Vielleicht sollte die Überlieferung die Menschen nur gemahnen, sich nicht von Gott abzuwenden, weil sonst Unheil drohe. Das Übliche halt.

DER SCHEICH

Dass der Mann ein Scheich ist, sieht man nicht sofort. Er trägt eine braune Dishdasha, und sein Turban ist von der Sonne ausgebleicht. Aber wer in sein Gesicht schaut, erkennt die Grandezza. Kein Zweifel.

Der Scheich ist Bedu, Ende sechzig und Besitzer einer kleinen Kamelfarm. Er züchtet schwarze Dromedare. Auf der Arabischen Halbinsel gelten sie als seltener und edler als andere Kamelarten.

Die Stuten und Kälber sind eingezäunt, irgendwo am Rande der Rub al-Khali. Ein Jüngling mit zusammengewachsenen Augenbrauen öffnet das Gatter, die Tiere treten zögerlich hinaus. Der Kamelbulle steht abseits angekettet. Als ich mich ihm nähere, röhrt er, Schaum perlt aus seinem Maul. Er wirkt wie ein Ungetüm aus einem Fantasyfilm.

Abu Salif stellt mich dem Scheich vor. Sie gehören zum selben Stamm. Ich lege die Hand auf mein Herz und sage: »As-salamu ʿalaikum.« Der Scheich erwidert meinen Gruß, Lachfalten kräuseln sich um seine Augen.

Gewöhnliche »Scheiche« gibt es an jeder Ecke. Der Ehrentitel wird für Herren von Rang und Namen verwendet. Das kann ein sunnitischer Prediger sein, ein Clanchef oder einfach ein erfolgreicher Mann mit Prestige. Manche Scheiche avancierten zu Emiren, die von ihrer Oase aus das Umland verwalteten.

Der Jüngling zapft einer Stute Milch aus dem Euter und reicht Abu Salif und mir jeweils ein Schälchen. Abu Salif sagt: »Bismillah« – in Gottes Namen –, und hockt sich auf den Boden. Ich imitiere einfach, was er macht, und setze mich ebenfalls in den Sand, bevor ich trinke. Der Scheich freut sich und lächelt mich an. Denn mit dieser Geste achte ich seine Kultur und seine Religion. Lebensmittel werden im Islam sitzend eingenommen. Der Scheich sagt, damit zeige der Mensch Respekt vor der Gabe Allahs und es sei außerdem gesund für den Körper.

Die Kamelmilch ist lauwarm und schmeckt salzig. Der Scheich rät mir, langsam zu trinken, mein Magen könnte rebellieren. Während ich an der Milch nippe, unterhalten sich die beiden Männer über Geschäftliches. Abu Salif schlägt vor, dass der Scheich für seine Kamelfarm Eintritt verlangen sollte. Jeden Tag kämen Touristen vorbei, die gewiss einen Rial zahlen würden, das wäre nicht viel und lohnte sich dennoch, schließlich berechneten ja auch Museen Eintrittsgebühren, argumentiert Abu Salif.

Der Scheich denkt nach, streicht durch den grauen Bart, dann antwortet er: »Du magst recht haben. Aber das entspricht nicht unserer Kultur. Wir sind Bedu und ehren die Gastfreundschaft.«

Abu Salif ist nicht überzeugt, Geschäfte seien ebenfalls wichtig, meint er, aber er nickt und bietet dem Scheich eine Zigarette an.

DAS LEERE VIERTEL

Die Leute behaupten, die Wüste sei der Ursprung aller Völker auf der Arabischen Halbinsel, ihr verbindendes Erbe. Dabei verneint die Wüste das Leben. In ihrer Schönheit lauert Unmenschlichkeit. Die Absurdität der Existenz. Hier beginnt etwas, hier endet etwas. Die Sprache, die Schöpfung, die Liebe, die Moral.

Abu Salif ließ mich allein, er verstand mein Bedürfnis nach Einsamkeit. Ich schwamm in das goldgelbe Sandmeer hinaus, sitze nun auf einer Düne und betrachte die tausend Wellen bis zum Horizont. Wie eine ungeborene Welt liegt sie vor mir, jene randvolle Leere. Ich könnte der erste oder der letzte Mensch sein. Manchmal rauscht der Wind in den Ohren, bisweilen höre ich eine Fliege summen. Die Sonne versinkt. Ich grabe meine Zehen in die Wärme, schließe die Augen. Durch die Lider leuchtet es rot. Und dann ist da wieder diese laute Stille, und ich bin davon überzeugt, dass es nirgendwo sonst auf der Erde so brüllend still sein kann. Hier oben auf meiner Düne ist das Schweigen am tiefsten, doch mein Herz ist in Aufruhr. Ich brauche eine Weile, bis ich begreife, was mich erschüttert. Etwas geht zu Ende, ja, tatsächlich. Das Streben nach Bedeutung. Das Weltweh, für jetzt. Das Sehnen nach meinem Vater, der mich nie geliebt hat.

Durch meine Finger rinnt der Sand wie eine bereits erzählte Geschichte. Die Wüste entzieht sich der Tyrannei der Zeit. Und ich weiß, dass ich nicht mehr dieselbe Frau bin, die vor zwei Monaten aufgebrochen ist, denn nun empfinde ich Frieden. Zum ersten Mal vielleicht. In Wadi Rum ahnte ich schon, dass es so etwas geben könnte. Aber für heute lässt der Schmerz nach. Dieser immerwährende pulsierende Schmerz.

Ich öffne die Augen, sehe die Linien im Sand, die der Wind um die Sträucher herum gezeichnet hat. Die wandernde Sonne. Meine Fußstapfen sind verweht, als hätte ich nie existiert. Abu Salif ruft meinen Namen. Würde ich jetzt sterben, könnte ich damit leben.

KATAR
قطر

DAS GALLISCHE DORF

»Was willst du denn in Katar?! Da gibt's doch nix zu sehen!«, äußerte ein arabischer Freund vor ein paar Monaten seinen Unmut, als wir zusammen in Düsseldorf Marmorkuchen aßen. Da er Ägypter ist, darf er das sagen. Für ihn zählen andere Maßstäbe.

Doha, Dubai, Dschidda? In Deutschland kennen nur wenige Menschen den Unterschied. Das kleine Emirat Katar, das wie ein Daumen in den Persischen Golf ragt und nur halb so groß ist wie Hessen, hüllt sich in eine Wolke aus Fragezeichen. Man erfährt nicht viel. Weil hier 2022 die Fußball-Weltmeisterschaft stattfinden soll, rückt das Miniaturland allerdings mehr und mehr in den Fokus der Öffentlichkeit. Katar ist das erste arabische Land, das eine WM ausrichten darf. Eine Sensation! Und schon rascheln Meldungen über Zwangsarbeit auf Baustellen durch den medialen Blätterwald, doch Franz Beckenbauer beteuerte, keinen einzigen Sklaven gesehen zu haben.

Amnesty International schätzt die Lage der Gastarbeiter dennoch als hundsmiserabel ein. Rund 88 Prozent der 2,7 Millionen Einwohner sind Arbeitsmigranten aus West und Ost, der Großteil von ihnen – erwartungsgemäß aus Südasien – rackert auf dem Bau für einen Hungerlohn. Zwar regelt derweil ein Gesetz die tägliche Arbeitszeit und sieht bezahlten Jahresurlaub vor, aber ob die Weisungen tatsächlich umgesetzt werden, weiß niemand. Hunderte Männer sind bisher auf den Baustellen verunglückt oder starben durch Herzversagen aufgrund der Gluthitze, die im Hochsommer

Temperaturen um die fünfzig Grad erreicht. In den Fußballstadien sollen sich die Bedingungen verbessert haben, so las ich, aber die meisten Arbeiter schinden sich im Straßenbau oder errichten neue Einkaufszentren für die Konsumgierigen und sind der Willkür ihrer Dienstherren ausgesetzt.

Das Kafala-System ist zum Zeitpunkt meiner Reise, obwohl versprochen, noch immer nicht vollständig abgeschafft. Katar verabschiedet zwar Gesetze zum Schutz von Arbeitern und wirkt reformwillig, doch an der Umsetzung hapert es. Pässe werden nach wie vor einbehalten, Lohn nicht ausgezahlt. Fälle von Folter sind immerhin nicht mehr bekannt, Katar scheint sich bezüglich der Menschenrechtssituation nach vorne zu bewegen. Trotzdem sind Meinungsfreiheit und Pressefreiheit stark eingeschränkt, Gewerkschaften existieren nicht, Äußerungen, die den Monarchen beleidigen, sind gesetzlich verboten. Homosexualität ist verboten. Nicht ehelicher Eros ist verboten. So wie überall am Golf.

Die FIFA sagt, was außerhalb der Stadien passiere, liege nicht in ihrer Verantwortung. Katar ignoriert aktuell die Menschenrechtserklärung der Vereinten Nationen sowie die entsprechenden Verlautbarungen der Olympischen Charta und der FIFA-Statuten. Dass der Wüstenstaat jetzt von der globalen Presse beobachtet wird, ist richtig, aber was unterdessen in Dubai oder Kuwait abgeht, scheint die Weltöffentlichkeit nicht zu stören. Die prekäre Menschenrechtslage in Bahrain bewirkt ebenfalls keinen Boykott der Formel 1.

Im Übrigen sind laut der Internationalen Arbeitsorganisation in der gesamten Region rund 600 000 Migranten Opfer von Zwangsarbeit. Die Verhältnisse am Golf sind seit Jahren bekannt. Doch wen interessiert's? Doppelte Standards eben.

Am Mittag kreise ich über Doha. Von oben wirken die Wolkenkratzer auf der künstlich aufgeschütteten Insel *The Pearl* wie ein Stuhlkreis, den ein Riese aufgestellt hat.

Nur per Flugzeug lässt sich Katar erreichen, und nur von Oman und Kuwait aus kann Doha angeflogen werden. Deshalb ist der Miniaturstaat das letzte Land auf der Arabischen Halbinsel, das ich bereise.

2017 brachen Saudi-Arabien, die VAE, Bahrain, der Senegal, Mauretanien, Dschibuti, Libyen, Ägypten und der Jemen ihre Beziehungen zu Katar ab. Die Landgrenzen sind geschlossen, der Luftraum gesperrt, der Seeweg blockiert. Es herrscht Eiszeit in der Wüste. Die Länder beschuldigen die Regierung Katars, Terroristen finanziert und beherbergt zu haben und sich in die inneren Angelegenheiten der Anrainerstaaten einzumischen. Dieser Vorwurf ist kurios, treffen dieselben Anschuldigungen doch gleichermaßen auf Saudi-Arabien zu. Tatsache ist: Im syrischen Krieg unterstützten Riyadh und Doha immer wieder unterschiedliche Islamistengruppen im Kampf gegen Assad. Obendrein bietet Katar hohen Funktionären der Muslimbrüder und der Hamas Quartier, und auch die Taliban eröffneten vor ein paar Jahren ein Büro in Doha. Ganz offiziell, denn dort wird mit westlichen Mächten über die Zukunft Afghanistans verhandelt. Dass Saudi-Arabien die Taliban hochgerüstet hatte, sei hier nur als Randvermerk angeführt.

Der Clinch zwischen Saudis und Katarern nimmt jedenfalls absurde Züge an. Gemeinsam mit Kronprinz Muhammad bin Zayed aus Abu Dhabi intrigiert der saudische Kronprinz Mohammed bin Salman gegen Scheich Tamim bin Hamad Al Thani von Katar und entfacht einen Kalten Krieg am Golf. Jeder strebt nach Macht, jeder will zeigen, dass er reicher ist, moderner, majestätischer, mehr Kohle in Kunst investiert, höhere Wolkenkratzer baut, bessere Deals abschließt, die dicksten Eier hat. Und natürlich schmeckt den Saudis die wirtschaftliche Beziehung der Katarer zu den Iranern nicht. Die beiden Länder teilen sich ein Erdgasfeld. Iran und Saudi-Arabien hingegen sind Erzfeinde, ökonomisch und ideologisch. Mit dem Sunna-Schia-Konflikt lässt sich die Abneigung aber nicht angemessen erklären. Vielmehr geht es um die Hegemonie in der Region, und die will Saudi-Arabien um jeden Preis erlangen und ausbauen, auch gegenüber Katar. Bereits seit Jahren rumort es zwischen den Golfmonarchien. Angeblich plant Saudi-Arabien sogar, das Mini-Emirat durch einen Kanal vom Festland abzutrennen. Es heißt, die Saudis wollen einen Teil der Wasserstraße als Atommülldeponie nutzen. Auf gute Nachbarschaft!

Am Flughafen merke ich nichts von dem Embargo. Hier hasten Geschäftsmänner und Expats umher aus zig Nationen. Ich sehe Abayas und Saris, Dishdashas und Krawatten. Doha ist so kosmopolitisch wie Dubai.

Der Beamte am Einreiseschalter stellt keine Fragen, er lässt den Blick über die Menschenmasse schweifen und stempelt meinen Pass. Ich muss weder einen Visumsantrag ausfüllen noch eine Gebühr abdrücken, nur schnell das Feld räumen, denn die Krawatten hinter mir drängeln.

Weil das Erdgas angeblich in 160 Jahren aufgebraucht sein wird, erschließt sich Katar andere Finanz- und Einflussquellen: Der Kleinstaat ist einer der größten Aktionäre im Leitindex Dax, in Doha sitzt mit Al Jazeera der wichtigste Fernsehsender der arabischen Welt, Katar besitzt seine eigne Airline, hält Aktienpakete von Volkswagen, Siemens, Hapag-Lloyd und der Deutschen Bank. Kein anderer Golfstaat investiert mehr Geld in Deutschland.

Katar ist clever, der Emir gibt Gas, aus einst Beherrschten werden Herrscher. Das Emirat agiert global, sichert sich nach allen Seiten hin ab, und mithin gehören auch internationale Sportveranstaltungen zur politischen Taktik. Die Fußball-WM 2022 und die Milliardenausgaben sind nämlich weniger der Begeisterung für Leibesertüchtigung geschuldet, sondern hängen vielmehr mit dem großen Nachbarn zusammen.

Schon 1990 dämmerte es dem damaligen Kronprinzen Scheich Hamad bin Khalifa Al Thani, dass, wer sich auf Saudi-Arabien verlässt, selbst verlassen ist. Dereinst marschierte Irak in Kuwait ein, und die Saudis, die sich stets als Schutzmacht der Anrainerstaaten aufspielten, konnten die Invasion nicht verhindern. Nur durch eine internationale, von den USA angeführte Koalition war Kuwait zu befreien.

Das kleine Katar ist seitdem alarmiert, schließlich zählt seine Armee nur 12 000 Mann. Damit ist kein Blumentopf zu gewinnen, in Saudi-Arabien dienen rund 300 000 Soldaten. Sport im Akkord lautet deshalb eine der Strategien, und so richtete Katar in den vergangenen Jahren die Weltmeisterschaften im Boxen, Handball, Straßenrad und Turnen aus. 2019 dann die Leichtathletik-WM, die Journalisten jedoch aufgrund der Hitze und der leeren Ränge als »katar-strophal« bezeichneten. 2019 die FIFA Klub-Weltmeisterschaft, und 2022 folgen die Fußball-WM und 2023 die Schwimm-WM.

Sport mag jeder, Sport wird in allen Ländern ausgestrahlt. Wer in Sport investiert, investiert in Sichtbarkeit. Dem Wüstenstaat ist damit ein Platz im Scheinwerferlicht der internationalen Medien sicher. Prominenter als Kuwait, Bahrain oder Oman ist Katar schon jetzt zweifellos.

Santosh nimmt mich mit. Er interessiert sich nicht für Fußball. Er hat andere Probleme, teilt er sich doch mit fünf Männern ein Zimmer. Seit drei Jahren lebt er in Doha, auf zwei Quadratmetern, obwohl ihm vier zustehen, er schläft in einem Stockbett, obwohl dies gegen katarisches Recht verstößt. Trotzdem sind Einzelbetten nicht die Regel, denn kaum eine Firma hält sich an die gesetzlichen Vorgaben. Ich frage nach der Blockade der Nachbarstaaten, aber Santosh meint: »Alles wie immer.«

Als der Lebensmittelimport aus Saudi-Arabien einbrach, traf Doha eine Entscheidung: Nach den panischen Hamsterkäufen der ersten Tage ließ die Regierung kurzerhand 4000 deutsche Milchkühe samt Tierpfleger einfliegen und produziert nun selbst Joghurt und Käse. Das Wirtschaftswachstum stieg. Die Boykotteure blamierten sich. In den Regalen der Hypermärkte stapeln sich Sahnetorten und Filets bis unter die Decke, als gäbe es im Übermorgenland kein Morgen. Draußen brummen die SUVs und Lamborghinis. Katar ist das gallische Dorf der Arabischen Halbinsel. Von Krise keine Spur. Das Emirat ist weiterhin Weltmarktführer in der Produktion von verflüssigtem Erdgas, und mit einem kaufkraftbereinigten Bruttoinlandsprodukt pro Kopf gilt der Wüstenstaat immer noch als das reichste Land der Erde. Die Luxusgüter bleiben aber hauptsächlich den Katarern vorbehalten, denn ein nepalesischer Bauarbeiter kann sich von seinen 200 Euro Monatslohn nur selten Kaviar leisten.

Wir fahren durch Doha, Santosh telefoniert mit seiner Frau in Indien. Er lächelt viel, doch als er auflegt, lächelt er nicht mehr. Am Horizont die Bürotürme, vorbei an Glas und Stahl. Ich sehe Kräne, die ihre Hälse schwenken, und Eisengerüste, die wie Schnürleibchen die Hochhausskelette zusammenhalten. Keine Straße ohne Baustelle. Überall kristallisieren sich neue Highways, Hotels und Shoppingmalls aus dem Boden heraus wie Sandrosen. Dass zahlreiche Resorts während der WM leer stehen werden, ist den Preisen geschuldet. Unterkünfte im mittleren Preissegment gibt es zwar, sie sind aber Mangelware. Katar hat auf die golfarabischen Touristen gesetzt, die aber aller Voraussicht nach nicht kommen dürfen. Doch am Golf weiß man nie. Vielleicht wird der Streit bis 2022 wieder beigelegt.

Rezeptionist Juri überreicht mir den Zimmerschlüssel und erklärt mir den Weg in den Souq. Er mag Doha und will nicht in seine Heimat zurück. »In der Ukraine habe ich keine Zukunft. Hier gefällt's mir«, sagt er und drückt mit dem Zeigefinger seine Brille gegen die Nasenwurzel. Wie er über das Embargo denkt, hake ich nach. »Alles wie immer«, antwortet auch er und zuckt mit den Achseln. »Die Länder am Golf sind wie eine große Familie. Heute Streit, morgen Versöhnung.«

Das Hotel ist günstig, weil es in einem Arbeiterviertel steht, ich bin die einzige Frau im Kiez. Aus den Imbissbuden züngelt der Geruch von Curry, ein Alter spuckt auf den Gehweg, Zigarettenkippen glühen am Straßenrand, dunkle Männer hocken in Grüppchen zusammen und gaffen mir nach. Kein Glitzer, kein Glamour, stattdessen steige ich über zwei zertretene Kakerlaken.

Im größten Souq des Landes liegt allerdings kein einziges Staubkorn in den Gassen. Wisch-und-weg-Boys kehren das Kopfsteinpflaster, picken mit Zangen mikroskopisch kleine Papierschnipsel aus den Fugen. Katarer und Westler sitzen an Bistrotischen, essen

Pasta mit Parmesan und rauchen Shisha mit Erdbeeraroma. Die Restaurants tragen Namen wie »Italia Mia«, »The Village« oder »La Dolce Vita«. Es duftet nach Zuckerwatte und Kaffee, Eisverkäufer bimmeln mit Glöckchen, Frauen in Niqabs entschwinden in einem Labyrinth aus Gewürzständen, Abaya-Läden und Souvenirshops. Händler preisen Teekessel und Goldkamele für die Vitrine an, Menschen tippen in ihre Smartphones, ein Mann mit einem Strauß Luftballons wird von Kindern umringt.

Zwar ist der Souq Waqif schon hundert Jahre alt, doch 2006 wurde er komplett restauriert. Nichts ist echt, jede Mauer, jeder Stein ist Replik. Ein orientalisches Disneyland, errichtet für eine arabisch-westliche Klientel, die sich gern mit sich selbst beschäftigt.

Zufällig beobachte ich, wie die Souq-Polizei die dunklen Männer aussortiert. Heute ist Freitag, und auch die meisten Nepalesen, Inder und Bangladescher müssen nicht klotzen, sondern können sich zerstreuen, doch das scheint die Regierung nicht zu wünschen. Zwei Uniformierte stellen sich jedem Gastarbeiter in den Weg und schicken ihn in eine Seitengasse hinein. Ich schaue eine Weile zu, dann gehe ich den Aussortierten nach, folge ihnen durch ein paar Hinterhöfe, bis ich am anderen Ende des Souqs wieder herauskomme. Die Hauptachse des Marktes bleibt durch diese Umleitung migrantenfrei. Ich kehre um und spreche einen der beiden Polizisten an.

»Warum müssen manche Männer außenrum gehen?«, frage ich ihn.

»Was meinen Sie?« Er schaut mich an und kneift die Augen zusammen.

»Na, Sie verbieten Bangladeschern, Pakistanern und Nepalesen den Durchgang.«

»Es ist Freitag und Tag der Familien. Und das sind keine Familien.«

»Ich bin auch keine Familie, sondern alleine hier«, sage ich und stemme die Arme in die Hüften.

»Das ist etwas anderes, Madam«, entgegnet er. »Sie sind eine Frau. Die da sind ledige Männer.«

Ich bemerke, dass ihm das Gespräch unangenehm wird, dass er sich abwenden will, aber ich lasse nicht locker.

»Und wenn ich ein lediger Mann wäre, aus Deutschland, müsste ich dann auch den Umweg laufen?«

»Nein, natürlich nicht«, sagt er und gibt schließlich zu: »Aber wir wollen keine Nepalesen und Bangladescher hier haben.«

»Und woher kommen Sie?«, frage ich ihn.

»Aus Marokko.«

Ich verabschiede mich, passiere die italienischen Restaurants und schaue mich noch einmal um. Der Polizist stoppt einen dunklen Mann und weist mit seinem Finger in die andere Richtung. Auf der Plakatwand neben ihm prangt in Druckbuchstaben der Slogan des Landes: »Qatar deserves the best« – Katar verdient das Beste.

FALKENHAUSEN

Sie sitzen auf Holzblöcken und tragen Lederhauben. Durch die Schaufenster beobachte ich sie. Ein paar Katarer liegen auf gepolsterten Bänken und trinken Tee. Ein Mann in Dishdasha lächelt mir zu und bittet mich herein. Karim ist der Besitzer des Fachgeschäfts. Ein Falke hockt auf seiner Faust, und Karim ist gerade dabei, dem Vogel eine Haube über den Kopf zu stülpen. Mit dem Mund zieht Karim die Lederbänder der Kappe fest und setzt den Falken auf einen Block. Da thront er nun wie eine Statue im Museum, neben fünfzehn Artgenossen.

Ich schleiche um die Raubvögel herum, manche plustern sich auf, andere scheinen zu schlafen. Drei Falken tragen keine Haube. »Sie sind bereits an den Menschen gewöhnt«, erklärt Karim. Die Tiere drehen die Köpfe, fixieren mich, verfolgen mich mit ihrem Blick, in dem eine Strenge liegt. Was sie wohl denken mögen?

Es gab da ein Erlebnis. Um meine Miete zahlen zu können, jobbte ich vor einiger Zeit als Handlanger in einer Tierklinik, wo ich mehrmals die Woche Nachtschichten schob. Als ungelernte Aushilfe bestand meine Arbeit darin, Blut und Scheiße wegzuwischen, Spritzen aufzusammeln, die toten Katzen, Hunde und Igel auf einer Bahre in den Keller zu rollen und in die Kühltruhe zu legen. Eines Nachts saß ein Falke im Käfig. Jemand hatte ihn auf der Autobahn gefunden und in die Klinik gebracht. Sein Schnabel war gelb und seine Klauen eingerissen. Er belauerte mich durch das Gitter, die Flügel hingen herab. Um drei Uhr in der Früh musste er eingeschläfert werden, weil Maden aus seinem Kopf krochen. Ich packte ihn in eine Plastiktüte und bettete ihn zu den anderen Kadavern in den Eisschrank.

»Wenn du willst, darfst du einen Falken halten«, sagt Karim, und mein Herz überspringt zwei Schläge. »Kein Problem«, lacht er und reicht mir einen Lederhandschuh, den ich überstreifen muss. Dann nimmt er einen Falken mit Haube vom Block und setzt ihn auf meine Faust. Ich traue mich kaum zu atmen. Der Vogel rührt sich nicht. Er trägt ein weißes Federkleid, der Bauch ist mit schwarzen Punkten gesprenkelt.

»Das ist ein Männchen«, erklärt Karim.

»Woher weißt du das?«, frage ich ihn.

»Männchen sind kleiner als Weibchen. Es gibt Falkenarten, da werden die Weibchen fast so groß wie Adler.«

Der Kerl auf meiner Faust wiegt vielleicht ein halbes Kilo, und sein Wuchs ähnelt dem einer Eule. Einen Namen hat er noch nicht, den vergeben die Besitzer. Sollte ich ihn kaufen wollen, müsste ich 8000 Euro hinblättern. Ausgebildete Falken kosten zwischen 10 000 und 25 000 Euro. Scheiche zahlen gerne 100 000 Euro für einen Raubvogel. Die Weibchen sind teurer, denn sie gelten als die besseren Jäger.

»Falken sind die schnellsten Tiere der Welt«, sagt Karim.

Im Sturzflug erreichen sie bis zu 322 Stundenkilometer, das ist in etwa so flott wie der Hochgeschwindigkeitszug Shinkansen in Japan.

Karim lässt den Vogel von meiner Faust auf seine klettern und setzt ihn zurück auf den Holzblock. Die Falken für seinen Laden kommen aus der Mongolei, Russland, Iran und aus Deutschland. Da werden sie gezüchtet oder gefangen, nach Katar exportiert und weiterverkauft. Das Embargo beeinträchtigt die Geschäfte nicht. »Wir haben auch Kunden in Saudi-Arabien oder in den Emiraten«, sagt Karim.

Der Flieger bringe den Falken dann eben nicht direkt von Doha nach Riyadh, sondern von Doha nach Kuwait City und von dort nach Riyadh. »Alles wie immer«, grinst Karim.

Ich geselle mich zu den Katarern in die Polsterecke, sie nicken mir zu, und wir trinken Chai mit Zucker. Sie zeigen mir Videos auf ihren Smartphones, auf denen ihre Falken Hasen jagen und mit einem Biss in den Nacken töten. Die Herren sagen dann »Mashallah«. Manchmal betreten Kunden den Laden, dann begrüßt Karim sie und schenkt ihnen ebenfalls ein Gläschen Tee ein.

Katarische Männer erscheinen immer vornehm. Sie gehen nicht, sie schreiten, der Rücken ist durchgedrückt, die Gesichtszüge sind stolz, in einem Ohr steckt ein AirPod. Katarer schwitzen nicht, sie kleckern nicht, sie verlieren nie die Kontrolle. Die Dishdasha ist perlweiß und duftet nach Dior oder Amouage. In der Brusttasche klemmt ein Kugelschreiber von Montblanc, die Ghutra sitzt auf dem Kopf wie eine Krone, die Füße stecken in Ledersandalen, die Nägel sind gefeilt, der Bart gestutzt.

Die Herren wissen um ihre Attraktivität, sie wollen, dass man ihnen nachschaut, und sie umgibt etwas Unnahbares. Doch sobald ich mit ihnen ins Gespräch komme, lächeln sie. Ihr Händedruck ist weich, so wie überall in Arabien. Sie sind elegant und doch distanziert. Sie erinnern mich an ihre Falken.

Von nun an besuche ich Karim jeden Tag, sitze zwischen den Männern und ihren Raubvögeln, trinke Tee mit zu viel Zucker und lasse mir Techniken der Beizjagd erklären.

Als ich nach einer dieser Plauderstunden noch allein durch die Gassen bummle, entdecke ich ein Falkenkrankenhaus. Katarer mit behaubten Vögeln auf der Faust schreiten hinein. Ich bin neugierig, würde gern den Ärzten über die Schulter schauen, so wie ich es oft in der Tierklinik getan habe, und weiß doch nicht, was ich sagen soll. *This is a man's world*, Frauen jagen nicht, und Frauen besitzen in der Regel keine Falken. Hier bin ich so deplatziert wie ein Pinguin in der Wüste.

Viel zu lange lungere ich vor dem Eingang herum, bis ich mich nach vierzig Minuten endlich traue und hineingehe. Ich beschließe, von der Tierklinik zu erzählen.

Im Wartezimmer sitzen ein paar Katarer. Niemand interessiert sich für mich, ihre Aufmerksamkeit gilt allein ihren Falken.

Am Empfang nenne ich einem Mitarbeiter meinen Namen, sage, dass ich Helfer in einer Tierklinik war, und frage, ob es möglich sei, bei einer Behandlung zuzusehen. Der Mann schaut mich an und sagt: »No English.«

Er öffnet die Tür zur Behandlungsstation und verschwindet. Nach zwei Minuten kehrt er zurück, in Begleitung eines anderen Mannes im weißen Kittel. Der spricht Englisch, und ich erzähle erneut, dass ich in einer deutschen Tierklinik gearbeitet habe und gern ein Falkenkrankenhaus besichtigen würde. Er lächelt und sagt: »Kommen Sie, kommen Sie, mein Name ist Mohammed«, und so führt Mohammed mich auf die Station. Hier ist der Zutritt nur dem Klinikpersonal erlaubt.

Ärzte und Pfleger wuseln herum, auf Bildschirmen flackern Falkenorgane, und es riecht nach Desinfektionsmittel. Mohammed stellt mich seinen Kollegen vor und verleiht mir sogleich den veterinären Ritterschlag. »Das ist Frau Doktor Nadine aus Deutschland«, freut er sich, und die Mediziner ziehen ihren Mundschutz vom Gesicht, strahlen mich an. Einer sagt: »Welcome to Qatar«, während er Krallen feilt, ein anderer winkt mir zu, sperrt dann den Schnabel eines Falken auf und pult mit einem Holzstab Schleim aus dem Kropf.

Dreißig Tierärzte und Helfer arbeiten hier. Sie reparieren Flügel, chippen Jungtiere, sie führen Mikrokameras in Hälse und begutachten das Innenleben. Bis zu 150 Falken landen jetzt zur *High Season* täglich auf dem Behandlungstisch, schätzt Mohammed. Die nächste halbe Stunde erhalte ich von ihm einen exklusiven Rundgang, schließlich seien wir ja Kollegen, meint er, und dann zeigt er mir die Labors für Zytologie, Parasitologie, Hämatologie und Blutanalyse, er lässt mich einen Blick in die Operationssäle werfen und erklärt mir das digitale Röntgengerät.

»In den Hochphasen machen wir achtzig Aufnahmen pro Tag«, erzählt Mohammed nicht ohne Stolz.

Er öffnet Schubladen mit hundert verschiedenen Schwungfedern, die bei Bedarf angeklebt werden, er präsentiert mir die drei Endoskopieräume und referiert irgendetwas über Mikrobiologie. Ich verstehe nicht ein Fünftel all dessen, hoffe inbrünstig, dass er mich nichts fragt, nicke aber stetig, als wüsste ich Bescheid, und lege den Zeigefinger an mein Kinn, mime die Denkerpose. Manchmal sage ich Sätze wie »Oh ja, das haben wir bei uns auch« oder »Ach, da können wir von Ihnen lernen«. Dann freut sich Mohammed und bedankt sich.

Am Ende der Führung reicht er mir seine Visitenkarte. »Wenn Sie und Ihr Team Fragen haben, bitte kontaktieren Sie uns«, sagt er und lächelt.

Ich lobe die Professionalität des Krankenhauses und versichere ihm, dass ich das Souq Waqif Falcon Hospital als Vorbild betrachte und weiterempfehlen werde. Und das ist nicht gelogen. Wir verabschieden uns per kollegialen Handschlag und gehen beschwingt auseinander.

HINTER DEM STACHELDRAHT

Eine blonde Frau posiert vor der Skyline. Im Hintergrund ragen die Glastürme empor. Der Wind rauscht durch ihre Haare, wirbelt unter ihre Abaya und legt nackte Oberschenkel frei. Sie lacht. Jemand fotografiert sie. Nein, wir sind nicht bei *Germany's Next Topmodel*, es brüllt keine Heidi Klum mit Zuchtrichter-Profil ihren Stuss in die Kameras, und es werden auch keine Mädchen selektiert und zum Weinen gebracht. Wir sind immer noch in Katar, im Islamischen Museum. Es ist ruhig, die Sonne scheint. Die Frau vor der

Skyline ist Touristin, und sie trägt die Abaya, weil westliche Touristinnen in Arabien das halt so machen.

Das Museum für Islamische Kunst liegt am Ende der Corniche, und außer der schönen Urlauberin verfügt es über eine der besten Kunstsammlungen weltweit. Der Koloss ist aus cremefarbenen Sandstein gebaut und türmt sich stufenförmig auf. Er soll die Sanddünen der katarischen Wüste allegorisieren. Der Architekt Ieoh Ming Pei hat seinerzeit auch die Pyramide des Louvre entworfen. Ich gehe hinein ins Dunkel. Vasen aus Indien und Moscheelampen aus Ägypten schimmern im Zwielicht. Ich betrachte einen persischen Teppich aus dem 16. Jahrhundert, darauf ein Mann und eine Frau, die sich in einem Garten mit Blumen beschenken. Im nächsten Raum steht ein Reh aus Metall in einer Vitrine. Vor einem Jahrtausend gehörte es einem reichen Herrn in Córdoba.

Nur wenige Artefakte stammen von der Arabischen Halbinsel, die meisten Preziosen entstanden andernorts, obwohl das Gebiet des heutigen Emirats Katar bereits in der Steinzeit besiedelt war. Klimaveränderungen ließen das Land jedoch austrocknen, und die Bewohner wanderten ab. Im 5. Jahrhundert hielt das Christentum Einzug in die Region, trollte sich aber mit Ausbreitung des Islam bald wieder. Um 1760 zogen Beduinenstämme von Innerarabien nach Katar. Zu diesen Bedu gehörte auch der Clan Al Thani, der später das Dorf al-Bid gründete, das heutige Doha. Die Familie regiert noch immer. 2013 übernahm der 35-jährige Scheich Tamim bin Hamad Al Thani die Geschäfte. Tatsächlich ohne Putsch, sein Vater Hamad dankte einfach ab und ging in Rente. Eher die Ausnahme als die Regel auf der Arabischen Halbinsel. Auf Personenkult mag der neue Emir dennoch nicht verzichten, das haben wohl alle autoritären Herrscher gemein. Sein Konterfei hängt überall im Land. Es ist auf Bannern zwischen zwei Wolkenkratzern aufgespannt, es klebt als Sticker auf Glasschiebetüren, ist auf Kaffeetassen gedruckt oder pappt an Schaufenstern und auf Heckscheiben.

Ich trinke eine überteuerte Cola im Museumscafé und schlendere durch das Foyer. Eine Sonderausstellung erinnert an die Kulturgeschichte Syriens, von der präislamischen Zeit über die Einverleibung ins Osmanische Reich bis hin zu der teilweisen Zerstörung Palmyras durch den IS. »Syria Matters« lautet der Titel – Syrien geht uns alle an. Es ist die erste Ausstellung in der arabischen Welt, die sich mit dem Verlust syrischen Kulturguts auseinandersetzt. Einhundertzwanzig Exponate lassen levantinische Geschichte auferstehen. Schüsseln und Vasen präsentieren sich in beleuchteten Glaskästen. Eine Goldschale aus dem Pariser Louvre glitzert, Backgammonspiele und Koranfragmente werden angestrahlt. Riesige Videoleinwände zeigen die Große Moschee von Damaskus. Eine Drohne fliegt über Palmyra und die Trümmer des Baaltempels; 32 nach Christus wurde er zu Ehren der Gottheit Baal eingeweiht, 2015 sprengte Daesh das Bauwerk. Ich habe noch die Fotos der Explosion vor Augen. Dicke Rauchwolken stiegen in die Luft, die Säulen brachen ein, nur die Außenmauer blieb stehen.

Der Rundgang führt an einer Nische vorbei, in der die Besucher Kärtchen beschriften und an die Wand hängen können. Jasmina schreibt: »Kisses from free Bosnia-Herzegovina!« Dahinter ein Herzchen. Jazlyn hofft, dass der Krieg bald endet, und wünscht »a peaceful future«. Und auf einem Zettelchen ohne Absender steht geschrieben: »Syria, you are always in my heart.«

Um Baschar al-Assad aus dem Weg zu räumen, flossen bis ins Jahr 2013 eine Milliarde Euro aus Katar an die al-Nusra-Front, die aus der al-Qaida hervorging und sich dann ISIS anschloss. Aus ISIS wurde der IS.

Da weder Kuwait, Katar, Bahrain, Saudi-Arabien, Oman noch die Emirate die Genfer Flüchtlingskonvention unterzeichnet haben, lässt sich nicht abschätzen, wie viele Vertriebene und Verfolgte am Golf Obdach fanden. Die Zahl soll überschaubar sein, so die UNO-Flüchtlingshilfe. Überdies erschwert das wie gesagt nicht vollständig abgeschaffte Kafala-System die Einreise, und wahrscheinlich sind insbesondere die islamisch-konservativen Golf-Despotien nur wenig interessiert an aufsässigen Syrern samt ihren Konflikten. So ähnlich formulierte es 2015 der kuwaitische Sicherheitsexperte Fahad Al-Shelaimi in einem Fernsehinterview: »Man kann nicht Menschen aus einer anderen Kultur, die auch noch schwer traumatisiert sind, herbringen.«

Das ist harter Tobak und klingt nach Rechtsabbieger und Twitter-Troll Hans-Georg Maaßen. Die Aussage des Kuwaiters zeigt jedenfalls, dass eine religiös-kulturelle Nähe zur Levante nicht in dem Umfang existiert wie im Westen gemeinhin angenommen. Umgekehrt mögen die meisten Levantiner keine Golfaraber und verurteilen deren Janusköpfigkeit, so wie der Bildhauer Luqa in Dubai. Fakt ist aber ebenso, dass die Golfstaaten Milliardenbeträge in internationale Hilfsorganisationen pumpen. Ihre Tore halten sie trotzdem verschlossen, und das sorgte nicht nur in der ausländischen Presse für Missbilligung. So druckte die saudische Tageszeitung *Makkah* eine Karikatur, in der ein Golfaraber Europa auffordert, die syrischen Flüchtlinge tunlichst einzulassen. Er selbst hat seine Tür mit Stacheldraht gesichert.

GAME OF THRONES

Treffen sich ein US-Außenminister, ein iranischer Geheimagent, drei Muslimbrüder, ein FIFA-Präsident, ein Hamas-Kommandeur und zwei Talibankämpfer in einer Shoppingmall – was wie der Anfang eines Witzes klingt, ist in Katar zweifellos möglich.

Mein Kumpel aus Ägypten mag zwar recht haben, dass es hier keine monumentalen Bauwerke zu bestaunen gibt, aber politisch betrachtet ist das Emirat ein heißes Pflaster. Am Morgen lese ich, dass Deutschland den Export von Teilen eines Raketensystems nach Katar genehmigt hat. Linke und Grüne kritisieren die Bundesregierung als »notorischen Wiederholungstäter«. Auf die Arabische Halbinsel dürfe man keine Waffen liefern, sagen sie.

Am Abend bin ich mit Karim verabredet, er will mir die Stadt zeigen. Doha bedeutet übersetzt »der Schatten spendende Baum«, erklärt er mir, und tatsächlich steht an fast jeder Straßenecke eine

Palme. Karim drückt mir einen Kaffee in die Hand, und dann düsen wir vorbei an Konsumtempeln, in denen venezianische Gondeln durch Kanäle gleiten. Wir durchqueren das Kulturviertel Katara mit all seinen Museen, dem Amphitheater und den Galerien. Karim spendiert mir eine Crêpe mit Nutella. Er selbst trinkt bloß einen Tee. »Ich muss auf meine Figur achten«, grinst er.

Später drehen wir eine Runde auf der von Gastarbeiterhand geschaffenen Insel *The Pearl*, die ich vom Flugzeug aus gesehen hatte. Sie ist die Antwort auf Dubais *Palme* und kostete fünfzehn Milliarden Euro. Die Touristik-Information bezeichnet die Insel, deren Form einer Auster nachempfunden ist, auf ihrer Homepage als die »beste Adresse im Nahen Osten«. Bescheidenheit ist keine katarische Stärke, und so protzt *The Pearl* mit Jachthäfen, Fünfsterne-Gourmetrestaurants und Luxusappartements. Das Ambiente soll an Südfrankreich oder Andalusien erinnern, doch ich erkenne keine Parallelen. Die »Riviera Arabiens« ist zu neu, zu glatt, zu sauber, zu golfarabisch.

Runter von der Insel, vorbei an der großen Imam-Muhammad-ibn-Abd-al-Wahhab-Moschee, die in goldenes Licht getaucht ist. Dreißigtausend Menschen finden hier Platz.

Der Namensgeber und Gelehrte al-Wahhab lebte im 18. Jahrhundert im heutigen Saudi-Arabien. Auf ihn geht das Wort Wahhabismus zurück. Die Wahhabiten selbst titulieren sich in der Regel als *Salafiyyun*, also Anhänger des Islam der frommen Altvorderen, oder sie nennen sich einfach Sunniten.

Salafiten gehören nicht zwingend zu den Wahhabiten, denn diese fühlen sich an die hanbalitische Rechtsschule gebunden und ziehen die Legitimität des saudischen Königshauses niemals in Zweifel. Die Salafiten folgen keiner bestimmten Rechtsschule, stimmen aber häufig mit hanbalitischen Auslegungen überein. Salafiten und Wahhabiten zählen auch nicht zu den Dschihadisten, sie sind Puristen, aber Dschihadisten gehen oft aus Salafiten und Wahhabiten hervor.

Al-Wahhab jedenfalls war ein Fanatiker. Gräberkult, Heiligenverehrung, Sufismus und Schia widersprachen seiner Auffassung vom Monotheismus, und er beschimpfte den größten Teil seiner muslimischen Zeitgenossen als Ungläubige. Anders als im christlichen Abendland herrschte in der arabischen Welt lange Zeit überwiegend religiöse Offenheit und Kompromissbereitschaft. Vieldeutigkeiten und sich widersprechende Interpretationen durften nebeneinander bestehen, die Ambiguitätstoleranz ließ die Menschen Pluralität aushalten, und erst der Westen setzte dem allem im 19. Jahrhundert ein Ende, so sagt es der Islamwissenschaftler Thomas Bauer.

Aber auch al-Wahhab mochte diese Toleranz nicht dulden, und nicht nur das, er verdammte außerdem alles, was Spaß macht, wie Tanz, Tabak und Tamtam. Damit ging er zwar den meisten Leuten auf den Sack, aber dennoch gelang es ihm, ein paar Fanboys um sich zu scharen, denn ebenso sehnten sich in einer Gegend konkurrierender Stämme manche Familien nach Stabilität.

Im Laufe der Jahre schufen die Sektierer eine Art islamischen Ku-Klux-Klan. Sie randalierten, fällten als heilig angesehene Bäume, zerschlugen Schreine, zerstörten ein Herrschergrab und gewannen schließlich die Unterstützung des Emirs Muhammad ibn Saud, der um die Vorherrschaft im zentralarabischen Najd kämpfte. Durch die Verschmelzung von Glauben und Politik gelang es der Familie Al Saud, ihre Herrschaft religiös zu legitimieren, und die Nachkommen al-Wahhabs besetzen dank des faustischen Pakts bis heute klerikale Ämter in Saudi-Arabien. Die Gastarbeiter wiederum exportieren den ultraorthodoxen Islam in ihre Heimatländer, nach Ägypten, Sri Lanka oder Indonesien. Doch tatsächlich steht der Wahhabismus nach Meinung der allermeisten Muslime gar nicht mehr auf dem Boden des Islam. Der Wahhabismus ist eine Sekte.

Ende des 18. Jahrhunderts brachten Bedu aus Innerarabien die Wahhabiya nach Katar. Die ist hier Staatsreligion, allerdings pflegt die Familie Al Thani im Gegensatz zu der Familie Al Saud einen pragmatischeren Umgang mit den Lehren al-Wahhabs. In Saudi-Arabien ist Alkohol illegal, in Katar darf in Hotels getrunken werden, auch wenn ein Kasten Heineken im zukünftigen Fußball-

WM-Land aktuell 92 Euro kostet. In Saudi-Arabien gibt es keine Kirchen, Synagogen oder andere nicht islamische Gebetshäuser. In Katar dagegen wurde 2008 die erste Kirche nach 1400 Jahren eröffnet, allerdings ohne Turm und Glocke, am Rande des Industriegebiets und neben dem einzigen großen Alkoholgeschäft in Doha. Die christliche Missionierung ist dennoch strengstens verboten, ebenso die Abkehr vom Islam. Offiziell steht darauf die Todesstrafe, obwohl diese nicht vollstreckt wird.

Die Al Thani sind sunnitisch, aber nicht wahhabitisch. Stattdessen unterstützen sie die islamistischen Muslimbrüder. Ein rotes Tuch für den saudischen Klerus, denn die Muslimbrüder streben wie sie nach der Vorherrschaft im sunnitischen Islam. Sie sind die islamistische Konkurrenz der Wahhabiten, und Saudi-Arabien stuft die Bruderschaft als Terrororganisation ein. Zudem kommt die Außenpolitik der Al Thani der regionalen Dominanz der Al Saud regelmäßig in die Quere.

Arabische Politik ist kompliziert und erinnert an die Ränkespiele der Kultserie *Game of Thrones*. Der eine koaliert mit dem anderen, dann folgt Verrat, man bekämpft sich, heiratet und schmiedet neue Bündnisse, Sekten beeinflussen die Krone, Thronfolger putschen ihre Väter vom Königsstuhl, und Truppen marschieren auf. Nur die Drachen fehlen. Schade eigentlich. Aber immerhin gibt es ja noch die USA. In Katar befindet sich der größte US-Stützpunkt im Nahen Osten. Von al-Udayd aus starten die Kampfjets nach Afghanistan, Pakistan, Syrien oder wohin auch immer. Und in Saudi-Arabien setzte 2017 ein US-Präsidentendarsteller einen peinlichen Säbeltanz in den Sand: Trump unterstützte seine neuen Buddys in ihrer Blockade gegenüber Katar. Dass die USA ausgerechnet in al-Udayd ihre bedeutendste Militärbasis unterhalten, hatte Agent Orange zu diesem Zeitpunkt noch nicht auf seinem arg begrenzten Schirm. Er glaubte, der Stützpunkt befinde sich in den VAE. Doha oder Dubai – Hauptsache, Saudi-Arabien.

DIE ANANAS

»Kein Mensch verlässt Doha«, sagt Rezeptionist Juri und rümpft die Nase. Seit fünf Jahren lebt er hier, aber bisher kennt er nur die Hauptstadt. »Draußen gibt es nichts zu sehen. Du verschwendest deine Zeit«, betont er. Ich höre nicht auf ihn und steige in einen Bus. Ich will bis zur Endstation fahren. Und die liegt im Norden, an der Spitze Katars, 120 Kilometer von Doha entfernt. Al Ruwais heißt das Kaff, und Wikipedia sagt, dort habe es einmal einen wichtigen Hafen gegeben.

Die Busfahrt ist absurd langweilig. Ein schnurgerader Highway, wie eine Landebahn durch die Wüste betoniert. Kaum Autos. Ein paar Häuser, Baukräne, Zementmischer, hier und da eine Moschee, dann Ödland, in der Ferne ein Fußballstadion, Gestrüpp, Sand, nichts, ein Dixiklo im Nirgendwo.

Im Bus sitzt eine Handvoll Gastarbeiter. Sie sprechen nicht. Alle zwanzig Kilometer lässt der Fahrer einen von ihnen am Standstreifen aussteigen. Und als der Bus nach zwei Stunden die Endstation, eine Parkbucht, erreicht, bin ich allein.

»The end«, sagt der Mann zu mir, und es klingt wie eine Prophezeiung. Ich steige aus, die Türen schließen sich, der Bus dreht und schippert zurück nach Doha.

Es ist heiß, die Sonne brennt vom Himmel herab. Staub hängt in der Luft. Al Ruwais also. Ich laufe die Straße entlang und entdecke nichts, das reizt. Keine Menschen, keine Tiere. Rechts ein Shoppingcenter, das geschlossen ist. Links ein Gemüseladen, der geschlossen ist. Dazwischen ein McDonald's, der geschlossen ist. Ein paar Baustellen, aber keine Bauarbeiter. Dahinter der Persische Golf. Einen Hafen gibt es nicht. Auch keinen Souq. Al Ruwais hat nichts, was man vor seinem Tod gesehen haben muss. Ich hätte zwei Stationen früher aussteigen sollen, der nächste Bus fährt erst in einer Stunde. Ich folge dem Straßenverlauf, bis ich das Ufer erreiche, und schaue aufs Meer, warte auf irgendetwas, das nicht kommt, kehre um. Schließlich setze ich mich auf eine Bank im Schatten und weiß nicht weiter.

Sicher, ich könnte die zwei Haltestellen zurücklaufen und den Souq suchen, aber ich bin müde. Mein Fuß zwickt. Und ich realisiere, dass ich nichts mehr finden möchte, nichts mehr aufnehmen, dass meine Sinne überdehnt sind. Ich brauche Urlaub von der Reise. Eine Ewigkeit sitze ich so da, kein Wind weht, kein Vogel zwitschert. Verlassenheit in allen Dingen. Vielleicht ist Al Ruwais tatsächlich das Ende der Welt. Nicht Kamtschatka oder Patagonien. Nein, Al Ruwais ist es.

Und dann sehe ich einen Mann auf der Straße, einen einzigen. Er trägt ein kariertes Hemd, das am Bauch spannt, darüber eine gestreifte Jacke, in der Hand einen Stoffbeutel. Er plappert Unverständliches, es sind nur Laute, keine Wörter.

Als er mich auf der Bank entdeckt, kreischt er, winkt, trapst auf mich zu und lacht. Die Schneidezähne fehlen. Er setzt sich neben mich, schaut mich an, er schielt ein wenig, dann spricht er Kauderwelsch, zeigt mit seinem Finger auf mich und macht ein besorgtes Gesicht. Ich verstehe seine Frage und schmunzele. »Nein, mir geht es gut«, sage ich, und er kichert zahnlos wie ein Kleinkind, wirkt erleichtert, und plötzlich umarmt er mich. Kurz und fest. Dann lacht er wieder, öffnet seinen Stoffbeutel und holt eine Ananas hervor. Er will sie mir schenken. Ich lächle und lehne ab, denn ich kann mit ihr nichts anfangen. Er schüttelt den Kopf und drückt mir die Frucht in die Hand. Und weil ich merke, dass es ihm wichtig zu sein scheint, akzeptiere ich und bedanke mich. Er kreischt und kichert und umarmt mich noch einmal, sagt etwas in seiner Fantasiesprache und tapst mit seinem Stoffbeutel zurück auf die Straße. Ich schaue ihm nach, bin bewegt. Die Ananas liegt wie ein Baby in meinen Armen.

Auf der Rückfahrt schlafen fast alle Gastarbeiter, sie haben den Kopf an die Scheibe gelehnt. Jemand trägt ein T-Shirt der Deutschen Post. Die Ananas hockt neben mir auf dem Sitz, und als ich zwei Stunden später in Doha aussteige, nehme ich sie nicht mit.

HÖLLE HÖLLE HÖLLE

Das Islamische Center in Doha ist Kulturzentrum und Moschee zugleich. Das Minarett bohrt sich wie eine Schraube in den Himmel, als wollte es sich in ihm verankern.

Katar bezeichnet die Institution als »Leuchtturm der Kultur«. Hier sollen dem ausländischen Besucher Religion und arabisches Leben nähergebracht werden. Das ist eine schöne Sache, deshalb gehe ich hinein. Zuerst das Positive: Der Eintritt ist kostenlos, das Center bietet Ausstellungen und Arabischkurse an. Man kann in Ruhe umhergehen, sich informieren, lesen. Die Schautafeln zur islamischen Religionsgeschichte sind unaufdringlich, man lernt etwas, und niemand quatscht dazwischen. Wer das Zentrum jetzt wieder verlässt, trägt ein gutes Gefühl in die Welt.

Und nun Tacheles: Das Sheikh Abdulla Bin Zaid Al Mahmoud Islamic Cultural Center (so der vollständige Name) ist in erster Linie eine Einrichtung der Regierung, und diese investiert gern in die Missionierungsarbeit. So finanzieren religiöse Stiftungen aus Katar Moscheen und Imame im Ausland.

Ein Besucherzentrum für Touristen wirkt da einladend und ergibt Sinn. Wer aber um ein Gespräch mit einem Mitarbeiter bittet, bekommt bisweilen den »wahren Islam« verkündet, soll heißen den Salafismus, puritanisch und regelbasiert. Dabei repräsentiert diese Lesart nur einen Bruchteil aller Muslime weltweit. Die Realität ist tausendundeinmal bunter und pluralistischer.

Ein Imam begrüßt mich. Ich reiche ihm nicht die Hand, und er mir ebenfalls nicht. Das ist okay, auch orthodoxe Juden und Jüdinnen vermeiden den Händedruck.

Staunenswerter ist vielmehr die Tatsache, dass der Imam in dem einstündigen Gespräch konsequent an mir vorbeischaut. Denn nicht nur Berührung verschafft Begehr, sondern ebenso der Blick. Vor zwei Jahren ist mir das schon einmal passiert, in einer Moschee im iranischen Belutschistan, allerdings wandte der junge Mann nur dann die Augen von mir ab, wenn seine Glaubensbrüder zugegen waren.

Der Imam hier in Katar ist eine andere Hausnummer, und ich bin von seinem Durchhaltevermögen fasziniert. Er sieht mich einfach nicht an. Nicht, wenn er spricht, nicht, wenn ich spreche. Eine Stunde lang. Wunderliche Erdbewohner. Der Plausch ist trotzdem unterhaltsam, das liegt in erster Linie am Imam selbst, denn er hat Charisma. Der sattrote Bart, die geschwungenen Brauen, die Falten, die sich um seine Augen wellen. Ein Gesicht wie eine Vulkanlandschaft, und ich schaue gerne hinein (ich darf ja). Und dann elektrisiert seine Stimme, insbesondere wenn er Koransuren in jenem meditativen Singsang rezitiert, der berührt, obwohl die Sprache unverständlich bleibt. Er kenne das Buch auswendig, sagt er ohne Stolz. Sein Leben widme er Allah, und das vollends.

Ich möchte von ihm wissen, inwiefern sich die islamische Praxis des Wahhabismus, des Salafismus und der Muslimbrüder voneinander unterscheidet und welche Linie Katar genau verfolgt. Darauf geht er nicht ein. Stattdessen erklärt er kryptisch, dass der »fundamental geglaubte« Islam keine Differenzierungen kenne. Kulturelle Verschiedenheiten zwischen der Halbinsel, dem Maghreb, Iran, Kirgisistan, der Türkei oder Indonesien – zwischen 1,8 Milliarden Muslimen – negiert er mit dieser Aussage. Diversität bedeutet für ihn offensichtlich Schwäche. Interessant ist, dass wir Westler die Vielfalt muslimischer Lebenswelten oft gleichermaßen vehement leugnen, wie es der Imam tut. Hüben wie drüben gebe es nur einen Islam. Punkt. Es ist so leicht, es sich leicht zu machen.

Bevor ich nachhaken kann, folgt bereits ein Monolog über die fünf Säulen des Islam, bestehend aus Glaubensbekenntnis, Gebet, sozialer Pflichtabgabe, Fasten und Pilgerfahrt nach Mekka. Er referiert über die Barmherzigkeit Allahs und über den Teufel. Mir fehlen Sinn und Geschmack fürs Unendliche und ich frage ihn, ob sogar ein Imam manchmal zweifelt.

»Nein, denn wer zweifelt, ist anfällig für Dämonen«, konstatiert er und rät zum Gebet. Er rezitiert eine Sure und wiederholt die fünf Säulen, die für jeden Muslim verpflichtend seien, ansonsten drohe Verdammnis.

»Und was ist mit einer Muslimin, die zutiefst religiös ist, alle Regeln befolgt, aber auf den Hijab verzichtet?« Ich denke an Leyla aus Kuwait, die sich von ihrer Mekka-App fünfmal täglich an Allah erinnern ließ, aber dennoch ihre Haare zeigte und aussah wie eine arabische Popsängerin.

»Den Hijab nicht zu tragen ist Sünde«, erklärt er, »die Frau kommt ins Höllenfeuer. Genauso wie jemand, der die Gebete nicht einhält. Auch er landet im Feuer.«

»Verzeiht Gott denn, wenn man sich entschuldigt?«, frage ich.

Der Imam nickt. »Aber natürlich«, beruhigt er. Der Allerbarmer verzeihe allerhand, aber die Regeln dürften nicht gebrochen werden, und eine Frau müsse nun mal Hijab tragen. Khallas. Basta. Ein Niqab sei jedoch nicht nötig, betont der Imam. Kopftuch reiche.

In Katar gibt es keinen Verschleierungszwang, und auch im Koran findet sich keine eindeutige Sure, die Frauen eine Verhüllung vorschreibt. Die Exegese entscheidet über die Bekleidung, Religion wird definiert durch ihre Ausübung und ist immer abhängig von kulturellen Eigenheiten. Könnten die Salafiten tatsächlich ins 7. Jahrhundert zurückkehren, wie sie es gern wollten, so würden sie vielleicht einen fortschrittlicheren Islam erleben, als sie ihn heute propagieren.

»Aber wenn Gott jeden Regelverstoß verzeiht, dann ist doch alles gut«, sage ich und klinge herausfordernder, als ich möchte.

Der Imam schüttelt den Kopf. »Nein. Denn wer behauptet, Jesus sei der Sohn Gottes, dem wird niemals vergeben. Der ist verdammt und muss in die Hölle.«

Die Trinität des Christentums ruft bei frommen Muslimen Verachtung hervor, denn ihnen gilt der Herr der Herrlichkeit als unteilbar und einzigartig. Alles andere sei Polytheismus und entspringe der Fantasie.

»Sie sind Christin, oder?« Der Imam blickt an mir vorbei.

»Ja«, antworte ich und verschweige, dass ich schon vor Jahren aus dem Verein ausgetreten bin.

»Glauben Sie, dass Jesus Gottes Sohn ist?« Eine Fangfrage, er lächelt.

»Bin mir nicht sicher«, erwidere ich, und der Imam nickt. »Jesus war ein Prophet. Aber nicht der Sohn Gottes.«

Zum Schluss frage ich ihn, ob er Angst hat, nach seinem Tod nicht ins Paradies hineingelassen zu werden, weil er nicht rechtschaffen genug gelebt habe.

»Ja«, antwortet der Imam, »dagegen hilft nur beten.«

Seine Panik vor der Hölle stimmt mich unfroh, und ich empfinde Bedauern. Doch womöglich braucht der Theismus das dramaturgische Prinzip: Religion mit Teufel macht zwar Angst, eine Religion ohne Teufel schmeckt aber fad. Gott sei Dank bin ich Atheistin. Mich jagt weder die Furcht vor Höllenpein, noch hoffe ich nach meinem Exitus auf den Garten Eden. Wer tot ist, bleibt (mit an Sicherheit grenzender Wahrscheinlichkeit) tot und gammelt nicht mit irgendwelchen ätherischen Kumpels vor der Himmelspforte herum. Dem Ende entkommt niemand. Da helfen keine Gebete und keine heiligen Bücher. Fürwahr, das Geheimnis vom Anfang aller Dinge können wir (noch) nicht entschlüsseln, aber dass Jesus von den Toten auferstanden sein soll und Mohammed auf einem geflügelten Pferd gen Himmel geritten ist, sind Fake News aus der Vergangenheit. Und warum zum Teufel sollte ich einen Gott anbeten, der ständig mit der ewigen Verdammnis droht und herumpöbelt wie Klaus Kinski am Filmset von *Fitzcarraldo*?

Ein Dutzend Fragen, kaum Antworten, der Imam hat viel erzählt, aber nichts gesagt.

128

Ich ziehe um. In die West Bay. Dahin, wo es nach Geld riecht und wo die silbernen Wolkenkratzer wie riesige Fische im Sonnenlicht glänzen. Der erste Tropfen Erdöl tröpfelte 1938, und rund vierzig Jahre später entdeckten die Katarer unter dem Meeresgrund das Nord-Feld, das größte Erdgasfeld des Planeten. Es folgte eine brutale Modernisierung innerhalb weniger Jahrzehnte – von einer archaischen Beduinengesellschaft in eine urbane Industriezivilisation. Die Expats kamen, die Beduinen wurden reich. Man sagt, die Katarer arbeiten – wenn überhaupt – nur in gehobenen Positionen und nur drei Stunden am Tag. Mehr ist nicht nötig, denn Strom, Wasser und das Gesundheitssystem sind sowieso kostenlos, Einkommenssteuer gibt es nicht. Das Miniaturland hat die höchste Millionärsdichte weltweit.

Ich beziehe ein Zimmer in einem Hochhaus, 32 Stockwerke über dem Boden. Vor achtzig Jahren standen hier noch Lehmhütten, in denen Fischer wohnten. Vom Fenster aus sehe ich die Silhouette der Stadt und dahinter das Meer. Bis Mitte des 19. Jahrhunderts war die Küste von Katar als »Piratenküste« berüchtigt. Das lieferte den Briten eine Rechtfertigung, um sich als Schutzmacht aufzustellen und die Handelswege zu kontrollieren. So wie überall am Golf.

Als die Japaner in den 1930er-Jahren die Zuchtperle erfanden, sah es trist aus für die Golfaraber. Die Ölfunde retteten die Menschen vor der Verelendung. Erst 1971 zogen sich die Briten aus dem gesamten Gebiet zurück, und Katar erklärte seine Unabhängigkeit. Die Golfländer waren nun auf sich allein gestellt, mit all den Ängsten, die dazugehörten.

Hier oben im 32. Stock ist es so leise, als schwebte man über den Wolken und über den Dingen. Ein Ledersessel steht in der Ecke. Ein Flatscreen hängt an der Wand. Auf dem Tisch liegen Bonbons, eingewickelt in Silberpapier. Unten zwischen den Highways und Baustellen ist das Leben aufreibend, zumindest für Fußgänger. Die Golfstaaten sind ein Eldorado für Autofahrer, aber ein Inferno für Passanten. Es gibt kaum Ampeln, kaum Straßenunterführungen, und nur die Tollkühnen wagen den Sprint über einen vierspurigen Highway bis zum begrünten Mittelstreifen, dann folgen die nächsten vier Spuren Höllenschlund.

Am Abend setze ich mich in ein Café, irgendwo in der West Bay. Es duftet nach Kakao und Käsekuchen. In der Zeitung lese ich, dass US-Sängerin Mariah Carey diese Woche in Saudi-Arabien auftritt. Sachen gibt's.

Einen Tisch weiter nippen ein Mann und eine Frau an ihren Latte macchiatos. Lassad und Amina planen ihre Hochzeit. Sie lernten sich vor einem Jahr auf einer Wüstensafari kennen. Lassad ist Ägypter. 2011 erstelite er auf Facebook eine Veranstaltung für den 25. Januar und lud Freunde dazu ein. Es kamen mehr Menschen, als Lassad sich ausmalen konnte, und plötzlich wurde alles anders. Wie jedes Jahr am 25. Januar feierte die ägyptische Regierung den »Tag der Polizei«, ein nationaler Gedenktag.

»Wir wollten dagegen protestieren«, erzählt Lassad, »die Bullen sollten endlich aufhören, unschuldige Leute zu verprügeln und einzubuchten.«

Hunderte Ägypter folgten Lassads Facebook-Einladung, auch andere User riefen zu Protesten auf, ebenso die Muslimbruderschaft. Sie alle verbanden sich über die sozialen Netzwerke, sie twitterten, sie posteten Fotos und Videos. Aus hundert Menschen wurden tausend, dann hunderttausend, in Kairo, in Suez, in Alexandria, und auf einmal forderten die Demonstranten die Absetzung des Präsidenten Muhammad Husni Mubarak, und Lassad ging nicht mehr nach Hause. Er verbrachte drei Tage auf dem Tahrir-Platz, danach wanderte er ins Gefängnis. Die Demonstrationen eskalierten. Die Polizei setzte Wasserwerfer und Tränengas ein, Menschen starben, doch die Revolution ließ sich nicht mehr aufhalten. Nach 24 Stunden kam Lassad frei, und er kehrte zurück auf den Tahrir-Platz, brüllte wieder gegen das Regime an.

»Zu Beginn protestierten wir alle gemeinsam, Seite an Seite. Liberale, Muslimbrüder, Studenten. Wir hatten dasselbe Ziel«, erinnert er sich.

Als Mubarak schließlich abdankte und die Bruderschaft die ersten freien Präsidentschaftswahlen gewann, freute sich Lassad. Versprachen die Brüder doch, mehr Geld in wohltätige Projekte zu investieren. Aber sie scheiterten an den wirtschaftlichen und sozialen Problemen im Land und verschafften sich Sonderprivilegien. 2013 lehnten sich die Ägypter erneut gegen ihre Regierung auf, und die Islamisten wurden weggeputscht. Es folgte die Militärdiktatur unter Abdel Fatah al-Sisi. Lassad floh nach Katar.

»Die Muslimbrüder haben alles vermasselt«, sagt er und verzieht den Mund. Zurück nach Ägypten kann er nicht mehr.

»Was denkst du heute über den Arabischen Frühling?«, will ich von ihm wissen.

»Es gibt keinen Arabischen Frühling. Es hat ihn nie gegeben«, antwortet er und lächelt bitter. Amina streichelt seine Hand. »Ohne die Revolution hätten wir uns nie kennengelernt. Das ist das einzig Gute«, sagt sie.

Amina kommt aus dem Libanon und arbeitet als Journalistin bei dem Nachrichtensender Al Jazeera. Als die Proteste in Nordafrika begannen, war sie noch Studentin in Beirut und hing über ihren Büchern. Jetzt recherchiert sie für eine Reportage über die Ermordung Khashoggis.

»Wie frei ist Al Jazeera überhaupt?«, frage ich Amina.

Sie grinst und flüstert: »Welche Presse in dieser Region ist schon frei?«

In der Rangliste der Pressefreiheit landet Katar auf Platz 128 von 180 Ländern. Jordanien, Oman, die Vereinigten Arabischen Emirate, Bahrain, der Jemen und Saudi-Arabien schneiden schlechter ab. Dass Afghanistan mit Rang 121 an allen Golfstaaten, bis auf Kuwait, vorbeizieht, spricht nicht für die Halbinsel. Die Presse am Golf fungiert gemeinhin als Sprachrohr der Despoten. Sie ist parteiisch. Auch Al Jazeera, obwohl der Sender im Gegensatz zu anderen Medien eine große Meinungsvielfalt zulässt. Die meisten Journalisten wurden von der BBC ausgebildet.

In den 1990ern gründete der damalige Emir von Katar, Scheich Hamad bin Khalifa Al Thani, den panarabischen Nachrichtensender, und seitdem wird das Programm von der Herrscherfamilie mit vielen Millionen Riyal pro Jahr subventioniert. Internationale Bekanntheit erlangte Al Jazeera durch die Berichterstattung über die Terroranschläge am 11. September 2001 und den darauffolgenden Krieg gegen die Taliban. Der Kanal versorgte außerdem die westlichen Sendeanstalten mit Bildern und spielte ein Tonband Osama bin Ladens ab. Während des Arabischen Frühlings stellte sich der Sender hinter die Revolutionäre und wurde deshalb von ausländischen Medienvertretern für seine Einseitigkeit kritisiert. Die Ressentiments bestehen noch immer. Al Jazeera wird vorgeworfen, die Radikalisierung in Teilen des Nahen Ostens anzuheizen, und gilt als Propagandainstrument der Muslimbruderschaft, die wiederum von der katarischen Regierung unterstützt wird. Saudi-Arabien fordert die Schließung des Senders.

Ich frage Amina, ob ich Al Jazeera besuchen könne. Immerhin pocht der Sender auf seine angebliche staatliche Unabhängigkeit, ein Rundgang dürfte dann ja kein Problem sein. Ich stelle mir das so ähnlich vor wie die Gruppenführungen im WDR-Funkhaus, nur ohne Maus, Elefant und Pressefreiheit. Amina verspricht nachzufragen.

Zwei Tage später bekomme ich eine WhatsApp von ihr. »Tut mir leid«, schreibt sie, »der Sender erlaubt es nicht.«

DAS WUNDER VON KATAR

Heute Abend ist Golfkrieg. Halbfinale. Katar und die Vereinigten Arabischen Emirate treffen im Asian Cup aufeinander, und das ausgerechnet in Abu Dhabi. Spätestens seit der Blockade sind sich beide Länder spinnefeind. Und die VAE nutzen jede Gelegenheit, Katar zu schikanieren. So dürfen katarische Fußballfans nicht ins Stadion. Sympathiebekundungen, ob auf dem Platz oder im Netz, sind in den VAE verboten. Wer trotzdem frohlockt, dem drohen bis zu fünfzehn Jahre Haft. Ein Brite trug vor ein paar Tagen in Abu Dhabi ein Katar-Trikot und landete im Gefängnis. Ein passender Start in das emiratische »Jahr der Toleranz«, wie ich finde. Passend deshalb, weil die VAE sich damit selbst konterkarieren. Und manchmal endet die Toleranz eben schon bei einem Fußballtrikot.

Ich laufe die Corniche entlang, die Highways sind leerer als sonst. Die Glaspaläste kratzen wie immer am Himmel, die Luft ist noch warm.

Als die Katarer das zweite Tor schießen, fliegen Sandalen auf die jubelnden Spieler. Morgen werden alle Zeitungen in Doha damit aufmachen, denn der Schuhwurf gilt als größtes Zeichen der Verachtung in Arabien, weil an den Latschen der Dreck der Straße klebt. Dreiundvierzig Minuten nach der Schuhattacke treffen die Katarer das dritte Mal. Niemand im Stadion applaudiert. In Katar hupen die ersten Autos.

Der Emir wird sich bestätigt fühlen, denn die Regierung hat ein System erschaffen, das an die Sportförderung in der DDR erinnert. Schulkinder werden gesichtet, und die Talentierten landen in der *Aspire Academy*, einem der größten Leistungszentren für Spitzensport der Welt. Dort trainieren junge Sportler seit 2004 unter vortrefflichen Bedingungen, Lehrer aus Europa geben den Input. Geleitet wird das High-Class-Sportzentrum von einem Spanier, dem ehemaligen Strategiedirektor von Real Madrid. Zu den Disziplinen gehören Leichtathletik, Tischtennis, Squash, Fechten und natürlich Fußball. Um die Leistungen der katarischen Nachwuchskicker zu steigern, werden jede Woche externe Jugendmannschaften eingeflogen, vom VfB Stuttgart bis hin zum FC Liverpool. Die Spieler, die jetzt die VAE in ihrer eigenen Hauptstadt vorführen, sind Absolventen der Akademie.

Als in der Nachspielzeit das vierte Tor fällt, verwandelt sich die Corniche endgültig in eine Fanmeile. Denn der 4:0-Sieg über die Emirate ist mehr als Sport, er ist Vergeltung für die Blockade, er ist Politik – nur wird hier der Kampf auf dem Spielfeld und nicht auf dem Schlachtfeld ausgetragen. Eleganter hätte ein Arschtritt nicht ausfallen können.

Auf der Corniche tanzt das ganze Land. Die SUVs und Maseratis tuten, Frauen schwofen, Männer fallen sich in die Arme, sie heben die Hände in die Höhe, spreizen vier Finger und drücken den Daumen auf den Handballen. Eine Gruppe Afrikaner steppt auf der Straße, Katarer hängen sich mit ihren Dishdashas aus Autofenstern und grüßen und brüllsingen, Turbane fliegen von den Köpfen. Ich beobachte eine philippinische Kinderfrau, wie sie ein arabisches Mädchen an den Händen packt und im Kreis dreht, beide kreischen und glucksen, die Mutter schießt Fotos und lacht unter ihrem Niqab. Nepalesen stehen auf Autodächern und schwenken katarische Flaggen, ein paar Inder zücken die Smartphones und drehen Videos von ihnen, und dann hüpfen sie – die Nepalesen auf den Dächern, die Inder auf dem Boden, und die Katarer hupen in ihren SUVs im Chor. Nationalitäten verschwimmen, heute sind alle Katarer. Und das ist ein kleines Wunder, denn wie in den anderen Golfstaaten zeigt sich auch in Katar eine Himmelangst vor Überfremdung, ein Zittern vor Belagerung, denn die Einheimischen kommen gerade einmal auf zwölf Prozent. Die restlichen 88 Prozent der Bevölkerung bestehen aus Expats. Das ist die höchste Quote an Arbeitsmigranten weltweit.

»Vier! Vier!«, johlt jemand und fächert die vier Finger auf, den Daumen auf den Handballen gepresst. Ich mache mit, lasse mich anstecken von der Freude, ich gönne Katar den Sieg auf ganzer Linie.

Erst am nächsten Tag fällt mir ein, dass die Geste nicht nur die vier Tore versinnbildlicht, sondern zudem das Zeichen der Muslimbruderschaft ist – der sogenannte »Rabia-Gruß«, den die Islamisten in Ägypten verwenden. Auch der türkische Präsident Recep Tayyip Erdoğan nutzt die vier ausgestreckten Finger und den eingeklappten Daumen als Solidaritätsbekundung. Ich habe also gestern schätzungsweise 120-mal die Muslimbrüder gegrüßt.

Drei Tage später wird die katarische Elf erneut in Abu Dhabi auflaufen, sie wird nach sechs Siegen in sechs Spielen tatsächlich den Favoriten Japan schlagen, und der Titelgewinn wird als der größte fußballerische Erfolg in die Geschichte Katars eingehen.

DIE ERFINDUNG DES ORIENTS

Es war einmal Arabien – denn morgen muss ich heim. Ein wenig klüger als zuvor und mit Wehmut im Herzen. Arabien hat mich bewegt, ich habe gestaunt und gelernt. Die meisten Menschen hier berührten mich mit ihrer Zuwendung, beschämten mich mit ihrer Großzügigkeit und beeindruckten mich mit ihrer Würde. Derlei Erfahrungen mache ich immer wieder im Nahen Osten. Dass Europa sich selbst unablässig als rational und modern begreift, sein konstruiertes Gegenüber, den sogenannten Orient, jedoch als irrational und rückständig, ist betrüblich. Und falsch. Am Ende verrät diese Denkweise mehr über den Westen als über den Osten.

Ich durchwandre den Souq, setze mich in ein Café und beobachte das Getümmel in den Gassen. Der Eisverkäufer bimmelt mit einer Glocke, um auf sein Eis aufmerksam zu machen. Er trägt Weste und Fez, und seine Garderobe weckt Erinnerungen an das Osmanische Reich. Sogar die Souq-Polizei kleidet sich wie aus einem vergangenen Jahrhundert und reitet auf geschmückten Pferden durch die Gassen. Der Souq ist ein Vergnügungspark für Touristen aus Europa, aus Russland, aus China, aus anderen arabischen Ländern. Eine Folkloreshow. Es gibt Wasserpfeifen, und wer will, kann sich von Frauen in bunten Tüchern Henna auf die Haut pinseln lassen. Das ist in Ordnung, die Menschen sind glücklich, der Souq ist herrlich, jeder darf träumen. Und ich kapiere, dass ich mich von der »lawrenceschen« Erinnerungskultur, von der »belligen« Orient-Nostalgie verabschieden muss. Ich bin keine Freya Stark. Ich bin keine Annemarie Schwarzenbach. Ihre Hoffnungen können nicht die meinen sein. Vielleicht stimmt es ja, was Gustave Flaubert über seine Reise nach Ägypten schrieb. Er sei »als Romantiker abgereist und als Realist wiedergekehrt«.

Und am Ende bleiben die legendären Orient-Reisenden ja doch nur Kinder ihrer eigenen Kultur und Zeit. Vermutlich sind sie bloß ihrer Vorstellung vom Morgenland hinterhergereist und entdeckten das, was sie erwarteten. Auch mein Orientbild ist Fantasie, eine Verklärung, eine Blaue Blume, die niemals gefunden werden kann.

Ich bestelle mir eine Shisha an meinen Bistrotisch, und während ich rauche, betrachte ich die Souvenirverkäufer mit ihren Plüschkamelen und ihren Teekesselchen. Sie präsentieren ihre Waren vor Fassaden, die alt aussehen, aber neu sind. Alles Kulisse. Der Putz, die Buntglasfenster, die Lämpchen. Nicht nur der Westen erschafft sich seinen Orient. Der Orient wird auch vom Orient konstruiert. Aber ist nicht genau dieses Schauspiel wahrhaftig? Eine authentische Inszenierung, nennt Ilija Trojanow solcherart Gaukelei. Und daher ist der Souq echt. Er ist ein Abbild unserer Wirklichkeit. In gleicher Weise wie das Beduinencamp in Jordanien oder die spiegelglatte Vorderseite Kuwaits. Die gigantischen Malls in Dubai sind ebenfalls authentisch oder die Dünen im Leeren Viertel.

Waschecht orientalisch bedeutet für uns Westler das Alte, es bedeutet Basare, Gewürze und Kamele. Da ist immer die Sehnsucht nach dem Märchenhaften, nach dem Geheimnisvollen, daran können auch die Ängste des 21. Jahrhunderts nicht rütteln. Deshalb bringt Disney seinen Klassiker *Aladdin* erneut auf die Kinoleinwand, und deshalb heißen unsere Kartoffelchips *Oriental*, weil sie so schmecken »wie aus 1001 Nacht«. Die arabische Realität verzeichnet jedoch Risse, und die Gesellschaften hangeln sich zwischen Übergängen und Umbrüchen entlang. Mit pittoresker Rückständigkeit hat das nichts zu tun, im Gegenteil. Manche Touristen mögen vielleicht enttäuscht sein, wenn sie feststellen, dass die Bedu iPhones benutzen und statt Ziegen Instagram füttern. Sie fühlen sich dann um ihre Vorstellung vom Orient betrogen. Sie wollten das Morgenland erleben und nicht das Übermorgenland. Aber wir bereisen ja stets Welten, die im Niedergang begriffen sind. Auch ich glaube, dass ich mir Wadi Rum nur »klassisch« auf dem Rücken eines Höckerträgers »erarbeiten« könne und nicht im klimatisierten Land Rover. Dabei übersah ich, dass kein Bedu heute mehr auf Kamelen unterwegs ist. Dass auch ich dem Kitsch erlegen war.

Sich vom Mythos Orient zu verabschieden ist nicht leicht. Selbst dem großen Sir Wilfred Thesiger ist das nicht gelungen. Ich entsinne mich an ein Interview mit dem neunzigjährigen Briten kurz vor seinem Tod. In dem Gespräch bedauerte er den Verlust der beduinischen Lebensweise. Der technologische Fortschritt zerstöre Traditionen und verändere die Gesellschaft, sagte er. Die Moderne stellte Thesigers Imagination vom Orient infrage. Er berücksichtigte jedoch nicht, dass die meisten Bedu froh sind, nicht mehr in Zelten, sondern in festen Häusern leben zu können. Dass sie die Waschmaschine dem Waschbrett vorziehen und vielleicht lieber Touristen führen anstatt Schafe, obgleich das manchmal dasselbe ist.

Aber nicht nur der Orient ist Fiktion, der Okzident ist es gleichermaßen. Bloß eine Erfindung. Damals assoziierten die Menschen der östlichen Länder ihn mit Prüderie und Brutalität, heute mit Freizügigkeit und Brutalität. Diese Darstellung hält der Realität ebenfalls nicht stand. Es gibt kein Schwarz und Weiß, und es gibt auch keine Dichotomie zwischen Ost und West, sondern eine ständige Auseinandersetzung und eine gegenseitige Beeinflussung. Alle Fremden sind miteinander verwandt, sagt ein Sprichwort aus Arabien. Und Goethe dichtete: »Wer sich selbst und andre kennt / Wird auch hier erkennen: / Orient und Okzident / Sind nicht mehr zu trennen.«

Der jahrhundertelange Austausch von Wissenschaft, Kultur, Kleidung, Lebensmitteln – man denke nur an den Kaffee –, von Wörtern und Ziffern, von Gedanken, Tulpen, Weihrauch und Alltagsgegenständen zeigt, dass zwei sich diametral gegenüberstehende Blöcke wie Orient und Okzident historisch nicht belegbar sind. Orient und Okzident sind bloß Ideen. Der Islamwissenschaftler Andreas Pflitsch bemerkte treffend: »Es gibt keine Orientalen. Es gibt nur Menschen, die wir zu Orientalen machen.«

Drei Monate nach meiner Rückkehr wird die AfD in Berlin ein Wahlplakat aufhängen, das die alten Klischees des Orientalismus auf widerliche Weise bedient, um die Furcht vor der »feindlichen Übernahme« durch die Muslime zu schüren.

Das Plakat zeigt das Gemälde *Der Sklavenmarkt* des französischen Malers Jean-Léon Gérôme aus dem Jahr 1866. Eine nackte

Frau ist abgebildet, umringt von Männern, die Turbane tragen und sie begutachten, irgendwo im Nahen Osten. Ein potenzieller Käufer prüft ihre Zähne. Nur der Schoß der Frau ist bedeckt vom blauen Band der Partei. Darüber prangt in fetten Buchstaben: »Damit aus Europa kein ›Eurabien‹ wird!« Auf der Facebook-Seite des Landesverbandes heißt es: »Definitiv ein Hingucker«.

Unser Problem in Deutschland sind nicht irgendwelche Muslime, die angeblich die Weltherrschaft an sich reißen möchten, unser Problem ist der braune Abschaum.

Zum Schluss des Kapitels noch eine kleine Geschichte, die ich vor ein paar Tagen online in den *Westfälischen Nachrichten* las: Es war Winter. Väter und Mütter sorgten sich. Denn ein Ausländer sprach ihre Kinder auf dem verschneiten Schulweg an und fuchtelte dabei mit seinem Handy herum. Die Grundschüler erzählten ihren Eltern davon, und die waren sich schnell einig: So etwas machen nur »Kinderschänder«. Sie passten den Mann ab, wollten ihn zur Rede stellen, er verstand aber kein Deutsch, daraufhin fotografierten sie ihn und posteten das Bild auf Facebook, er wurde beschimpft, und die Polizei ermittelte. Es stellte sich heraus, dass der Mann ein Asylbewerber war und erst seit kurzer Zeit in Deutschland lebte, daher die Verständigungsprobleme. Und weil er noch nie in seinem Leben Schneeflocken gesehen hatte, wollte er jemanden bitten, ein Foto von ihm im Schnee zu knipsen.

DER LETZTE TAG

Als sich das Kamel erhebt, hat die dicke Frau Schweißperlen auf der Stirn. Ihr dicker Mann trägt Shorts, die bis zu den Waden reichen, und um seinen Bauch ist eine Gürteltasche geschnallt. Er tritt zwei Schritte zurück und macht Fotos mit dem Handy, die Frau lächelt angestrengt. Die Aufnahme wird sie später an ihre Freundinnen schicken. Normalerweise teilen sie in ihrer WhatsApp-Gruppe nur Kochrezepte, manchmal auch Spruchbilder mit Lebensweisheiten. Seitdem die Kinder aus dem Haus sind, gibt es nicht mehr viel zu erzählen.

Ein Bub in Dishdasha greift die Zügel, das Kamel trottet hinterher, die Frau klammert sich mit ihren Händen an den Sitzknauf. Zwanzig Riyal für eine Runde im Kreis. Wie früher, im Ponykarussell auf der Kirmes, denkt sie. Der Ritt dauert drei Minuten, doch die Frau gickelt, und der Gatte winkt ihr zu.

Als ihr zweiter Sohn noch zur Schule ging, hatte ihr Mann eine Affäre mit einer Kollegin aus dem Betrieb. Sie sprach ihn nie darauf an, doch er kam oft spät nach Hause und roch nach Parfum, das nicht ihres war. Sie kaufte Nougatkekse und Kuchen und aß allein vor dem Fernseher. Heute ist ihr Hochzeitstag. Seit dreißig Jahren sind sie verheiratet.

Der Bub zerrt an den Zügeln, sagt etwas auf Arabisch oder Urdu, so genau versteht sie ihn nicht, und das Kamel kniet sich auf die Vorderbeine, lässt den Hintern absinken. Die Frau hält den Atem an und umfasst den Knauf so fest, dass ihre Fingerknöchel weiß werden. Als das Tier sitzt, steigt sie vorsichtig ab, ihre Oberschenkel zittern, aber sie schafft es ohne Hilfe zurück auf den Boden.

Ich beobachte die Szene und trinke einen Karak. Um uns herum sind ein paar Zelte aufgebaut, man kann Tücher kaufen und Trampeltiere aus Blech oder sich ein Quad ausleihen. Die Biografie der Frau habe ich mir ausgedacht, denn ich langweile mich. Ich kenne weder ihre Träume, noch weiß ich, ob sie glücklich ist. Wir sind nur zufällig am selben Ort, hier im märchenhaften Arabien. In einem dieser typischen Touristensammelbecken, wie es sie überall auf der

Welt geben mag. Bevor die Jeepkarawane in die Einöde zieht, wollen die pakistanischen Händler in Beduinenkluft ihren Klimbim verhökern, oder sie setzen den Westlern einen Falken auf die Faust und verlangen Geld für das Foto. Ich mache nicht mit, sondern schlürfe Tee und erfinde Geschichten.

Arif kommt auf mich zu, er hat Luft aus den Reifen gelassen. »Wir fahren jetzt ans Meer«, sagt er, und die Sanddünen spiegeln sich in seiner Sonnenbrille. Die Frau und ihr Ehemann sind fort.

Heute ist mein letzter Tag auf der Arabischen Halbinsel. Und den letzten Tag verbringe ich in der Wüste. Das hatte ich mir gewünscht, und ich buchte eine Tour zum Khawr al-Udayd, einem Binnenmeer an der Grenze zu Saudi-Arabien. Hier hat sich vor Jahrtausenden der Persische Golf durch den Süden Katars gewühlt und die beiden Länder an dieser einen Stelle voneinander getrennt.

Im Auto gehen mir die letzten Monate durch den Kopf. Nach zehn Wochen Reise ergibt das gewaltige Kachelmosaik der arabischen Gesellschaft noch kein zusammenhängendes Bild. Es erscheint zu abstrakt, zu bunt. Doch wenn ich ein paar Meter zurücktrete und das Mosaik noch einmal betrachte, dann glaube ich, die Anordnung der Steine zu begreifen. Arabien ist nicht Arabien. Jordanien unterscheidet sich vom Irak, Katar tickt anders als Bahrain. Der Jemen lässt sich nicht mit Saudi-Arabien oder den Emiraten vergleichen. Oman und Kuwait trennen mehr als die 2000 Kilometer. Und doch gehören all diese Steinchen zusammen. Ohne Scherben kein Mosaik.

Arif startet den Motor, auf dem Beifahrersitz eine schöne Russin, neben mir im Fond ihre beste Freundin. Und weil die beste Freundin weniger schön ist als die Schöne, darf sie die Fotos schießen. Arif sagt, wir sollen uns anschnallen, weil sich manchmal die Autos überschlagen, und dann brausen wir vorweg, Italiener, Türken und Holländer jagen uns in einer Kolonne hinterher. Und ich bin immer noch in Gedanken versunken.

Vielleicht hilft es, wenn ich mir die Arabische Halbinsel wie eine Familie vorstelle, die gemeinsam an einer Tafel sitzt und speist.

Saudi-Arabien spielt sich als Daddy auf, den niemand leiden kann, der aber häufig die Rechnung bezahlt, obwohl die Scheine nicht mehr so locker sitzen wie früher. Er hat ein warmes Herz, aber er zeigt es nicht gern. Kuwait ist seine kleine Schwester, die bisweilen zwischen den Familienmitgliedern vermitteln muss. Irak war einst ihr Ehemann, der dann mit ihr einen erbitterten Rosenkrieg führte. Jetzt sprechen sie wieder miteinander, versuchen sich auszusöhnen, und er ist auf ihre Kohle angewiesen. Jordanien nimmt die Rolle der gütigen alten Tante ein, die zwar mit finanziellen Problemen kämpft, aber trotzdem ihr Haus den Verzweifelten aus der Nachbarschaft öffnet und kaum noch Zimmer frei hat. Der Jemen ist der bildhübsche, aber leider drogenabhängige Neffe, der mittlerweile unter einer Brücke schläft und von einigen anderen Familienmitgliedern Schläge kassiert, weil er stolz ist, nicht spurt und immer öfter mit Iran abhängt. Saudi-Arabien ist mit den betuchten und dominanten Vereinigten Arabischen Emiraten verheiratet, aber zwischen ihm und seiner Gattin tun sich Gräben auf, denn sie will die Strippen ziehen. Katar ist ihr Zwillingsbruder, die beiden haben Beef miteinander und bewerfen sich mit Essen. Bahrain ist die sexy Geliebte von Saudi-Arabien, die allerdings vom Iran befummelt wird, was auf wenig Begeisterung am Tisch stößt. Und Oman kommt als greiser, weiser Onkel daher, der Wasserpfeife raucht, dabei gelegentlich einnickt und den alle anschwärmen, auch wenn sie ihn ein bisschen sonderlich finden. Eine schrecklich nette Familie eben.

Arif gibt Gas, dreht die Musik lauter, arabischer Elektropop donnert aus den Boxen, dann wirbelt das Auto die Dünen hinauf, wir werden in die Sitze gedrückt, es ruckelt, und der Sand peitscht an die Fensterscheiben, Arif reißt das Lenkrad herum, wir reiten auf dem Dünenkamm, die Sonne im Rücken, plötzlich nach links, eine Volte, und scharf nach rechts, die Nase des Land Rovers kippt über den Kamm, Sturzfahrt, wir rauschen senkrecht hinab, im Bauch kribbelt es, die Russinnen kreischen, Arif lacht.

Am Fuß der Düne kurze Verschnaufpause. Wir warten auf die restlichen Autos. Die Schöne nutzt die Gelegenheit und lässt sich von ihrer Freundin für Instagram fotografieren. Sie lehnt sich an die Autotür, neigt den Kopf zur Seite, macht ein Duckface und wickelt eine Haarsträhne um ihren Finger.

Arif zündet sich eine Zigarette an. Seine Eltern kommen aus Tunesien, er selbst ist in Doha geboren, lebt dort seit drei Jahrzehnten, und dennoch wird er nie dazugehören. Ohne Sponsor darf er nicht als Tourguide arbeiten, ohne Erlaubnis darf er nicht verreisen. In seinem Geburtsland bleibt er Ausländer. »Ich bin nicht frei«, sagt er.

»Bist du trotzdem glücklich?«, frage ich ihn.

Er denkt nach, zieht an seiner Zigarette. »Doch«, antwortet er dann, »hier ist es besser als anderswo.«

Ich glaube zu verstehen, was er meint.

»Und du?«, will er wissen, »was machst du in Katar?«

Ich erzähle ihm, dass ich vor 73 Tagen in Jordanien gestartet bin, um die Arabische Halbinsel von Nord bis Süd zu durchstreifen. Arif runzelt die Stirn. »Allein?«, fragt er.

Ich lächle und nicke. »Wirklich? Allein?«, wiederholt er. »Ernsthaft? Von Jordanien bis nach Katar? Ich gehe nicht mal alleine in die Mall!« Er lacht und drückt die Zigarette aus.

Wir steigen wieder ins Auto und preschen durch die Wüste, fliegen Dünen hinauf und hinab, bis jäh hinter einem Sandberg das Meer glitzert. Wie eine Luftspiegelung.

Dreißig Minuten gibt uns Arif, dann müssen wir zurück nach Doha. Die Italiener und die Türken schnattern, die Holländer blicken gedankenschwer aufs Wasser, die Russin rekelt sich auf einer Düne, lässt ihre Haare wehen. Ihre Freundin springt mit dem Handy um sie herum und knipst und sieht nichts von der Welt.

Ich sitze im Sand, grabe die Zehen zum letzten Mal in die Wärme und schaue zu, wie die Wüste das Meer küsst. Das klingt elysischer, als es ist, denn ein Generator brummt. Daneben ein Dutzend Zelte und einige Container mit Satellitenschüsseln auf den Blechdächern, ein Zaun schützt vor Zaungästen. Die arabische Version eines deutschen Campingplatzes. Hier fehlen die Magie des Leeren Viertels und der Goldstaub aus Wadi Rum. Bloß ein Ort, an den Touristen gekarrt werden, zeitlich getaktet, Abenteuer für sechzig Euro.

Auf der anderen Seite des Ufers wellen sich die graubraunen Hügel Saudi-Arabiens in die Landschaft. Nur ein paar Schwimmzüge liegen zwischen mir und einem unbekannten Planeten. Ich erkenne einen kleinen Militärposten, aber keine Menschen, keine Tiere, nichts. Hinter dem Schlagbaum warten neue Geschichten. Vielleicht ja irgendwann. Doch jetzt und hier geht es nicht weiter. Meine Reise ist zu Ende. Was bleibt, sind 6700 Kilometer getippte Worte. Märchen aus 72 Nächten.

Arif ruft, Abfahrt und auf Wiedersehen, im Rückspiegel noch das Meer, bis es in einer Wolke aus Staub versinkt. Und über uns der Himmel, so blau, als wäre er gelogen.

GLOSSAR

Abaya islamisches Überkleid, das von Frauen über der normalen Kleidung getragen wird. Der Stil kann variieren.
Adhan islamischer Gebetsruf
Allah arabisches Wort für Gott
Al-Qaida bedeutet auf Arabisch »die Basis, das Fundament« und ist ein weltweit operierendes Terrornetzwerk meist sunnitisch-islamistischer Gruppen.
Arabische Halbinsel oder **Arabien** Kerngebiet der ersten Araber, dazu gehören Saudi-Arabien, Kuwait, Katar, Bahrain als vorgelagerte Inselgruppe, die Vereinigten Arabischen Emirate, Oman, Jemen und Teile von Irak und Jordanien.
Bedu arabischer Terminus für Beduine. Die Bedu sind die nomadischen Wüstenbewohner. Eigentlich lautet die Singularform Bedui, aber der Einfachheit halber belasse ich es sowohl im Singular als auch im Plural bei Bedu.
Bidoun staatenlose Menschen arabischer Herkunft
Bisht mantelartiges Gewand für Männer, hergestellt aus Schafwolle oder Kamelhaar
Boshiyya Schleier, der über den Augen getragen wird
Burka Maske für das Gesicht, häufig kunstvoll gestaltet. In Afghanistan besteht die Burka aus einem großen Tuch mit einem Gitter aus Stoff im Augenbereich.
Corniche französisch, bezeichnet ursprünglich die Uferstraßen der französischen Riviera.
Cruising bedeutet im Englischen »herumfahren« und meint unter Homosexuellen die mobile Suche nach einem Sexualpartner.

Daesh Bezeichnung für den sogenannten Islamischen Staat. Daesh ist das Akronym der arabischen Entsprechung von »Der Islamische Staat im Irak und der Levante«. Daesh klingt aber auch wie das arabische Wort *dais*, was so viel wie »Zwietracht säen« oder »zertreten« bedeutet.

Dishdasha traditionelles, meist knöchellanges Gewand, das Männer auf der Arabischen Halbinsel tragen. Farben und Ausführungen variieren von Land zu Land.

Diwan Sammlung, Versammlung, Amtszimmer

Dschihad bedeutet »Anstrengung« oder »Bemühung«. Mit Dschihad kann die Verteidigung oder Ausdehnung des islamischen Herrschaftsgebiets gemeint sein (kleiner Dschihad) oder das geistig-spirituelle Bemühen des Gläubigen um das richtige moralische Verhalten gegenüber Gott und den Mitmenschen (großer Dschihad). Die Übersetzung »Heiliger Krieg« lehnen die meisten Muslime ab, weil nur Gott als heilig erachtet werden kann, nicht aber Menschenwerk.

Dschinn übersinnliches Wesen, das aus rauchlosem Feuer erschaffen ist. Im Koran und in der Geschichtensammlung *Tausendundeine Nacht* werden Dschinn mehrfach erwähnt.

Emir arabischer Titel, vergleichbar mit Fürst oder Prinz

Emirat Herrschaftsgebiet eines Emirs, heute auch Staat

Expatriates kurz Expat, bezeichnet Fachkräfte, die für eine begrenzte Zeit im Ausland arbeiten.

Fatwa islamisches Rechtsgutachten, ausgestellt von einer muslimischen Autorität

Gashwa Schleier, der über den Augen getragen wird

Ghutra traditionelle Kopfbedeckung arabischer Männer, zumeist weiß

Golfstaaten Länder am Persischen Golf wie Iran, Irak, Kuwait, Katar, Bahrain, Saudi-Arabien, die Vereinigten Arabischen Emirate und Oman. Iran und Irak gehören nicht zum Golfkooperationsrat.

Hadith Überlieferungen der Aussprüche und Handlungen des Propheten Mohammed

Halal erlaubt oder zulässig nach islamischen Recht
Halva Süßigkeit aus einem Mus von Ölsamen und Zucker oder Honig. Dazu Pistazien, Nüsse oder Mandeln. Die Zutaten unterscheiden sich von Region zu Region.
Hamas sunnitische Palästinenser-Organisation. Sie wurde 1987 als Zweig der Muslimbruderschaft gegründet und betrachtet Israel als besetztes Gebiet.
Hanbaliten vertreten eine der vier traditionellen Lehrrichtungen des sunnitischen Islam.
Haram verboten oder unrein nach islamischem Recht
Harem markiert einen abgesperrten und behüteten Wohnbereich, in dem die weiblichen Angehörigen und die unmündigen Kinder eines muslimischen Familienoberhaupts lebten. Tatsächlich wurden sexuelle Kontakte streng geregelt, und die Mehrzahl der Haremsbewohner war zu Enthaltsamkeit verpflichtet. In der Malerei des Orientalismus galt die Abbildung von Haremszenen als ein populäres Sujet.
Haschemiten weitläufiger Clan des mekkanischen Stammes Quraisch
Hijab bedeutet »Hülle, Vorhang, Schleier, Schirm« und meint die Verschleierung der Frau in unterschiedlichen Varianten.
Hisbollah schiitische Partei und Miliz im Libanon. Bedeutet übersetzt »Partei Gottes«. Als oberste geistliche Autorität wird der Revolutionsführer der Islamischen Republik Iran angesehen.
Huthi politisch-militärische Bewegung aus dem Nordjemen
Ibaditen religiöse Sondergemeinschaft des Islam, die weder dem Sunnitentum noch der Schia angehört. Die Ibaditen folgen einer eigenen Rechtsschule und leben überwiegend im Oman.
Ibadiya eine religiöse Sondergemeinschaft des Islam mit eigener Rechtsschule
Imam Vorbeter und Prediger einer Glaubensgemeinschaft. »Imam« kann auch als Ehrentitel verwendet werden.
Iqal oder **Agal** schwarze Kordel, die auf die Ghutra (Shemagh) gelegt wird. Angeblich banden die Beduinen damit früher die Beine ihrer Kamele fest.

Islam monotheistische Religion, die im 7. Jahrhundert von Mohammed gestiftet wurde. Bedeutet übersetzt »sich hingeben«.

Jebbali Angehörige der Bergstämme

Jesiden ethnisch-religiöse Minderheit hauptsächlich im nördlichen Irak, in Nordsyrien und im Südosten der Türkei. Das Jesidentum ist eine monotheistische, synkretistische und nicht auf einer heiligen Schrift beruhende Religion.

Kaaba »Haus Gottes«, Bauwerk im Hof der Großen Moschee in Mekka

Kafala System der Bürgschaft

Kafil Sponsor

Kanafeh warme Süßspeise aus einem leicht salzigen Käse, übergossen mit süßem Sirup

Karak schwarzer Tee mit Gewürzen, Zucker und Dosenmilch

Khaleeji bezeichnet die Bewohner der arabischen Golfküste

Khanjar omanischer Krummdolch

Khareef asiatischer Südwestmonsun

Khol Asche, wird als »Eyeliner« benutzt

Kitchari pakistanisches Gericht mit Linsen, Reis, Zwiebeln, Curry und Kreuzkümmel

Kumma bunt bestickte Kappe, die von männlichen Omanern getragen wird

Laban arabisches Sauermilchprodukt, ähnlich wie Joghurt

Madrasa Koranschule einer Moschee

Majlis bedeutet »Ort des (Zusammen-)Sitzens« und bezeichnete schon in vorislamischer Zeit eine Versammlung der Stammesnotabeln. Es ist aber auch das arabische Wort für ein Privatzimmer, in dem die Familie Gäste bewirtet.

Mansaf arabisches Gericht, das hauptsächlich aus Lamm und Reis besteht und auf einem großen Tablett serviert wird.

Massar Kopftücher der omanischen Männer

Mesopotamien auch Zweistromland genannt; markiert die Kulturlandschaft in Vorderasien, zwischen den Flüssen Euphrat und Tigris.

Mezze Vorspeisenplatte
Muezzin Ausrufer, der die Muslime an das Gebet erinnert. Der Muezzin ist kein Geistlicher, sondern gehört zum Personal der Moschee.
Muslimbrüder islamistische Bewegung, die 1928 von Hasan al-Banna in Ägypten begründet wurde.
Mutawwa Religionspolizei in Saudi-Arabien
Naan Brot aus gesäuertem Teig
Nabati Beduinenpoesie oder Volkspoesie, die seit dem 16. Jahrhundert verbreitet und ausschließlich auf der Arabischen Halbinsel zu finden ist.
Niqab Gesichtsschleier
Niqabi Frau, die einen Niqab trägt.
Odaliske hellhäutige Konkubine oder Dienerin in einem Harem im Osmanischen Reich. Im Regelfall waren die Odalisken georgische oder tscherkessische Sklavinnen.
Okzident lateinisch, ursprünglich von *sol occidens*, was »untergehende Sonne« bedeutet. Daher Abendland. Der Blick ist nach Westen gewandt.
Orient lateinisch, ursprünglich von *sol oriens*, was »aufgehende Sonne« bedeutet. Daher Morgenland. Der Blick ist nach Osten gewandt.
Panarabismus Sonderform des arabischen Nationalismus. Der Panarabismus strebt eine arabische Kulturnation an und möchte alle Araber vom Atlantik bis zum Persischen Golf in einen gemeinsamen Nationalstaat vereinen anstatt der heutigen vielen arabischen Staaten.
Qahwa goldfarbener, gewürzter arabischer Kaffee aus ungerösteten Bohnen
Qat leicht berauschende Pflanze, die im Jemen in aller Munde ist.
Qibla Gebetsrichtung der Muslime zur Kaaba in Mekka
Salafiten Anhänger des Islam der frommen Altvorderen. Gemeint sind die ersten drei Generationen der Muslime seit Mohammed.

Scharia bedeutet wörtlich »Weg zur Wasserstelle«. Die Scharia ist kein Gesetz, sondern ein Rechtssystem, dessen Grundlage der Koran, die Sunna und die Hadithe bilden. Sie regelt das soziale Zusammenleben der Muslime, umfasst Anweisungen zu allen Lebensbereichen, wie Erbrecht, Ehe- und Familienrecht, Straf- und Prozessrecht. Ihre Auslegung unterscheidet sich innerhalb der islamischen Länder. »Die Scharia« gibt es nicht.

Scheich Ehrentitel für Geistliche oder angesehene, weise Männer. Die weibliche Form lautet »Scheicha«.

Schia bedeutet übersetzt »Partei Alis«. Die Schiiten bilden nach den Sunniten die zweitgrößte Konfession des Islam.

Shawarma ein Fleischgericht aus der arabischen Küche. Es besteht entweder aus Hammel-, Lamm-, Rind- oder Geflügelfleisch und wird gegrillt.

Sheila Schal, Kopftuch

Shemagh In Jordanien und Irak heißt die weiß-rote Ghutra häufig Shemagh. Schwarz-weiß gemusterte Tücher wiederum werden nur von den Palästinensern getragen und *Kufiyyah* genannt. Der Shemagh kann herunterhängen wie ein Vorhang, er lässt sich zu einem Turban binden, oder die Enden werden nach hinten geschlagen, sodass das Tuch der Halskrause einer Kobra ähnelt. Ist nur eine Ecke weggeklappt, spricht man von der »halben Kobra«. Die coolen Burschen hingegen werfen das Tuch locker links und rechts über den Kopf, der Iqal sitzt neckisch schief, quasi ein arabischer »Out-of-Bed-Look«.

Siq Arabisch für »Schacht«.

Souq überdachter arabischer Markt, Basar

Sumerer ein Volk, das im 3. Jahrtausend v. Chr. in der Region von Sumer im südlichen Mesopotamien lebte.

Sunna bedeutet übersetzt »Brauch«. Der Begriff war schon in vorislamischer Zeit bekannt. Seit der Islamisierung umfasst er die überlieferten Gewohnheiten des Propheten. Sunniten bezeichnen sich als »Leute der Sunna«.

Ud Kurzlaute aus dem Vorderen Orient

Umayyaden Familienclan des Stammes der Quraisch aus Mekka

Umma (imaginäre) Gemeinschaft aller Muslime

Wadi Trockentäler in Wüstengebieten, häufig mit Oasenvegetation

Wahhabismus ultrakonservative Strömung des sunnitischen Islam. Das Königshaus der Al Saud wird von den Wahhabiten politisch legitimiert.

Wizaar Wickeltuch, das von Männern unter der Dishdasha als Unterwäsche getragen wird.

Zaiditen Zweig der Schiiten mit eigener Rechtsschule, hauptsächlich im Jemen verortet.

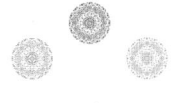

ANMERKUNGEN

Das Buch ist radikal subjektiv und bleibt freilich nur ein Schnappschuss, da Politik und gesellschaftliche Entwicklungen im Nahen Osten nicht prognostizierbar sind. Es beruht auf wahren Begebenheiten. Darüber hinaus ist jede Ähnlichkeit mit lebenden oder toten Personen sowie realen Geschehnissen aufgrund der Sicherheitslage verändert und verfremdet worden. Nicht alles ist genau so geschehen. Ich erlaube mir literarische Freiheiten.

Die Übersetzung vom Arabischen ins Deutsche habe ich flexibel gehalten und von Wort zu Wort entschieden.

Das Gedicht zu Beginn stammt von Ghanima Zaid al-Harb und ist abgedruckt in *Ein Buch namens Freude* (2004, S. 74). Die Dichterin wurde 1949 in Kuwait geboren und hat mehrere Lyrikbände veröffentlicht.

Wenn ich von »Arabien« spreche, so orientiere ich mich an der ursprünglichen Definition und meine damit die geografische Begrenzung auf die Arabische Halbinsel. Die Gesamtheit der Arabischen Liga umschreibe ich hingegen mit »arabische Welt« oder ich benenne explizit das jeweilige Land wie zum Beispiel Marokko oder Sudan.

Kapitel »So lieben wie Hitler«: Ich weiß, dass Bernd Höcke in Wirklichkeit Björn heißt. Aber da die *heute-show* den Faschisten seit Jahren konsequent »Bernd« nennt und er sich darüber maßlos ärgert, stimme ich mit ein.

Kapitel »Asterix im Tollhaus«: Das Wort »Witwengesichter« benutzte Roger Willemsen, um Kinder in Afghanistan zu beschreiben.

Kapitel »Der zweiundzwanzigste Tag«: Da »Persischer Golf« der etablierten Nennung seit der Antike entspricht, benutze auch ich diese Bezeichnung und nicht den Neologismus »Arabischer Golf«. Der Namensstreit sorgte häufiger für diplomatischen Unfrieden zwischen Iran und den arabischen Staaten.

Kapitel »Wisch und weg«: Der Satz »Heute Kuwait, morgen Bahrain, übermorgen hol ich der Königin ihr Kind« stammt zwar in anderer Formulierung aus *Rumpelstilzchen*, die Idee habe ich aber Juli Zehs Buch *Die Stille ist ein Geräusch* (2003) entnommen. Da heißt es auf Seite 16: »Heute Zagreb, morgen Sarajevo, übermorgen hol ich der Königin ihr Kind.«

Kapitel »Im Nachtclub Saudi-Arabiens«: Ende September 2019 kündigte die saudi-arabische Regierung an, nun endlich Touristenvisa zu vergeben. Ein historischer Schritt. Als ich einige Monate zuvor auf der Arabischen Halbinsel unterwegs war, gab es diese Möglichkeit noch nicht.

Kapitel »1001 Bullshit«: Vergleiche »Als Europa den Orient erfand«, in: F.A.Z. (2014). Die Übersetzung ins Deutsche »… isst und trinkt sich satt an den köstlichsten Speisen und Getränken, bis das sichere Ende sie beide ereilt« stammt von Claudia Ott.

Kapitel »Alles anders«: Vergleiche *Gebrauchsanweisung für Dubai und die Emirate* (2017), Seite 94 ff.

Kapitel »Der einundvierzigste Tag«: Die gute Nachricht des Jahres ist nachzulesen im Artikel »Die acht besten Meldungen des Jahres« in: *Süddeutsche Zeitung Magazin* (2018).

Kapitel »Das gallische Dorf«: Vergleiche »Katars Lebensversicherung«, in: *Spiegel Online* (2018).

Kapitel »Game of Thrones«: Den Witz am Anfang des Kapitels habe ich in leicht abgewandelter Form übernommen aus: »Das Casablanca am Golf«, erschienen in *Spiegel Online* (2018).

Kapitel »Die Erfindung des Orients«: Viele Ideen und Gedanken gehen zurück auf den Islamwissenschaftler Andreas Pflitsch und sein Buch *Mythos Orient. Eine Entdeckungsreise* (2003).

Kapitel »Der letzte Tag«: Den Satz »… der Himmel, so blau, als wäre er gelogen« habe ich so ähnlich in einer Reportage gelesen mit dem Titel: »Die Wüste wirkt zuverlässiger als jede Droge«, erschienen 2013 in der *Welt*.

LITERATUR

Al-Maaly, Khalid: *Die Flügel meines schweren Herzens. Lyrik arabischer Dichterinnen vom 5. Jahrhundert bis heute*, Zürich 2017

Anderson, Perry, Mourad Suleiman: *Das Mosaik des Islam*, Berlin 2018

Ansary, Tamim: *Die unbekannte Mitte der Welt. Globalgeschichte aus islamischer Sicht*, Frankfurt am Main 2010

Asad, Muhammad: *Die Botschaft des Koran – Übersetzung und Kommentar*, Ostfildern 2015

Bauer, Thomas: *Die Kultur der Ambiguität*, Berlin 2011

Blume, Michael: *Islam in der Krise: Eine Weltreligion zwischen Radikalisierung und stillem Rückzug*, Ostfildern 2017

Clapp, Nicholas: *Die Stadt der Düfte. Auf der Suche nach dem Atlantis der Wüste*, Berlin 1999

Dawkins, Richard: *Der Gotteswahn*, Berlin 2016

Englmann, Felicia: *Gebrauchsanweisung für Dubai und die Emirate*, München 2017

Fiebig, Hartmut: *Weihrauchland. Auf alten Handelswegen von Muskat nach Mokka*, München 2010

Ghandour, Ali: *Liebe, Sex und Allah. Das unterdrückte erotische Erbe der Muslime*, München 2019

Halm, Heinz: *Der Islam. Geschichte und Gegenwart*, München 2015

Hodgson, Barbara: *Die Wüste atmet Freiheit. Reisende Frauen im Orient – 1717 bis 1930*, Hildesheim 2007

Hofmann, Burkhard: *Und Gott schuf die Angst. Ein Psychogramm der arabischen Seele*, München 2018

Hourani, Albert: *Die Geschichte der arabischen Völker*, Frankfurt am Main 2016

Kirkby, Bruce: *Im Leeren Viertel. Auf dem Kamel durch die arabische Wüste*, München 2001

Koelbl, Susanne: *Zwölf Wochen in Riad: Saudi-Arabien zwischen Diktatur und Aufbruch*, München 2019

Lawrence, Thomas Edward: *Die sieben Säulen der Weisheit: Lawrence von Arabien*, Hamburg 2009

Mernissi, Fatima: *Der politische Harem. Mohammed und die Frauen*, Freiburg im Breisgau 1992

Pflitsch, Andreas: *Mythos Orient. Eine Entdeckungsreise*, Freiburg im Breisgau 2003

Pfullmann, Uwe: *Durch Wüste und Steppe. Entdeckerlexikon arabische Halbinsel. Biographien und Berichte*, Berlin 2001

Ott, Claudia: *Tausendundeine Nacht*, München 2018

Robinson, Jane: *Unsuitable for Ladies: An Anthology of Women Travellers*, Oxford 1994

Röllig, Wolfgang: *Das Gilgamesch-Epos*, Ditzingen 2009

Rudolph, Ulrich: *Islamische Philosophie. Von den Anfängen bis zur Gegenwart*, München 2018

Said, Edward W.: *Orientalismus*, Frankfurt am Main 2012

Schimmel, Annemarie: *Ein Buch namens Freude. Gedichte von Frauen aus der islamischen Welt*, München 2004

Schimmel, Annemarie: *Die Religion des Islam*, Stuttgart 2015

Schwarzenbach, Annemarie: *Orientreisen. Reportagen aus der Fremde*, Berlin 2017

Sons, Sebastian: *Auf Sand gebaut. Saudi-Arabien – Ein problematischer Verbündeter*, Berlin 2016

Stark, Freya: *Die Südtore Arabiens. Eine wagemutige Europäerin auf den Spuren der Weihrauchstraße*, München 1994

Strohmeyr, Armin: *Die leuchtenden Länder. Reisende Frauen erkunden den Orient*, München 2017

Thesiger, Wilfred: *Die Brunnen der Wüste. Mit den Beduinen durch das unbekannte Arabien*, München 2018

Wallach, Janet: *Königin der Wüste. Das außergewöhnliche Leben der Gertrude Bell*, München 2015

Wiedemann, Charlotte: *»Ihr wisst nichts über uns!« Meine Reisen durch einen unbekannten Islam*, Freiburg im Breisgau 2012

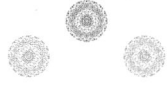

DANKWORT

Mein tiefer Dank gilt den Menschen auf der Arabischen Halbinsel. Von ihnen handelt dieses Buch. Ohne sie hätte ich nichts gesehen, nicht gestaunt und nichts gelernt.

Zudem danke ich von Herzen Honorarkonsul Claus Gielisch für seine Unterstützung und seine wunderbaren Kontakte. Ich danke Nabiel von der Deutsch-Jordanischen-Gesellschaft, ohne ihn wäre vieles nicht möglich gewesen. Ich danke Stellan für seine Liebenswürdigkeit. Ein dickes Dankeschön geht an die Archäologen von ACOR, die mich mit Informationen versorgt haben und mich mitnahmen zur Ausgrabungsstätte in Umm al-Jimal.

Danke an meine Mama für alles, an Micha, dass er meine Nöte verstand. Danke an Dani, der den gesamten Prozess begleitet hat und der mich stets mit wertvollen Ratschlägen und hundert Tonnen Zuspruch aufrichtete. Das war ganz groß. An Marion Haberstroh für die Zentrierung. An Aladdin für seine Hilfe. An Franziska für den Austausch. An Werner, dem ich diesmal keine Souvenirs mitbrachte. An den König für den Rückenwind.

Ein gezuckertes Dankeschön gebührt außerdem und unbedingt meiner Lektorin Isabella Jaross, danke an Fabian Bergmann, ich lerne viel von ihm. An Margret Kirsch, Bettina Feldweg und alle Mitarbeiter des Verlags. Ich fühle mich immer noch exorbitant beschenkt, dass ich hier schreiben darf. Shukran!

Als Frau allein durch den Iran

Nadine Pungs
Das verlorene Kopftuch
Wie der Iran mein Herz berührte

NG Taschenbuch, 256 Seiten
Mit 16 Seiten Farbbildteil
und einer Karte
ISBN 978-3-492-40634-5

Ohne Kopftuch auf die Straße gehen, Wein trinken und sich in einen Mann verlieben. All das erlebt Nadine Pungs im Iran, obwohl es streng verboten ist. Auf ihrer Reise erkundet sie, wie das Land jenseits westlicher Klischees tatsächlich tickt. »Hier ist eine Frau unterwegs, die nichts versteckt, auch nicht die Mühsal der Fremde, die Sprachlosigkeit, die Unruhe. Und die sie in einem Ton schildert, der swingt und uns daran erinnert, was dreißig stille Buchstaben vermögen.«
Andreas Altmann

Als Alleinreisende im Königreich der Gegensätze

Nadine Pungs
**Frühling in
Saudi-Arabien**
Begegnungen in einem
Land der Widersprüche

Malik, 288 Seiten
ISBN 978-3-89029-552-7

Jahrzehnte verschlossen, erlebt Saudi-Arabien gerade einen epochalen Wandel. Monatelang hat Nadine Pungs den Golfstaat bereist: Von der Hafenstadt Dschidda bis zur Hightech-Metropole Riad, von der antiken Schatzkammer al-'Ula bis zur heiligen Stadt Medina lernt sie besonders dessen weibliche Seite kennen. Anrührend erzählt sie von ihren Begegnungen mit einer feministischen Koranlehrerin und einer lesbisch lebenden Ingenieurin, aber auch mit einem Prinzen und einem Flüchtlingsjungen aus dem Jemen.

MALIK

Leseproben, E-Books und mehr unter www.malik.de